COLLECTION FOLIO

Jean-Paul Kauffmann

Outre-Terre

Le voyage à Eylau

Gallimard

contact@editionsdesequateurs.fr
www.editionsdesequateurs.fr

Journaliste et écrivain, ancien rédacteur en chef de *L'Amateur de Bordeaux* et fondateur de *L'Amateur de cigare*, Jean-Paul Kauffmann est notamment l'auteur de *L'Arche des Kerguelen*, *La Chambre noire de Longwood* (prix Femina essai, Grand Prix RTL-*Lire*, prix Roger Nimier 1997), *La Lutte avec l'ange*, *31, allées Damour*, *Courlande*, *Remonter la Marne*, *Voyage à Bordeaux*, *Voyage en Champagne* et *Outre-Terre : Le voyage à Eylau* (Grand Prix de la Société de géographie 2016). Il a reçu pour l'ensemble de son œuvre le Grand Prix de littérature Paul Morand de l'Académie française en 2002, le prix de la Langue française en 2009 et le prix Prince-Pierre-de-Monaco en 2012. Il partage sa vie entre les Landes et Paris.

À la mémoire de François Blot et de Jean-Louis Jamin du 17e de ligne, appartenant au 3e corps du maréchal Davout, natifs de Saint-Pierre-la-Cour (Mayenne), tués à Eylau.

« — Monsieur, lui dit Derville, à qui ai-je l'honneur de parler ?

— Au colonel Chabert.

— Lequel ?

— Celui qui est mort à Eylau, répondit le vieillard. »

BALZAC, *Le Colonel Chabert*.

La campagne de Pologne, appelée aussi campagne de 1807, s'est déroulée pour une large part dans l'enclave de Kaliningrad alors prussienne. Les sites de la bataille d'Eylau (8 février 1807) et de Friedland (victoire remportée par Napoléon le 14 juin 1807) sont aujourd'hui russes. De même Tilsit, où le tsar Alexandre Ier fut contraint à signer un traité de paix avec Napoléon (7 juillet).

Avant 1945, l'enclave de Kaliningrad constituait la partie septentrionale de la Prusse-Orientale (en allemand : *Ostpreussen*). Depuis le traité de Versailles, elle était coupée du reste du Reich par le couloir de Dantzig. Elle avait pour capitale Königsberg. Conquise par l'Armée rouge en avril 1945, elle fut placée sous domination soviétique après la conférence de Potsdam puis annexée par Staline. Allemande depuis sept siècles, cette enclave, considérée par le dirigeant communiste comme un tribut de guerre, dédommageait l'URSS des énormes pertes humaines et des destructions perpétrées par l'Allemagne nazie – la partie sud de la Prusse-Orientale ayant été attribuée à la Pologne. La capitale, Königsberg, fut baptisée Kaliningrad, du nom d'un compagnon de Staline.

Après avoir servi de main-d'œuvre, les Allemands, qui n'avaient pas fui en 1945 devant l'Armée rouge, furent tous expulsés en 1948 vers l'Allemagne. Ils laissèrent la place à de nouveaux arrivants venus des quatre coins de l'Empire soviétique.

D'une superficie de 15 000 km^2, Kaliningrad compte aujourd'hui 950 000 habitants. C'est la région la plus occidentale de l'actuelle Russie. Depuis l'indépendance des pays Baltes en 1991, séparée géographiquement de la mère patrie, coincée entre la Lituanie au nord et la Pologne au sud, pays devenus membres de l'Union européenne en 2004, l'enclave, appelée aussi « petite Russie » ou Iantaric Kraï (« pays de l'Ambre »), représente pour Moscou un territoire stratégique, avant-poste militaire sur l'Occident. Jusqu'en 1991, aucun étranger n'y avait accès. Grâce à cette enclave, la Russie dispose toute l'année de ports libres de glaces sur la Baltique. Elle y a implanté des bases militaires sous-marines et des missiles nucléaires.

Tous les noms allemands ont été russifiés. Eylau se nomme aujourd'hui Bagrationovsk. Friedland s'appelle Pravdinsk et Tilsit Sovietsk.

PREMIÈRE PARTIE

« Après les miracles d'Austerlitz et d'Iéna, ne le voit-on pas pousser à bout la Fortune et vouloir absolument lui faire rendre ce qu'elle ne peut donner […]. C'est ce qui parut à Eylau ; et du haut de ce cimetière ensanglanté, sous ce climat d'airain, Napoléon, pour la première fois averti, put avoir comme une vision de l'avenir. Le futur désastre de Russie était là, sous ses yeux, en abrégé, dans une prophétique perspective… »

SAINTE-BEUVE, *Causeries du lundi*, I.

Février 2007

Le 7 février 2007, la famille Kauffmann a débarqué à Kaliningrad, lourdement équipée pour affronter l'hiver russe. J'ai failli annuler notre voyage à cause d'un autre anniversaire : les trente ans de la naissance du *Matin de Paris*, ma plus belle aventure professionnelle. Il fallait trancher entre deux passés : le mien et un événement historique devenu indifférent. J'ai choisi Eylau.

Dans mes bagages figurent le *Napoléon*[1*] d'Eugène Tarlé, historien russe qui a vécu sous Staline et une curiosité dénichée dans un vide-grenier, un guide Baedeker de 1900[2], époque où Königsberg était une ville allemande.

Prévu pour neuf places, le minibus que nous avons loué paraît démesuré. Il est de couleur jaune pâle, nuance citron. En ce mois de février, le froid est cuisant. La fumée qui s'échappe des cheminées et des pots d'échappement s'évanouit, aussitôt aspirée par l'air glacé.

* Les notes sont reportées en fin d'ouvrage, pages 365 et suivantes.

C'est lors d'un dîner familial le dimanche soir, peu après la publication de mon livre, *La Chambre noire de Longwood*, que l'idée a surgi : un voyage assez loin dans le temps qui nous rassemblerait tous les quatre. Un test permettant de mesurer la cohésion de la famille. Nous avons été longtemps séparés. Être ensemble est une fête.

Nous sommes alors en 1997. Je lance : « Dans dix ans aura lieu l'anniversaire de la bataille d'Eylau. Ce serait amusant de nous y retrouver le 8 février 2007. » Un blanc accueille ma suggestion. Encore une de mes lubies. « *Ton* Napoléon ! », soupire l'un de mes fils. Il ajoute : « Tu ne crois pas que ça suffit ! Tu aurais pu trouver un autre sujet. » « Classe ! On va faire la tournée des spectres », raille l'autre.

Eylau se trouve aujourd'hui dans un coin perdu de la Russie. En hiver, on doit y crever de froid. La proposition n'a rien de séduisant mais l'idée joyeuse d'un voyage à quatre finit par l'emporter. D'accord, j'ai un faible – plus qu'un faible, une complaisance – pour les lieux qui n'entretiennent aucune illusion. Aller voir quand il n'y a rien à voir. Je connais déjà le site de la bataille. Il faut une part d'imagination pour se figurer que dans cette plaine s'est déroulé l'affrontement le plus étrange de l'Empire, mais surtout la plus spectaculaire charge de cavalerie des guerres napoléoniennes.

C'est mon deuxième voyage à Eylau.

Même sensation que la première fois : un carambolage, une curieuse façon d'être bousculé sans heurts, une sorte d'enchevêtrement qu'il sera difficile de dénouer. Je pars sur les traces d'une bataille napoléonienne, mais le décor absurde imposé par l'ère post-soviétique brouille tout.

J'ai découvert Eylau presque par hasard, peu de temps avant la chute de l'URSS, en juin 1991. Tout avait commencé par un reportage sur l'ancienne ville de Königsberg, autrefois capitale de la Prusse-Orientale, annexée par Staline après la Seconde Guerre mondiale. Je me trouvais alors dans une période de transition, après ce qu'il est convenu d'appeler un « grave accident ». Il fallait me ménager. Durant cette convalescence, on m'avait octroyé le privilège de me rendre dans le pays ou la ville de mon choix et de traiter des sujets prioritairement *intemporels*. Mais quelquefois l'actualité me rattrapait. Ainsi, pendant un séjour à Brazzaville, un désaccord entre deux factions avait dégénéré en guerre civile. J'avais été prié de regagner aussitôt Paris.

Königsberg, ce nom me faisait rêver. Kant y était né, Hannah Arendt, l'auteur de *De l'humanité dans de sombres temps*, y avait passé une partie de sa jeunesse.

« Dans la ville de Königsberg, peut-on faire une promenade en parcourant chaque pont une fois et une seule ? » L'énigme des sept ponts, problème mathématique fascinant pour les as de l'informatique, ajoutait à cet attrait. D'ordinaire ce genre de casse-tête me fait fuir à toute allure. Pas celui-ci, peut-être à cause de son aspect poétique : l'énigme des sept ponts… La ville-portail. Ce mystère avait tout pour m'appâter, il reposait sur l'histoire et la géographie de la ville : la rivière Pregel qui traverse Königsberg possède en effet deux affluents s'écoulant autour du centre. Sept ouvrages relient les diverses rives et les deux îles. J'ai compris un jour que cette histoire de ponts me plaisait justement parce qu'il n'y avait pas de solutions. Cette absence d'issues justifiait ma phobie des maths. Inconcevable de franchir une seule fois chacun des ponts. Tout simplement, c'est vite dit. En fait, un mathématicien aguerri a fini par en administrer la preuve : le nombre desdits ponts étant impair. Ne me demandez pas pourquoi, il vous suffit de savoir que c'est injouable.

Königsberg suscitait d'autant plus ma curiosité qu'elle était auparavant une cité interdite. Devenue le port militaire le plus occidental de l'Empire soviétique, l'ancienne place prussienne baptisée Kaliningrad ne se visitait pas. Jusqu'en 1991. J'appris alors que les autorités russes commençaient à octroyer des visas permettant l'accès à la ville de Kant et à son enclave. Séparé de la mère patrie, le territoire est enserré par la Pologne au sud et la Lituanie au nord. Il mérite plutôt le nom d'*exclave*. Un royaume oublié. L'indépendance des trois pays baltes et leur intégration dans l'Union européenne ont isolé un peu plus cette région de la « grande Russie ».

Viviane du Castel, spécialiste du monde baltique, a baptisé cet avant-poste russe *Département d'Outre-Terre*[3]. Elle affirme aussi que Moscou utilise ce territoire comme « otage de sa géopolitique dans la région[4] ».

« Vous êtes le premier Français à venir ici depuis

l'escadrille Normandie-Niemen », m'avait lancé le vice-président du soviet municipal de Kaliningrad en m'accueillant – ces aviateurs de la France libre ont participé à la prise de la ville en 1945. Sans doute exagérait-il un peu, il ne m'a pas été possible de vérifier. Disons que je fus l'un des premiers étrangers à pénétrer dans l'ancienne ville allemande.

Quel choc ! Venu de Moscou par le train, je débarquai au terminus de Kaliningrad. Une gare avec sa verrière dans le plus pur style wilhelmien. Staline avait peut-être raté son coup. En 1945, il avait décidé de faire disparaître de ce territoire toute trace de culture germanique. Dans son esprit, le nazisme n'était que l'ultime avatar du militarisme prussien symbolisé par Königsberg. En fait, Staline n'avait échoué qu'à moitié. Réduite en cendres en 1945, reconstruite, défigurée, rebaptisée Kaliningrad – du nom d'un vieux bolchevique, Kalinine, compagnon de Staline –, l'ancienne cité prussienne avait disparu mais je m'aperçus peu à peu qu'elle n'avait pas été totalement effacée. Caricaturalement soviétique avec ses rangées d'immeubles usés et tristes – à se demander si ces barres avaient été neuves un jour.

Les noms germaniques avaient été supprimés. On ne s'était même pas donné la peine de traduire les anciens toponymes allemands, de trouver un équivalent en russe. L'Outre-Terre repartait de zéro. Cette éradication m'avait choqué. J'avais été néanmoins consolé par le choix de certaines nouvelles dénominations. Ces Russes n'étaient pas des barbares, ils avaient retenu des noms d'écrivains : Göritten s'appelait Pouchkino, Legitten Tourgenevo, Nemmersdorf Maïakovskoje[5].

Après la guerre, tous les Allemands habitant la Prusse-Orientale avaient été expulsés et remplacés par une population russophone venue des quatre coins de l'Union soviétique. Trophée de guerre comme les îles Kouriles soustraites au Japon, Kaliningrad était devenue russe, cela sautait immédiatement aux yeux. Dévêtue d'un coup, revêtue aussitôt. Qui aurait pu résister à la violence d'une telle mise à nu et à la brutalité de ce nouvel accoutrement ? Cependant, en examinant de plus près les rues, les maisons, les parcs, le suintement du passé allemand remontait partout à la surface. Comment stopper cette hémorragie d'une époque honnie ? L'architecture néomédiévale et néobaroque entrapparaissait. Les fortifications prussiennes revêtues de brique rouge étaient intactes.

Tout avait commencé avec ces murailles et cet ouvrage de défense qui ceinturent la ville. Je me trouvais avec mon guide russe devant une porte dénommée Friedland. J'avais formulé ma question d'une drôle de façon : « S'agit-il de *notre* Friedland ? » Sur le coup, il n'avait pas saisi le sens du possessif. Je lui expliquai que Friedland était une bataille remportée par Napoléon. Il le savait. « Vous, Français, avez le chic pour vous adjuger ce qui appartient à autrui. » Qu'entendait-il par là ? « Friedland est chez nous. À une cinquantaine de kilomètres de Kaliningrad. Nous l'appelons Pravdinsk. » Il ajouta : « L'autre bataille,

Eylau, se trouve aussi dans l'oblast. Son nom est aujourd'hui Bagrationovsk. » En Russie, l'oblast est une division administrative correspondant à la région.

Mon interprète était très calé. Cela aurait pu rendre plaisantes nos relations. Un Russe cultivé connaissant notre histoire commune, ce n'est pas si courant. La vérité était que je le trouvais très antipathique. Cassant, il se limitait strictement depuis notre départ de Moscou à sa fonction d'interprète. Un voyage à deux exige une part de complicité et d'abandon – je n'ai pas dit de familiarité, cette manière souvent intempestive de peser sur autrui. La nuit précédente, nous avions partagé le même compartiment avec une grosse huile de la marine soviétique. Par mégarde, j'avais écrasé la casquette du militaire avec mon bagage. Une de ces énormes galettes blanches chamarrées qui font notre admiration à nous Européens. Avec ses broderies lamées et ses festons, elle ne pouvait pourtant pas passer inaperçue. Je suis hélas d'un naturel distrait. Au lieu de prendre mon parti face au galonnard visiblement offensé, il m'avait reproché sèchement mon « inaffection », un mot certes inventé mais explicite. En quoi étais-je « inaffecté » pour écrabouiller ce vaste couvre-chef ?

Inaffecté, à la réflexion ce n'était pas si mal trouvé. Je ne m'afflige plus facilement même si sensations et sentiments résonnent en moi plus que par le passé. Pour ceux qui ne me connaissent pas, je peux en effet apparaître peu démonstratif, sans émotion.

Pendant le reste du voyage il s'était montré d'une obséquiosité écœurante à l'égard du gradé.

Eylau, Friedland. Cette découverte changeait un peu la nature de mon séjour à Kaliningrad. Il eût été dommage de ne pas visiter ces deux champs de bataille. À l'époque, je me souciais comme d'une guigne de Napoléon. Je trouvais même suspecte la fascination qu'il exerçait chez certains de mes compatriotes. Je la voyais comme le signe d'une frustration, cette terrible nostalgie de notre splendeur passée.

Cependant le nom d'Eylau éveillait en moi quelques résonances, peut-être à cause de la peinture du baron Gros reproduite en sépia dans les planches du *Petit Larousse*. Enfant, j'adorais feuilleter ce dictionnaire. Une vieille édition où figuraient des sujets aussi insolites que la signification des blasons, l'alphabet des sourds-muets ou les différentes parades de l'escrime. Le nom d'Eylau, ses deux brèves syllabes, sa finale sonore et mélancolique retentissaient en moi. Quelque chose d'inédit, d'effaré, d'anormal qui ne pouvait être confondu avec l'interjection « hello » si familière. Cette singularité tient en grande partie à l'*y*. Eylau a beau être un nom allemand, il semble que nous, Français, l'avons apprivoisé comme Arcole ou Austerlitz. Eylau sonne tel un nom lointain et fatal comme Waterloo avec ses toponymes comme la Belle-Alliance et surtout la Haie-Sainte.

Quinze ans après mon premier voyage, je retrouve donc l'ancienne Prusse-Orientale – l'Outre-Terre russe – accompagné de ma femme et de mes deux fils. Lorsque nous avons débarqué la veille à l'aéroport de Kaliningrad désert et pris dans la glace, ils n'en ont pas cru leurs yeux : « C'est en Sibérie que tu nous amènes ! » Julia, notre interprète, était là pour nous accueillir : « Je gage que vous serez tristes quand vous repartirez. » Ce « gage » très Ancien Régime m'a paru de bon augure. Gager c'est parier. Le succès de ce voyage est en effet aléatoire.

Eylau ou la transaction

Le 9 février 1807 restera le jour le plus cauchemardesque de la Grande Armée avec le lendemain de la bataille de Borodino. À l'aube, le spectacle se dévoile devant les rescapés. La veille, ils ont pu vérifier la brutalité du choc frontal contre les Russes. Ces hommes généralement peu impressionnables n'en croient pas leurs yeux. « Quel dégoûtant et horrible désordre », s'exclame le général Paulin. « Je me retirai épouvanté », affirme le capitaine Barrès, l'aïeul de l'écrivain. « Même la scène affreuse de la Berezina ne me fit autant d'impression », assure Jomini, membre de l'état-major. Le capitaine Coignet croit deviner des buttes au loin. C'est la trace d'énormes tranchées où l'on a déversé des monceaux de cadavres. « Tout cela pour rien », déplore Ney, qui fut l'un de ceux qui ont sauvé la situation.

« Une nuit de Paris réparera tout cela ! » Cette phrase monstrueuse prêtée à Napoléon est fausse. D'ailleurs une nuit n'aurait pas suffi pour racheter les cinq mille morts français.

Napoléon a peu dormi. La première lettre qu'il

dicte à trois heures du matin est destinée à Joséphine. « La victoire m'est restée mais j'ai perdu bien du monde. » Un deuxième courrier presque identique est envoyé à Cambacérès, archichancelier de l'Empire – en fait le numéro 2 du régime : « La victoire m'est restée mais j'ai perdu du monde. » À noter la suppression du « bien ». À Joséphine, il fait comprendre qu'il a perdu beaucoup d'hommes, il lui dit la vérité. À Cambacérès, il n'en dit que la moitié. Déjà il tente de dissimuler.

« La victoire m'est restée. » Il ne cesse de répéter cette phrase dans ses courriers. Étrange façon de proclamer une victoire. Comme si le gain n'avait été obtenu que par défaut. On pourrait traduire cette phrase par « j'ai failli y rester » ou bien par « cela doit rester entre nous ». Significative est la curieuse tournure du 58e *Bulletin de la Grande Armée* : « Le mal de l'ennemi est immense, celui que nous avons éprouvé est considérable. » C'est Napoléon en personne qui l'a rédigé. En définitive, « immense », plus vague, apparaît moins dramatique que « considérable ». Le 9 février est un jour noir pour la Grande Armée. Pour Napoléon, c'est bien pire, une tragédie, il est urgent de l'oublier. Et pour mieux l'effacer, un seul moyen : transiger avec l'événement, composer avec la réalité, reconquérir symboliquement le champ de bataille.

Eylau s'est déroulé un dimanche. Comme Bouvines, une bataille fabriquée, selon Georges Duby[6]. Comme Waterloo. Dans notre histoire, Eylau n'a rien d'un événement fondateur. Il ne fait pas partie de la grande fresque nationale. Il n'en annonce pas moins les manipulations et les hécatombes du XXe siècle.

« Je voyais clairement arriver l'heure décisive. L'étoile pâlissait, je sentais les rênes m'échapper et je n'y pouvais rien », confiera Napoléon à Sainte-Hélène. L'heure décisive n'était pas encore arrivée. À Eylau, il s'en est fallu de peu. C'est en 1812, après Moscou, que tout va se déglinguer.

Le jour tragique, on l'a compris, n'est pas le 8 février mais le lendemain. La révélation de « la boucherie d'Eylau », expression que l'on doit à Percy, le chirurgien en chef de la Grande Armée. Napoléon la reprend sans, il est vrai, se l'appliquer à lui-même (« l'ennemi a éprouvé une horrible boucherie »).

Bonaparte a l'intuition qu'après une telle lutte à mort, il n'y a pas de quoi pavoiser. C'est le premier grand accident du règne, la fracture occulte de l'Empire, l'entaille secrète. Il y aura un avant et un après Eylau. Mais personne ne le sait encore. Excepté l'intéressé. Pour se convaincre qu'il a gagné, il va demeurer une semaine sur le champ de bataille. Très vite lui vient l'idée d'organiser un concours de peinture. N'est-ce pas saugrenu ? Pas tant que cela. Lorsque la nouvelle d'Eylau va parvenir quinze jours plus tard à Paris – *Le Moniteur* publie la nouvelle le 24 février – l'inquiétude et les doutes gagnent non seulement l'opinion mais aussi les sphères du pouvoir.

Le 58e *Bulletin de la Grande Armée* a frappé les esprits. « Il n'a aucune ressemblance avec les autres », s'étonne Mme de Rémusat. Napoléon veut espérer que son idée de concours permettra de reconquérir le champ de bataille. Les artistes ne sont pas invités à faire preuve d'imagination. C'est le souverain en personne qui va s'en charger par l'intermédiaire de Dominique-Vivant Denon, directeur général des musées. L'autorité impériale prescrit ce qu'il convient de peindre : l'église d'Eylau, le ciel livide, la neige (mais pas la boue), les blessés et les morts, enfin et surtout l'Empereur*. Non pas en vainqueur mais en consolateur. La notice du concours précise qu'il doit être vêtu d'une « pelisse ou polonaise de velours gris de perles, ganses d'or, fourrure de martre ».

Le résultat, on peut le voir au Louvre dans la salle Mollien : *Napoléon sur le champ de bataille d'Eylau, 9 février 1807*, plus connu sous le nom de *Cimetière d'Eylau*, médiocrement mis en valeur à l'entrée. Pourtant, on ne voit que cette toile du baron Gros. Dieu sait pourtant si dans cette salle les chefs-d'œuvre abondent : *Le Radeau de la Méduse*, *Le Cuirassier blessé*, *La Liberté guidant le peuple*.

Malgré le blanc de la neige – ou plutôt à cause de ce blanc – cette peinture est noire. Gros, en voilà un qui n'a pas transigé avec le sujet qu'on lui a imposé. Sa peinture suscite le malaise comme d'ailleurs tout ce qui touche à Eylau.

Napoléon a cru faire disparaître cette bataille

* Outre les instructions de l'Empereur, Denon se servira pour le concours du dessin de L.-F. Lejeune, officier présent à Eylau, qui deviendra général en 1812. Lejeune, dont le nom est gravé sur l'Arc de triomphe, est aussi un peintre historique de renom.

par un tour de prestidigitation. Balzac l'a bien compris. L'escamotage est le sujet du *Colonel Chabert*, roman où le héros est donné pour mort lors de la grande charge de Murat. Chabert, l'homme de trop, l'apparition qu'on s'ingénie à repousser. Quel est le titre originel du *Colonel Chabert* ? *La Transaction*. Un arrangement, un compromis : c'est le conseil de l'avoué Derville à son client. « Transiger, répéta le colonel Chabert. Suis-je mort ou suis-je vivant ? » On serait tenté de lui répondre : les deux, mon colonel. Un mort-vivant. La définition même du survivant : un homme qui a réussi à distancer la mort mais celle-ci n'est jamais loin, il l'aura toujours sur le dos.

Lorsque Chabert se rend à l'étude de l'avoué Derville, l'un des clercs note qu'il a « l'air d'un déterré ». Le visage de l'ancien colonel de cuirassiers est défait comme celui d'un cadavre. Il vient bien du royaume des morts. Déterrer. Eylau est une histoire d'arrachement, d'exhumation. Une manière de faire ressortir ce qui était oublié. Ou caché.

À la recherche de son passé dont dépend son intégrité d'homme, Chabert s'écrie : « Encore aujourd'hui, par moments, mon nom m'est désagréable. Je voudrais n'être pas moi. »

La tête de Bagration

De mon premier voyage à Eylau, j'avais gardé une vague impression : la place principale, un espace ingrat et venteux entouré de bâtiments récents aux couleurs déjà fanées. Je me rappelle un petit monument dédié à Bagration, général russe qui combattit à Eylau et fut tué à Borodino en 1812. Il a donné son nom à l'ancienne ville d'Eylau. Il n'a pas joué un rôle considérable pendant la bataille, mais offrait l'avantage, comme Staline, d'être d'origine géorgienne. Pour rebaptiser le lieu, on aurait pu s'inspirer du patronyme du général en chef des forces russes, Bennigsen, mais horreur ! il était d'origine allemande, comme d'ailleurs beaucoup d'officiers généraux de l'armée du tsar.

La tête de Bagration est l'unique ornement de cette place sans pittoresque. C'est une sculpture standard – coiffure crantée, air à la fois rêveur et martial – qui pourrait tout aussi bien représenter l'empereur Alexandre ou Pouchkine.

Je suis heureux que ma femme et mes fils soient restés à l'hôtel. Je ne veux pas les brusquer. Je suis venu en éclaireur à Eylau accompagné par Julia, notre guide interprète russe, et le chauffeur. Je dois m'assurer que demain, 8 février 2007, tout ira bien.

À ma grande surprise, j'apprends que la municipalité de Bagrationovsk* a prévu quatre jours de festivités.

Programme des cérémonies en l'honneur
du deux centième anniversaire
de la bataille de Preussisch-Eylau.
(Du 8 au 11 février 2007.)

1er jour. 8 février 2007.

— 15 h : Cérémonie sur la place centrale de Bagrationovsk, défilé, marche en direction du monument d'Eylau.

2e jour. 9 février 2007.

— 10 h 30 : 7e conférence internationale sur le thème de Preussisch-Eylau en 1807 et la Prusse-Orientale à l'époque des guerres napoléoniennes (musée d'Histoire de la région de Bagrationovsk).

3e jour. 10 février 2007.

— 11 h : Revue.

— 12 h-14 h : Manœuvres et entraînement sur le site de la bataille.

* Les noms de Bagrationovsk et d'Eylau sont ici utilisés indifféremment, même si Eylau fait plus volontiers référence au passé et Bagrationovsk à la période d'aujourd'hui.

— 18 h : Bivouac des soldats et réception dans la cour du château.

4e jour. 11 février 2007 (dimanche).

— 12 h : Reconstitution de plusieurs épisodes de la bataille à l'emplacement où elle s'est déroulée.

Moi qui pensais être seul avec ma famille, me promener tranquillement sur le site d'Eylau, je tombe de haut. Si j'ai bien compris, les Russes estiment aujourd'hui avoir remporté cette bataille. Cela m'étonnerait qu'ils aient décidé de commémorer une défaite. « Une bataille que les Russes prétendent avoir gagnée et que nous ne voulons pas avoir perdue », dira Savary, futur ministre de la Police de Napoléon.

Les réjouissances vont donc commencer demain à quinze heures par une cérémonie et un défilé. Je prends connaissance de ce programme dans le petit musée d'Eylau en compagnie de Julia. C'est un bâtiment en brique rouge de l'époque allemande, propriété de la municipalité. Le rez-de-chaussée abrite les chœurs des anciens combattants de l'Armée rouge. Julia me précise que la ville a créé un Festival international de chansons militaires et patriotiques très couru en Russie. L'escalier que Julia a du mal à monter avec ses talons aiguilles sent le placard à balais et cette odeur aigre, humide propre aux lieux qu'on néglige de chauffer en hiver. Le conservateur, Alexandre Pantchenko, m'attend.

Alexandre Pantchenko

Eylau relevait d'une mythologie personnelle façonnée pendant mes années de pensionnat. Cette époque n'est pas la plus heureuse de mon existence, cependant elle me fut pleinement profitable. J'eus pour toujours la révélation de la vraie vie, cette vie rêvée et « pleinement vécue » dont parle Proust à propos de la littérature.

Dans mon institution religieuse de l'Ouest, les punitions au moins étaient intelligentes. On y expiait par la poésie. Selon la gravité de la faute, on devait réciter vingt-cinq, cinquante, voire cent vers – à cent vers on était proche du renvoi. Nos maîtres étaient méritants. Par la force des choses, ils prenaient leur part à notre pensum en nous entendant ânonner les vers qu'ils infligeaient. Les poèmes provenaient principalement de *La Légende des siècles* de Victor Hugo. J'en connais encore des pans entiers. Comme *Le Cimetière d'Eylau.* Cette pièce de trois cents vers raconte la mission impossible de l'oncle du poète, Louis, alors capitaine au 55e de ligne. Le colonel lui a donné l'ordre de tenir à tout prix sa position.

Prenez avec vous la compagnie entière
Et faites-vous tuer — Où — Dans le cimetière.
Et je lui répondis : — C'est en effet l'endroit.

Un vers m'avait frappé : « La France jouait là son plus grand coup de dé. »

Cette affaire d'Eylau avait donc été grave. Grave oui, mais assez étrangement évacuée de nos manuels. L'événement était mentionné, à la hâte, comme un épisode honteux qu'il est préférable d'oublier. Un homme au moins ne s'est pas trompé sur le sens de cet affrontement, Léon Bloy, auteur de *L'Âme de Napoléon*[7]. Le livre le plus halluciné et sans doute le plus étourdissant – le plus hystérique aussi – écrit sur le grand homme. Pour Bloy, Eylau est *la bataille*. Il n'y en a pas d'autre.

Que s'était-il donc passé pour qu'Eylau soit si maltraité ? Il me fallait à tout prix me rendre sur le champ de bataille.

Le Russe qui m'accompagnait lors de mon premier voyage avait raison. Il m'avait reproché à nous, Français, de nous approprier sans vergogne le bien d'autrui. Quel que soit le lieu où l'on est en Europe, il se trouvera toujours à proximité un site napoléonien à voir. Lors de mon premier voyage, j'étais venu pour visiter Kaliningrad enfin ouvert aux étrangers. Mais l'irruption d'Eylau changeait tout. J'avais proposé à mon interprète de nous y rendre le surlendemain. *Niet*. Le voyage n'était pas prévu dans le contrat. « Qu'à cela ne tienne, lui dis-je, je paierai le supplément. » Il rejeta la proposition. Il fallait changer le contrat. J'aurais dû prévoir cette visite avant mon départ. Je crois qu'il avait conscience du caractère absurde de cette fin de non-recevoir. Je le soupçonne même d'en avoir savouré l'ineptie. Pourquoi se conduisait-il ainsi ? Je l'ignore. C'étaient les derniers mois de l'ère Gorbatchev. Il n'appréciait pas la perestroïka. Plusieurs fois, à mots couverts, il avait critiqué l'attitude de l'Occident qui avait favorisé le démembrement de l'Empire soviétique. J'imagine qu'à présent il doit être à bloc pour Poutine.

Aujourd'hui ce n'est pas sur son attitude que je m'interroge, mais sur la mienne. Ne m'étais-je pas montré impérieux et distant à son endroit ? On prend pour de la froideur ce qui est chez moi de la crainte d'empiéter chez autrui. Les vicissitudes de l'existence, la privation de liberté pendant plusieurs années, l'humiliation ont fini sans doute par me nantir d'une carapace d'indifférence, d'un détachement à l'égard des êtres et des événements. D'un désintéressement du monde. J'ai subi la loi sans merci d'individus stupides. Leur contact m'a sali. Peut-être cette expérience m'a-t-elle trop *dégrisé* de moi-même, elle m'a rendu pour longtemps méfiant envers ma propre personne. Cette *inaffection* fut obtenue de haute lutte. Une nécessité pour faire front à l'adversité – en fait, composer avec elle.

— Que faire ? demande l'épouse de Chabert devenue la comtesse Ferraud.

— Transiger, dit l'avoué Derville.

S'il y a un homme qui ne semble pas transiger, c'est bien le conservateur du musée d'Eylau.

Mâchoire basse et puissante, pommettes saillantes, œil belliqueux, Alexandre Pantchenko rayonne d'une force intérieure, révélatrice d'une nature opiniâtre et probablement soupe au lait. Tout est farouche dans ce visage qui essaie perpétuellement de tempérer sa véhémence. Mais le plus notable est sa moustache. On ne voit qu'elle. Recourbée vers le haut, elle évoque Tarass Boulba. Elle se plie à son humeur, se relâche, tombe même parfois avec une certaine indolence pour se soulever et gonfler avec virulence. En ce moment, elle atermoie. Pantchenko est désorienté. Sa moustache flotte.

Il guigne la boîte volumineuse que je tiens à la main. Son visage s'éclaire. Ça y est, il a deviné ! J'ai en effet été mandaté par le Souvenir napoléonien – dont je suis un membre fidèle depuis une dizaine d'années, acquittant scrupuleusement ma cotisation – pour remettre au musée un uniforme de tambour-major de la Garde. Ce gros paquet m'a valu quelques désagréments à la douane russe. J'ai dû le déballer, puis il a fallu en référer à un supérieur, lequel, à la vue du chapeau, a tout compris. Il a adressé une vive réprimande au subalterne qui s'est senti obligé de m'aider à rempaqueter l'ensemble.

Je comprends que le conservateur brûle d'ouvrir le carton.

— Non, se retient-il d'un geste stoïque et quelque peu théâtral. Pas maintenant. Vous me remettrez solennellement ce présent après-demain lors de notre conférence.

Pantchenko est professeur. De sa voix douce, Julia explique qu'il a créé le musée en 1997. Il sourit rarement mais il a l'air débonnaire – sauf quand j'évoque l'issue de la bataille. Son visage prend un air de sévérité, sa moustache en croc alors se bombe. Il ne comprend pas qu'à Paris une avenue et une église portent le nom d'Eylau. Il me propose de visiter le musée : « Je préfère demain… Avec ma famille. »

La nuit est tombée brusquement vers seize heures. L'air sent la fumée de bois, une odeur goudronneuse et sulfurée. Une heure plus tard, il s'est mis à neiger, une neige lourde s'abattant pesamment sur le sol sans voltiger dans l'air. Dans la petite ville éclairée par des lampadaires mourants, le bruit étouffé des pneus couine sur le verglas. Des congères se sont formées devant notre voiture que le chauffeur défonce à coups de pied.

Napoléon a quitté le château de Saint-Cloud le 25 septembre 1806. Il ne reverra la France que dix mois plus tard. Il y a exactement deux cents ans, il arrivait à Eylau. Vainqueur à Iéna, ayant fait son entrée à Berlin, il s'enfonce de plus en plus vers l'est à la tête de la Grande Armée, espérant en finir avec les Russes qui ne cessent de se dérober. Il y a huit jours, il se trouvait encore à Varsovie où il a séjourné plus d'un mois.

C'est dans un relais de poste où il doit changer de chevaux que, le 1er janvier, une jeune femme, se faufilant à travers la foule, parvient jusqu'à la voiture et bredouille un compliment : « Soyez le bienvenu, mille fois le bienvenu sur cette terre. » Subjugué, Napoléon demande qu'on recherche la jeune femme. Elle finit par être identifiée : la belle inconnue est Maria Walewska. C'est ainsi qu'elle racontera plus tard cette rencontre. La veille, il a appris une nouvelle lourde de conséquences : contrairement au dire de Joséphine, il est apte à procréer. Une suivante de sa sœur Caroline, Éléonore Denuelle de La Plaigne, vient d'accoucher d'un fils, le futur comte Léon.

Au lendemain de la bataille d'Eylau, encore sonné, l'Empereur prendra le temps d'adresser un billet à Maria : « Tu es trop loin de moi. Aime-moi, ma douce Marie et aie foi en ton N. » À cet instant, il a besoin d'un être aimant auprès de qui s'épancher.

L'a-t-il aimée, cette Maria Walewska ? À Sainte-Hélène, il révélera n'avoir jamais aimé d'amour : « Sauf peut-être Joséphine, un peu et encore parce que j'avais vingt-sept ans. » À Longwood, il confiera aussi qu'il reprochait à son frère Joseph de « jouir de tout », ajoutant : « Vous aimez les femmes. Je n'y pense guère. » Une autre fois, il fera cette constatation : « L'amour n'existe pas réellement. C'est un sentiment factice né de la société. » Napoléon ne fut jamais un voluptueux : « Bah ! les femmes !… Quand on n'y pense pas, on n'en a pas besoin », confessera-t-il à Gourgaud.

Avant de quitter Bagrationovsk, Julia m'indique la maison où Napoléon a passé la nuit du 7 février. Une plaque commémorative en russe et en français y a été apposée. « À cet endroit se trouvait une maison dans laquelle pendant et après Eylau était installé, du 7 au 17 février 1807, le quartier général de Napoléon Ier. » L'inscription est signée : *Fernand Beaucour, directeur du Centre d'études napoléoniennes. Paris*. Ce nom ne m'est pas inconnu.

La veille, le 6, au sud d'Eylau, Napoléon a fait donner la cavalerie lourde. Emmenés par Murat, les cuirassiers du général d'Hautpoul ont chargé à deux reprises, culbutant l'infanterie russe. L'Empereur le félicite et l'embrasse. « Pour me montrer digne d'un tel honneur, il faut que je me fasse tuer pour Votre Majesté », s'exclame le général. Il ne croit pas si bien dire. Le surlendemain, lors de la troisième charge – celle qu'on a appelée la grande charge d'Eylau –, d'Hautpoul, qui servira en partie de modèle au colonel Chabert, sera blessé mortellement par un biscaïen, bille de fer très meurtrière. Elle lui brisera la cuisse droite près de la hanche.

Avant de regagner Kaliningrad, j'insiste auprès de Julia pour jeter un coup d'œil sur l'église d'Eylau et son cimetière. Les reconnaîtrai-je plus de quinze ans après ?

Je me souvenais que le cimetière avait disparu, mais l'église au pied de laquelle Napoléon suivait la bataille existait bel et bien. Je n'avais pu y entrer. Elle se trouvait dans le périmètre d'un « combinat », au toit surmonté d'une étoile rouge soviétique. À l'entrée trônait le buste de Karl Marx. On voyait distinctement la tour carrée de l'église. Dans toutes les représentations d'Eylau, elle sert d'emblème. Quand on voit au loin une église et une plaine neigeuse, on sait aussitôt que l'on a affaire à Eylau. Sur la peinture du baron Gros, elle se trouve au fond du tableau, encadrée par deux colonnes de fumée noire.

En lisant les écrits des compagnons de Napoléon à Sainte-Hélène, j'ai découvert que le 8 février 1807 était une date que le prisonnier n'aimait pas évoquer. Pas taboue, mais à écarter. Dans cet exil, aucune question n'était vraiment interdite. L'ancien monarque tolérait même qu'on le cuisine à la seule condition d'y mettre les formes. Sur l'étiquette, il était intraitable, il n'avait plus que cela. Le grand maréchal Bertrand, le seul de ses compagnons de captivité présents à Eylau, se permettra à plusieurs reprises de le titiller. Prolixe sur presque tous les épisodes de sa vie, Napoléon se montre d'une retenue inhabituelle sur cette journée. Un tel embarras s'explique assez bien – quoique, je l'avoue, il ne m'ait pas d'emblée sauté aux yeux. Eylau présente tous les caractères de la catastrophe qui va le mener insensiblement à Sainte-Hélène.

Avant ce dimanche, il avait déjà frôlé le désastre à Marengo – l'arrivée de Desaix et surtout l'attaque impétueuse des cavaliers de Kellermann avaient retourné un échec annoncé en victoire éclatante. « Avec cette charge, je vous ai mis la couronne sur la tête », dira Kellermann. À Marengo, il n'en était qu'à ses débuts. Sa carrière commençante pouvait supporter une défaite. À Eylau, c'est différent. Il est à la fois souverain et chef de guerre. Ce sera longtemps un atout – l'extrême réactivité – et une faiblesse : si le maître perd, tout le système s'écroule. « Vos souverains, nés sur le trône, peuvent se laisser battre vingt fois et rentrer dans leurs capitales, fera-t-il observer au chancelier Metternich, moi, je ne le puis pas, parce que je suis un soldat parvenu. »

— Un petit crochet, Julia... Nous sommes à moins de cinq cents mètres de l'église.

Le mot « crochet » que Julia ignore permet qu'elle accède à ma demande. J'ai déjà noté qu'elle adore apprendre des nouveaux mots, des expressions inconnues. Le temps de lui expliquer qu'il s'agit d'un détour (« mais qui raccourcit ou qui rallonge ? », s'amuse-t-elle) nous apercevons la tour carrée de l'église éclairée par une lueur blafarde. Très dégradée, elle émerge au milieu d'un capharnaüm de cabanons et d'appentis adossés à de pauvres maisons séparées par de nombreux terrains vagues à la surface gelée. Des jardins, je suppose. Un aspect dépouillé et misérable. En 1991, l'église était une usine. Comment le bâtiment et le clocher peuvent-ils encore tenir ? Tout est réparé grossièrement.

— Vous jugez d'après les apparences. C'est très délabré mais increvable. Très russe..., commente Julia.

La veille de la grande bataille, le village d'Eylau est déjà le théâtre de violents combats. Conquis par les Français puis repris par les Russes, l'église et le cimetière, point stratégique qui surplombe la plaine, vont tomber dans la soirée aux mains des soldats du 7e corps, commandé par le maréchal Augereau. Ce n'est ni une crête ni même un belvédère, tout au plus une butte au relief modéré.

En rase campagne, elle paraît élevée. Tout ce qui, dans cette plaine, est exhaussé est bon à prendre. Par un froid térébrant, la troupe va créneler le mur du cimetière et dormir parmi les cadavres et les tombes. Dans ses Mémoires, le commandant Parquin raconte qu'il a recouvert de paille un mort pour s'en faire un oreiller. Épuisé, il s'endort aussitôt d'un très profond sommeil.

Le soir du 7 février, Napoléon reste encore incertain sur les intentions de l'adversaire. Jusqu'à présent, Bennigsen a cherché à l'éviter. (« Il ne savait qu'une chose, approcher et fuir », note Victor Hugo dans son poème sur Eylau.) Cette fois, il semble s'être arrêté sur ce village afin de se mesurer à lui. Napoléon devrait s'en réjouir mais, dans ce combat à venir, il a besoin de rassembler toutes les forces dont il dispose. C'est loin d'être le cas. Davout est à une quinzaine de kilomètres d'Eylau. Ney, occupé à surveiller les Prussiens, se trouve à trente-cinq kilomètres. Des courriers sont dépêchés pour les presser d'accourir. Face aux 82 000 soldats de Bennigsen, Napoléon ne peut en aligner que 64 000. Autre désavantage : le choix du terrain. D'habitude, c'est lui qui en décide. Il s'est toujours conformé à ce précepte de Montecuccoli, le grand stratège italien : « Combattre à son choix, et jamais à la volonté de l'ennemi. »

Les hommes de l'état-major ont pu grimper dans le clocher. Là, pour le coup, on domine tout. Vue panoramique, imprenable. Dans la plaine blanche, en contrebas, ils aperçoivent l'adversaire, les feux du bivouac, les tentes… Le camp russe est bordé par des retranchements et des redoutes où est embusquée une puissante artillerie. Non sans peine, Bennigsen a réussi à déplacer depuis Königsberg de grosses pièces de siège particulièrement meurtrières.

Julia a hâte de regagner Kaliningrad. Ce n'est qu'à quarante kilomètres mais la route est mauvaise et la tempête de neige redouble.

— C'est la « nuit noire », comme vous dites en français, et il neige. Vous ne verrez rien. Pourquoi ne pas attendre demain ?

Elle parle comme à un enfant capricieux. À cet instant, je me dis que j'aurais pu choisir un hôtel sur place. Cela m'aurait évité de faire d'incessants allers et retours entre Kaliningrad et Bagrationovsk. Ainsi, j'aurais pu errer à mon gré dans Eylau la nuit, mais je n'ai rien trouvé de correct pour héberger ma famille. À cette heure, elle doit m'attendre avec impatience à l'hôtel pour dîner.

Julia a raison, c'est la nuit noire. L'odeur grasse de lignite flotte dans l'air. Les flocons de neige s'accrochent à l'enduit du clocher, qui se desquame en centaines de folioles enroulées sur elles-mêmes. Un revêtement blanc s'est peu à peu encollé sur la tour qui paraît comme neuve. Elle émet un bruit sourd et continu. Le bourdonnement presque imperceptible a quelque chose d'inquiétant.

Le clocher, je l'ai reconnu. On l'aperçoit dans la

peinture du baron Gros mais privé du toit pointu polygonal – dans la plupart des représentations, la couverture est à deux pentes, *en bâtière*.

— Julia, j'aimerais bien monter dans le clocher pendant mon séjour.

— Je crains que ce ne soit pas possible, dit-elle d'une voix exagérément patiente. J'ai entendu dire que l'escalier est très dangereux.

À présent le minibus jaune, qui sent le textile chaud et le tabac oriental, file vers Kaliningrad. Les masses floconneuses s'aplatissent sur le pare-brise en petites étoiles hexagonales aux pointes très aiguës.

Enfant, je cherchais à percer le mystère de l'âme, principe spirituel uni au corps de l'homme pendant son existence et séparé de lui à l'instant où il expire. On avait beau m'assurer que les âmes des morts étaient invisibles, il me fallait à tout prix leur donner une apparence. Longtemps je me les suis imaginées pareilles à des flocons de neige. Ces particules silencieuses, presque immatérielles, disparaissaient lorsqu'elles se posaient.

La danse de milliers de flocons dans le ciel, c'est ainsi que je me figurais un soir de bataille.

La brève vision de l'église dans la neige n'a pas duré plus de trois minutes.

L'impénétrable église… À la fois icône et signal optique. Le monogramme d'Eylau n'a pas été tout à fait effacé, mais le sens en est devenu aujourd'hui presque inintelligible. Comment déchiffrer, traduire en clair ce qui s'est passé autour de ce clocher il y a deux cents ans ? Un clocher vidé depuis longtemps de sa fonction, soviétisé. Les cloches l'ont déserté. Amoché mais sauf. D'accord, l'extérieur est abîmé, mais l'organe vital paraît intact, à en juger par le bruit étouffé qui s'en dégage.

Dans le silence, j'ai ressenti tout à l'heure une curieuse sensation auditive. Comme un gong. Ou une détonation.

La première mort du colonel Chabert

Au retour de la grande charge, attaqué par deux officiers russes, le colonel Chabert reçoit un coup de sabre qui lui fend le crâne et tombe de cheval. Murat décide alors de voler à son secours. Quinze cents cuirassiers français vont passer sur le corps du blessé.

Les montures de la cavalerie lourde étaient des chevaux géants dressés pour le choc contre l'infanterie adverse, le plus souvent disposée en carrés – l'attaque lancée au galop était dirigée en priorité sur les angles.

Comment Chabert a-t-il pu résister à une pareille chevauchée broyant tout en quelques minutes ? Il expliquera plus tard que son destrier lui a sauvé la vie. Ayant reçu un boulet au même moment, la bête s'abattit sur le cavalier qui fut ainsi protégé du piétinement des chevaux et des boulets de canons.

« Ma mort fut annoncée à l'Empereur, qui, par prudence (il m'aimait un peu, le patron !), voulut savoir s'il n'y aurait pas quelque chance de sauver l'homme auquel il était redevable de cette vigoureuse attaque », écrit Balzac. Deux chirurgiens sont dépêchés pour savoir si le colonel a ou non survécu. Ils reviennent en confirmant sa mort. Pour eux, il était inutile de vérifier : Chabert n'avait pu être qu'écrasé, soit par les chevaux, soit par le feu de l'artillerie.

À lire Balzac, qui s'est inspiré de l'histoire du général Marbot et de celle d'Hautpoul – personnage bien connu de sa famille paternelle originaire du Tarn –, Chabert n'est pas n'importe qui. Comte de l'Empire*, grand officier de la Légion d'honneur, il appartient à un corps d'élite de la Grande Armée : la cavalerie de la Garde impériale. Ces unités sont en réserve et n'interviennent qu'en cas d'extrême nécessité lorsque le sort de la bataille est tangent. À Eylau comme plus tard à Waterloo, Napoléon jouant son va-tout se résoudra à engager sa Garde. Le *patron*, comme l'appelle Chabert, ne le fera pas de gaieté de cœur.

Eylau-Waterloo. L'historien Louis Madelin a relevé les nombreuses ressemblances entre ces deux batailles, même si Michelet a été le premier à souligner le rôle de la fortune, la *buona parte*. Cette fois, elle ne tourne plus en faveur de Napoléon. La chance doit toujours être de son côté, « sans qu'il y soit pour rien », relève sévèrement Michelet. Il ajoute : « C'est déjà l'histoire de Waterloo. »

Le scénario est à peu près le même. Un début qui augure bien de la suite ; survient le grain de sable puis la catastrophe. Pour rétablir la situa-

* La noblesse d'Empire ne sera créée qu'un an plus tard, en mars 1808.

tion, Napoléon n'a d'autre ressource que de faire donner la cavalerie. « Lestocq arrivant au lieu de Ney, n'est-ce pas la préfiguration de ce Waterloo où au lieu de Grouchy Blücher paraîtrait ? », écrit Madelin[8] (Lestocq était un général prussien qui survint à la fin). Eylau est un Waterloo qui a bien tourné. Mais d'extrême justesse.

« J'ai été pour beaucoup dans le succès de la célèbre charge que fit Murat, et qui décida le gain de la bataille », raconte le revenant. Dans le récit de Balzac, le nom de Chabert semble connu de tous. Quand il se présente à l'étude de l'avoué Derville à Paris, neuf ans se sont écoulés depuis Eylau. Mais la réputation du cavalier de la Garde est intacte. « Est-ce le colonel mort à Eylau ? », demande l'un des clercs. « Lui-même, monsieur », répond l'ancien soldat, « avec une simplicité antique », précise Balzac. Dans sa longue errance à travers l'Europe, il lui arrive d'être enfermé comme fou : il prétendait être le fameux colonel Chabert. Interné à Stuttgart, il finira par être relâché car le vieil homme a cessé de raconter qui il est.

La dureté de ce court roman m'a toujours bouleversé. C'est l'histoire d'un fantôme qui revient. Il veut reprendre sa place, il serait même prêt à transiger. Mais c'est impossible. On l'a inscrit sur la liste des morts à Eylau. Il ne peut en sortir. C'est un non-vivant, un être sans identité. Personne ne l'attend. Il n'existe qu'au passé. Cette relégation définitive, irréparable de ce qu'il fut, est la pire des épreuves. Balzac affirme qu'il est affecté du « spleen du malheur ». Spleen, un mot qu'il utilise bien avant Baudelaire. Chabert, c'est l'anti-Ulysse. Au moins le héros d'Homère est-il reconnu à son retour par sa vieille nourrice et son chien.

La leçon du *Colonel Chabert* est simple mais toujours difficile à avaler : il y a quelque chose d'irréconciliable entre le passé et nous. L'acharnement à faire revivre ce qui était vivant est absolument vain. Ce qui a été ne se retrouvera jamais. Dans les Enfers, Hadès règne sur les morts. C'est un dieu insensible, il ne permet à aucun de ses sujets de revenir parmi les vivants. Le colonel de la Garde appartient définitivement à Eylau. C'est un héros. Il ne peut s'extraire de ce statut, plus exactement s'en exhumer. « Suis-je encore moi ? », se demande-t-il de manière pathétique. Il finit par comprendre ce qu'on exige de lui. À la fin, il renonce à son patronyme et reprend sa première identité, Hyacinthe, son nom d'enfant trouvé quand il fut recueilli à l'hôpital. Il aurait tant voulu vivre parmi les hommes. Le cri qu'il lance est bouleversant : « Je vous méprise, je retourne là d'où je viens, c'est-à-dire chez les morts et, désormais, je suis hors d'atteinte. »

Julia

Les célébrations d'Eylau ne réussissent pas à égayer mon fils cadet. Il sort d'une brûlante histoire d'amour avec une Albanaise qui a fui son pays. C'est la première fois qu'il met les pieds dans un ancien pays de l'Est. Depuis notre arrivée dans cette enclave autrefois socialiste, il ne cesse de penser à elle, me confie-t-il. Elle lui a fait découvrir Gogol, Maïakovski, Anna Akhmatova. Il a été sur le point d'annuler ce voyage en famille. Mais il trouve « exotique » la perspective de cette plongée dans l'ancienne Prusse-Orientale au milieu de l'hiver. Quant à mon fils aîné, il savoure d'être loin de la France où la campagne présidentielle avec son lancinant tam-tam bat son plein. Nicolas Sarkozy vient d'être désigné officiellement comme candidat de l'UMP. « J'ai changé », affirme le ministre de l'Intérieur qui veut moraliser le capitalisme. Ségolène Royal affirme de son côté vouloir faire émerger une « République de respect ».

Nous quittons ce matin notre hôtel de Kaliningrad par la porte de Friedland, vestige de la première ligne de défense construite au XVIIe siècle puis renforcée au XIXe siècle. L'établissement où nous logeons est austère mais confortable. Dans les chambres, tout est blanc, un blanc cru et neigeux qui saisit et fait craindre un refroidissement mais il y fait bon. En outre, les petites crêpes épaisses et moelleuses du petit déjeuner sont délectables.

Dans le minibus jaune où la climatisation marche à fond, nous sommes six : ma famille, Julia et le chauffeur. Dépourvu de tout artifice esthétique, le véhicule est de marque russe, GAZ, firme qui a survécu à la fin du communisme. Il est robuste quoiqu'un peu tape-cul. Gazelle, tel est son nom. Par son aspect massif sans être toutefois démesuré, il tient plutôt de l'éléphant, mais un éléphant de taille moyenne, passe-partout et débonnaire. J'adore les épais rideaux caca d'oie très nomenklatura aux motifs soviéto-psychédéliques. Direction Eylau où doivent avoir lieu cet après-midi le défilé et la cérémonie qui ouvriront les commémorations de la bataille.

Nous traversons Kaliningrad et ses tristes faubourgs. Pour une ville qui passe pour avoir été totalement détruite en 1945, l'ancienne capitale de la Prusse conserve de beaux restes. Selon mon guide Baedeker, qui date de l'époque de Guillaume II, le château, son musée, la statue de Kant figurent parmi les curiosités de la ville. Les traces de cette époque m'apparaissent beaucoup plus visibles que lors de ma première visite en 1991, comme si le passé longtemps inerte avait soudain levé en graine et s'était mis à grandir rapidement et à fructifier. C'est un changement. Le passé allemand n'est désormais plus tabou. Il paraît même revendiqué. Julia m'a affirmé qu'une formation politique plaide pour le rétablissement du nom de Königsberg à la place de Kaliningrad. On a vu dans le choix de ce toponyme voulu par Staline la volonté de rabaisser un peu plus cette vieille terre prussienne – Kalinine, personnage peureux et effacé, fut de 1919 jusqu'à sa mort le président du Soviet suprême, officiellement le chef de l'État.

Après la guerre et le départ des Allemands, les Russes avaient été à la fois heureux et désappointés de se couler dans une forme déjà existante. Kaliningrad n'était pas une Terre promise. Pour les nouveaux venus, ce n'était pas un pays rêvé mais un territoire qu'on avait tout simplement *transvidé*. Hasard de l'Histoire – mais en était-ce vraiment un ? – Eylau se trouvait dans la même situation : une bataille qu'on avait voulu oblitérer. Comment les Russes, qui ne cessaient de buter sur les souches de ce passé allemand, s'y prenaient-ils pour vivre ces accrochages quotidiens ? Que faire par exemple avec cette grande figure de la philosophie allemande, Emmanuel Kant, né et mort à Königsberg ? « Oser penser par soi-même. » L'inventeur de « l'impératif catégorique » a fixé un idéal que le communisme, en voulant forger l'homme nouveau, a repris même s'il l'a dévoyé. Quant à Hannah Arendt, longtemps honnie par le régime soviétique, elle reste peu connue en Russie et n'y a été traduite que très récemment.

Sans doute vexé lors de ce premier voyage que je me sois débrouillé sans lui pour aller à Eylau et

Friedland, mon interprète avait changé de comportement. Dire qu'il s'était mis en quatre pour m'être agréable serait exagéré. Mais le lendemain il s'était montré beaucoup moins hostile et même accommodant lorsque je lui avais parlé de Kant. Vivant à Moscou, il découvrait pour la première fois comme moi l'enclave de Kaliningrad. Désœuvré, il avait profité de ma journée passée à Friedland pour explorer la ville. Il avait trouvé le tombeau de Kant adossé à la cathédrale sur l'île de Pregel et me proposa de m'y emmener. Ravagée par les bombardements en 1945, l'église luthérienne n'avait pas été reconstruite. On l'avait laissée en ruines. Mais je n'ai jamais vu une ruine aussi bien entretenue. Elle avait beau être à ciel ouvert, elle n'était pas pour autant ouverte à tout vent. Impossible de pénétrer à l'intérieur. Tout était muré. À travers la grille cadenassée du narthex, j'avais entrevu la nef envahie par les herbes folles. Un arbre y prospérait.

Pourquoi continuait-on à entretenir et à consolider cet édifice ? Les Russes avaient certainement une idée derrière la tête. Ils auraient pu le raser complètement, comme ils l'avaient fait pour le château dans les années 60. L'interprète m'avait montré peu de temps auparavant son emplacement. C'est dans cette bâtisse qu'était née la Prusse. Les chevaliers Teutoniques y élevèrent leur première forteresse pour combattre les Borusses idolâtres. À l'endroit de la place forte, les Soviétiques ont édifié une construction monstrueuse en forme de H qui ressemble à une citadelle dans le plus pur style stalinien, substitut du château détruit tant il est vrai que la ville reste amputée depuis cette destruction. « Dans les années 60 encore, tout ce qui rappelait l'Allemagne devait être supprimé. » Apparemment mon guide s'était renseigné. Mais alors Kant ? « Kant est un cas à part, nous ne pouvons pas le renier. Marx procède de Kant » – j'avais bien noté le « nous » de majesté soviétique.

Julia (prononcez Ioulia) est si différente et combien plus avenante. Je ne peux m'empêcher de la comparer à mon premier guide. Elle m'apprend que ses parents viennent du Kazakhstan où Staline les avait déportés. En fait, elle est une descendante d'Allemands de Souabe que l'impératrice Catherine II, elle-même d'origine allemande, avait envoyés en Russie comme colons. Soupçonnés à tort de collaboration avec les nazis, ils furent déportés en masse en Sibérie et en Asie centrale. Née à Kaliningrad, elle ne connaît que quelques mots d'allemand et se sent totalement russe. Avant tout, elle se considère comme citoyenne de l'enclave. Elle chérit ce monde hybride constitué par l'ancienne Prusse-Orientale et cet avant-poste russe : « J'habite deux pays. » N'est-ce pas une façon de n'en habiter aucun ? « Vivre ici, c'est être différent du reste de la Russie. » Elle est fascinée par mon guide Baedeker et ne cesse de me l'emprunter. « Qu'est-ce que le massepain ? » Le massepain, un gâteau d'amandes, était la spécialité de Königsberg.

La campagne est recouverte de neige. Seuls les tourbières et les arbres tracent des trouées noires dans le paysage où les vents passent en rafale. Rien n'accroche vraiment l'œil dans cette nudité si ce n'est le surlignage des épicéas. Leurs branches tombantes font s'abattre des nuages de poudreuse. Un pays vide. Il a beau être habité, il semble dépourvu de sons, d'odeurs et surtout d'images. Une page blanche sur laquelle sont tracés quelques coups de crayon et de rares caractères qui font ressortir la platitude de la contrée.

Nous pénétrons dans Bagrationovsk avec ses tas de gravats au bord des trottoirs défoncés. « C'est ça, Eylau ? interroge notre fils aîné. C'est cafard. » Je connais désormais le décor mais j'essaie de me mettre à la place de quelqu'un découvrant les lieux pour la première fois. Les rues, les trottoirs, les maisons ont un aspect mal entretenu, non pas délabré, ils semblent simplement sortis de leur place normale, comme désarticulés. Ce n'est pas propre à Bagrationovsk. Kaliningrad produit cette même impression de subtile dislocation, d'imperceptible déplacement, comme si la part russe ne parvenait pas tout à fait à s'ajuster au moule prussien. Cette empreinte est perpétuellement présente. C'est un malaise, une anomalie ou tout au moins un dérangement dont on doit s'accommoder.

Beaucoup de maisons en briques rouges datent de l'époque allemande. Mais cette apparence est trompeuse. Les habitations construites depuis la guerre, les quelques immeubles gris de quatre étages typiques de l'époque khrouchtchévienne, l'imposante église orthodoxe aux toits dorés édifiée récemment soulignent cette impossibilité à joindre les deux mondes. J'apprendrai plus tard que la population de Bagrationovsk s'élève à sept mille habitants. Les emplois sont liés à l'industrie du bois, au commerce et à l'administration douanière car la petite ville est le dernier poste-frontière avant la Pologne. Quelques épisodes secondaires de la bataille se sont déroulés dans la partie aujourd'hui polonaise.

À la conférence de Potsdam, la Prusse-Orientale fut divisée en deux : Staline s'attribuera le nord tandis que la Pologne se verra octroyer la moitié sud qui touche la Mazurie, selon un tracé rectiligne totalement arbitraire. Eylau est situé dans l'Outre-Terre. Ce n'est pas non plus un hasard. C'est une bataille *d'au-delà* (pas de l'au-delà !). Elle outrepasse toutes les autres dans son déroulement, son statut, sa signification.

Je propose de voir ensemble le musée d'Eylau comme je l'avais annoncé hier au conservateur, Alexandre Pantchenko. Dehors, l'atmosphère est imprégnée de cette odeur de fagots brûlés et d'allumettes qu'on vient d'enflammer.

— Visiter un musée en famille, c'est toujours un peu une tannée, décrète le cadet.

— Peut-être bien, rétorque fermement sa mère, mais nous sommes en famille. C'est parfois barbant. Mais il ne fallait pas venir.

La photo d'un jeune homme orne l'entrée du musée – il a l'air d'un enfant –, Iouri Dimitriev, soldat du génie, né à Bagrationovsk en 1978, mort à Grozny en Tchétchénie, « héros de la Russie ».

Pendant qu'on est allé chercher le conservateur, nous parcourons les salles du musée. Il ne contient rien de vraiment spectaculaire mais constitue une bonne initiation à la bataille avec des portraits, des uniformes, des armes de l'époque, des tableaux comme *La Charge des grenadiers* qui représente du côté russe la plus belle action d'éclat : l'instant où quatre mille soldats parviennent tout près du cimetière où se tient un Napoléon totalement incrédule devant tant d'audace.

Le musée réserve quelques surprises se rapportant à l'époque prussienne – toute allusion à ce passé eût été inimaginable pendant l'ère soviétique. Casques à pointe, plastrons de cuirasse ouvragés, portrait de Guillaume II et du maréchal Hindenburg, le vainqueur de Tannenberg – enterré en Prusse-Orientale, il fut exhumé en catastrophe lors de l'avance soviétique en 1945.

« Bonjour, amis français. » Ainsi Julia traduit la phrase de bienvenue d'Alexandre Pantchenko. Il vient d'apparaître, les yeux vifs et l'air sévère, portant à la boutonnière un petit insigne, reproduction de la croix d'Eylau, distinction russe conférée aussitôt après la bataille pour récompenser les officiers les plus valeureux. On ne crée pas une décoration à l'occasion d'une défaite.

À cet instant, je réalise qu'il sera inutile de braquer mon interlocuteur ou même de l'asticoter sur ce sujet, il ne comprendrait pas. Déjà, lors de la courte rencontre hier, il m'avait clairement signifié qu'Eylau était une victoire russe, s'étonnant qu'à Paris on ait pu donner ce nom à une avenue et une église. Malgré son air cabochard et une nature que je pressens chatouilleuse – ses yeux sont souvent en pétard – il m'est sympathique par cette passion pour la bataille qui l'habite. Mon fils cadet me chuchote : « Il n'a pas l'air commode. » C'est vrai, cependant il n'est pas dépourvu d'une réelle bienveillance.

Il s'arrête tout à coup devant une maquette protégée par une vitrine. Elle reproduit l'église et le cimetière. « Le secret d'Eylau est là ! », dit-il avec une expression féroce. Qu'insinue-t-il ? À quel mystère, à quel dessous des cartes fait-il allusion ? Intrigué, je demande à Julia qu'il précise son propos. « Il parle de l'orientation de l'église. Quand on la regarde, le clocher doit impérativement se trouver à droite. Sinon on ne comprend rien à la bataille. Il dit à ce sujet que la peinture du baron Gros est conforme à la réalité. »

Cette histoire de clocher est un vrai casse-tête. Dans les représentations, une fois sur deux, comme dans la spectaculaire aquarelle de Siméon Fort, l'implantation est fautive. Une chose est sûre, l'église est la clef de l'affrontement d'Eylau, elle donne accès à son déchiffrement. D'emblée, je pressens qu'il faut chercher dans cette direction. Le vrai monument funéraire d'Eylau, c'est cette église en ruines avec son clocher, stèle surplombant les fosses communes où sont enfouis des milliers de morts.

Le conservateur parle de fonctionnement de la bataille comme s'il s'agissait d'un mécanisme, « sans doute le plus compliqué de toutes les guerres de Napoléon », alors que le choc est frontal. Il y a quelque chose de rudimentaire dans ce heurt et pourtant le sens est difficile à comprendre. Trop de moments incertains et inexplicables, selon lui. À lire les relations des acteurs russes et français, on se demande s'il s'agit bien du même engagement.

La maquette m'hypnotise. C'est une représentation naïve mais inquiétante de l'église et du cimetière. On voit distinctement l'Empereur juché sur son cheval, abrité derrière un enclos, protégé par la Garde. Le cimetière est situé dans l'axe de la façade, caractéristique du style néogothique allemand avec le pignon à redents. La scène ressemble étrangement à celle que présente le musée de Labastide-Murat, la ville natale du futur roi de Naples. Une sorte de ressassement mélancolique de la bataille, marque de l'impuissance à mettre en scène la substance même d'Eylau. Un état de langueur, comme si l'élan vital avait été brisé. L'Empereur regarde au loin avec lassitude, vers un événement inévitable, ce qu'on ne peut ni voir ni ressentir : la violence du choc. Peu de rencontres entre deux armées auront été aussi brutales. Délibérément, elles se sont heurtées de face, dans un choix mortel. Toute l'ambiguïté du regard de Napoléon est là : voit-il ou refuse-t-il de voir ? On n'est pas loin des fameux yeux qui plafonnent dans la peinture de Gros. Quelque chose a été aperçu que ce regard-là préfère peut-être ne pas saisir. La tête de Méduse, la mort en face.

Pantchenko me déconseille de grimper dans le clocher devenu trop dangereux. Mais il reconnaît que, de cet observatoire, on jouit de la meilleure vue sur le site – la mise en garde exacerbe un peu plus chez moi la tentation ! Il compare Eylau à un théâtre : « Dans cette pièce qui se joue, on connaît mal les intentions des premiers rôles. Napoléon et Bennigsen ne nous ont guère donné de détails sur leurs desseins. Napoléon en particulier est étrangement peu loquace. Et Bennigsen ment. C'est pourquoi Eylau est surinterprété. Trop de commentaires. L'essentiel nous fait défaut. »

À voir son air sibyllin et rabat-joie, Pantchenko la connaît, cette pièce maîtresse. En tout cas, il rôde autour, il la flaire.

L'Outre-Terre et les Ultraterriens

« Outre-Terre », on ne saurait inventer meilleure expression. Comment peut-on être *au-delà* de cette terre, de cette boule sphérique qui nous est commune ? Outre-Terre – comme nous avons nos départements d'outre-mer – au-delà de la terre russe : Kaliningrad est séparé du reste de la Russie par deux États indépendants, la Biélorussie et la Lituanie, sans parler de la Pologne au sud. Pskov, la ville russe la plus proche, est située à 600 kilomètres et Moscou à 1 200. Mais cette Outre-Terre est différente de nos DOM-TOM. Elle résonne comme un monde qui n'est plus le nôtre. Un fief oublié qui a cessé d'appartenir à notre système, une sorte d'*outland* soviéto-galactique, délabré et rouillé mais toujours agissant. Lessivée, en apparence désagrégée, au bord de l'épuisement, en réalité incroyablement solide.

Sans l'Outre-Terre, je ne serais jamais revenu à Eylau. Cette enclave est tout ce qui reste du monde des ogres.

Après mon premier voyage, remué par ce séjour, j'étais allé voir la toile du baron Gros. Cette peinture m'est depuis longtemps familière. Lors de mes visites assez régulières au Louvre, j'avais regardé le tableau sans lui prêter vraiment attention. Je m'étais assis sur le banc faisant face à cette toile. Compte tenu de ses dimensions importantes (6 m × 8 m), cette étrange machine a besoin de recul pour être évaluée.

Évidemment Gros n'a jamais mis les pieds à Eylau mais on peut dire qu'il a tout compris. S'il est vrai que l'histoire est à la fois une science et une célébration, Gros en a parfaitement saisi l'aspect liturgique. Néanmoins on ne s'est fait faute ni de critiquer l'œuvre de propagande ni de sourire devant la solennité et le sombre romantisme de la scène, ce qui est une sottise et témoigne d'une lecture pour le moins sommaire de la reconstitution. Une mise en scène, à coup sûr. Et même un show dans la mesure où une vedette, accompagnée de figurants certes importants mais destinés à mettre en valeur le personnage principal, apparaît de manière démonstrative. Allons plus loin : il y a un côté revue de music-hall dans cette séquence presque satirique qui exhibe des personnalités connues (« Tiens, c'est Murat ! », « Voilà Soult », « Et celui-là, c'est Davout »). De toute façon, nous sommes à la revue. Le libellé officiel du tableau précise que l'Empereur s'apprête à inspecter les troupes qui bivouaquent en arrière-plan.

Je remarquais que peu de gens s'arrêtaient devant le tableau. Sans doute la scène étonnait-elle, elle n'aimantait pas. Pour une seule raison : il faut en posséder les clés. On passe à côté si l'on ne connaît pas les circonstances. Ce n'est pas une scène de bataille, mais un lendemain de bataille. On se doute que cet homme avec son chapeau bicorne est bien Napoléon. Mais pourquoi étend-il ainsi la main droite ? Salue-t-il quelqu'un ? Non, bien sûr, le geste se veut hors d'atteinte – la main est gantée –, apaisant, comme une sorte de dégel au milieu de cette neige grise en apparence blanche, si noire qu'elle fige l'ensemble du tableau. Quelle est alors la signification de ce mouvement ? Faute d'en comprendre l'orientation, *Le Cimetière d'Eylau* se prive de nombreux admirateurs. Dès qu'on en saisit l'esprit ou même la lettre, il se métamorphose et agit tel un champ magnétique traversé par des forces d'attraction, comme la figure de l'Empereur, et de répulsion, comme les blessés, les cadavres au premier plan.

Beaucoup de détails troublants dans cette toile, la tête de l'Ogre et surtout son regard absent. Absent, est-ce bien le mot ? Plutôt lointain : il ne veut pas voir le champ de bataille, c'est le regard d'un mortel qui, quelques secondes plus tôt, a été frappé de stupeur. *Médusé*. Des yeux d'outre-terre. Impossible au Louvre de distinguer l'expression du monarque. On aperçoit seulement le bas du visage noirci par la barbe. Gros ne s'est pas gêné pour signifier que le chef de guerre a peu – ou mal – dormi. Il n'a pas eu le temps de se raser. Bref, la veille il a eu chaud. Tous les éléments du tableau soulignent ce que Napoléon voulait camoufler : la tuerie, les mutilations, le traumatisme. Mais surtout son propre trouble. L'expression « chair à canon », image inventée par Chateaubriand, tire probablement son origine d'Eylau.

Et les mains ! On ne voit qu'elles dans la peinture mais privées de leurs fonctions d'appui ou de saisie. Elles appellent, implorent. La plupart ont lâché prise et retombent. Doigts gelés, articulations mortes, mains inanimées. Seule la dextre gantée de Napoléon se soulève, mais refuse tout contact : *Noli me tangere*. L'avant-bras impérial, qui répand et endigue à la fois, appartient à un être immatériel. Il est intouchable.

Gros n'y est pas allé de main morte.

Derrière Napoléon et sa suite, il y a d'autres scènes presque invisibles à l'œil nu, des ombres, des silhouettes fondues dans les lointains. On n'en parle jamais. Elles sont très explicites. Je ne crois pas que Gros les a dessinées pour meubler. Ce sont des hommes qui ramassent les morts et les hissent sur des chariots. Des ombres qui ressemblent à des spectres.

Le fragment le plus inquiétant est la forme humaine devant la façade de l'église où sont attachés des chevaux. Il se tient seul. On distingue une capote sombre. Quel est ce personnage ?

Après mon premier voyage en 1991, je m'intéressais davantage à cette anomalie de Kaliningrad qu'à Napoléon et à la bataille d'Eylau. Ces deux singularités se rejoignaient. Je l'ignorais alors. Kaliningrad, Eylau, deux portails donnant accès à un monde souterrain. J'étais encore loin de mon engouement pour l'Empire – d'aucuns diront mon égarement.

Après ce séjour d'une semaine en Outre-Terre, j'avais essayé d'en savoir un peu plus sur cette bataille. J'avais visité le site d'Eylau et rencontré un vieux fou. Un moment déconcertant qui m'avait laissé dans un état second. Il avait ouvert un portail inconnu. Mon récit n'avait recueilli qu'une indifférence polie et légèrement navrée. J'avais compris : l'illuminé, c'était moi. Comment pouvait-on se laisser prendre à de telles sornettes ? Le seul intérêt, d'ailleurs très relatif, provoqué par mon voyage, était cette Outre-Terre. Mes interlocuteurs ne parvenaient pas à la situer. « C'est où, en fin de compte ? En Russie ou en Allemagne ? » Trop compliqué ! En désespoir de cause, j'avais décidé de garder cette histoire pour moi.

M'était revenu à l'esprit un livre dont j'avais fait naguère un compte rendu enthousiaste au *Matin de Paris*, les Mémoires[9] du commandant Parquin. Fils d'un épicier de la rue Saint-Martin, il s'était engagé à l'âge de seize ans au 20e régiment de chasseurs à cheval. Sabreur et joli cœur, il avait fait presque toutes les campagnes de l'Empire. Était-il à Eylau ?

Le livre qui, dans mon souvenir, possédait le rythme endiablé et la gaieté d'un roman d'Alexandre Dumas figurait dans ma bibliothèque : oui, il était à Eylau. Il décrit très bien la tristesse du paysage et l'aspect inhospitalier des plaines neigeuses. Il a été témoin de la charge des quatre-vingts escadrons contre l'infanterie adverse. Il dépeint l'armée russe couchée à terre « comme un champ de blé qui vient d'être dévasté par un ouragan terrible ». À Eylau, Parquin est blessé d'un coup de feu et de cinq coups de lance puis fait prisonnier. Heureusement pour lui, il sera libéré quelques mois plus tard, lors de la paix de Tilsit.

Après cela, plus rien… Pendant des semaines, voire des mois, une histoire vous passionne au point parfois de vous engloutir. Un jour, elle meurt faute d'avoir été alimentée. L'embrasement du début faiblit, il finit en cendres. Scintillent encore quelques braises. Elles s'éteignent une à une, il n'y a plus rien pour les entretenir. Que de feuilletons auxquels on croit être lié pour longtemps ! Leur caractère exceptionnel ou tragique, la qualité des protagonistes dont certains sont devenus des amis ne peuvent être oubliés. À peine êtes-vous revenu à Paris qu'ils ne sont plus qu'un souvenir. Ce quasi-reniement, je l'ai pratiqué pendant plus de trente ans de journalisme. Cette amnésie est inséparable du métier. Elle est même nécessaire. Un événement chasse l'autre. Comment pourrait-il en être autrement ? S'attacher, c'est s'entraver. L'empathie est un piège. On ne peut s'absorber dans une nouvelle aventure que si l'on a sacrifié la précédente.

Königsberg, Eylau, Kant n'étaient-ils que des non-événements ? Bien sûr, ils n'avaient rien à voir avec l'actualité. Quoique… L'ouverture au monde extérieur de l'oblast jusqu'alors interdit était en soi une nouvelle. En plus, le fief oublié révélait nombre de choses cachées.

Je me trouvais à cette époque dans un entre-deux. Écrire ? Mais je n'avais fait que cela depuis mon âge adulte. Sous quelle forme ? J'ai longtemps cru que ma vocation de journaliste était le fruit d'une méprise. J'aimais la littérature. Adolescent, elle m'avait sauvé du marasme. Elle avait peuplé la désolation de mes années de pensionnat. Ainsi fut établi pour toujours ce lien de confiance, d'abandon, de bonheur avec les livres. D'inconfort aussi : la vie réelle, *non rêvée*, et la littérature sont rarement en harmonie.

Il me semblait que le métier de journaliste se rapprochait le plus du travail de l'écrivain. Je confondais rédiger et écrire. Rédiger obéit à une formule prescrite, à une manière de déposer des signes et des phrases. Déposer comme la poule fait des œufs… On pond un article, on ne pond pas un livre ou alors ce livre est médiocre.

L'âge venant, je crois de moins en moins à cette distinction. De toute façon, presque tout aujourd'hui peut faire littérature. Non, le choix de ce métier n'était pas un malentendu. D'ailleurs, la frontière entre les deux est de plus en plus poreuse. Pourquoi les séparer ? Le journalisme ne relève-t-il pas d'une forme de fiction ? Il ne rend pas mieux compte du réel que la littérature.

Après une immobilisation involontaire de trois années, j'avais été pris par une frénésie de voyage. Pendant mon absence, le monde avait changé. Au retour, je me sentais *inopportun*. Une personne déplacée. De toute façon, cette histoire avait donné le coup de grâce à mes illusions de journaliste. Je n'y *croyais* plus. Ce métier ne voulant plus d'un incroyant, il me fallut aller voir ailleurs. Je m'apprêtais à me rendre aux îles Kerguelen, à l'autre bout du monde. Une manière de composer avec le choc du retour. L'atténuer peut-être. L'idée d'un récit sur la désolation – ce fut le premier nom de l'archipel austral – commençait à germer. Ce fut mon premier récit de voyage.

Écrire : le seul moyen que j'avais trouvé pour me tirer d'une situation embarrassante. Sur les livres et les écrivains, je n'ai jamais perdu la foi. Suis-je devenu excessivement dévot ? Cette réflexion de Peter Tarnopol, un personnage de Philip Roth, s'applique parfaitement à moi : « La littérature m'a mis dans le pétrin. À elle de m'en sortir. »

Abandonné, Eylau allait rester comme un de ces bons souvenirs à la fois bizarres et inachevés. Légèrement frustrant dans la mesure où ma curiosité n'avait pas été entièrement contentée. Il n'y avait pas de quoi en faire une maladie. Ce n'était pas la première fois que je laissais tomber un sujet auquel j'étais prêt à tout sacrifier.

J'avais écrit un livre sur les Kerguelen, je devins un spécialiste des îles. Ironiquement, cette Outre-Terre française qui m'éloignait de l'Outre-Terre russe allait m'y faire revenir non sans quelques détours. En 1993, un magazine me proposa de partir pour Sainte-Hélène. J'acceptai non pas à cause de Napoléon, qui y avait vécu en exil les six dernières années de sa vie, mais parce qu'il n'y avait pas d'aéroport. On ne pouvait y accéder que par bateau après trois semaines de traversée depuis Cardiff. Comme les Kerguelen, l'île de Sainte-Hélène avait toutes les chances d'être un lieu intact. Elle l'était, au-delà même de ce que je pouvais espérer. C'était un vrai musée, un conservatoire de l'*english way of life*, où le temps s'était arrêté dans les années 60 – seule la maison de Longwood n'était pas un musée.

Sur le bateau, j'avais lu la plupart des livres publiés sur Sainte-Hélène et la relégation de Napoléon. En parcourant les souvenirs des quatre compagnons de Napoléon, Las Cases, Gourgaud, Montholon et Bertrand, les fameux « quatre évangélistes », je notai ce détail : le malaise suscité par le nom d'Eylau chez Napoléon. Je le mentionnai dans plusieurs pages de mon livre, *La Chambre noire de Longwood*, notamment lors de ma première visite du champ de bataille.

Une fois le livre paru, l'épisode d'Eylau se mit à nouveau à me turlupiner. C'était comme une esquisse inachevée. J'avais laissé tomber. Je pouvais me rattraper. Aucune réparation dans ce changement. Depuis qu'on a confisqué mon existence à un certain moment de ma vie, j'ai perdu tout sentiment de culpabilité. Comment d'ailleurs aurais-je pu avoir mauvaise conscience au regard d'un événement si éloigné dans le temps ? La restitution justement : reprendre ce qu'on vous a saisi. Je suis hanté par l'engramme et les maladies du souvenir, l'effacement, la radiation, les mécanismes de l'amnésie. Eylau est un trou de mémoire national. C'est même, à première vue, un événement sans intérêt comparé à l'histoire immobile et du mouvement profond de la vie des hommes. Dans la sociologie de la guerre, au début du XIIIe siècle, l'affrontement de Bouvines est un moment important, comme l'a analysé Duby. Eylau n'aura jamais cette portée, même si les mots de « boucherie » et de « chair à canon » imaginés pour la circonstance ont fait florès.

Des oublis, il y en a d'autres dans notre passé. Et de bien plus tragiques. Mais cet espace vide est d'une espèce bien particulière. C'est un blanc comme cette neige d'Eylau qui a tout recouvert. Enveloppé, masqué, non pas aboli. Dans ce souvenir, on peut cependant comme à Bouvines apercevoir « l'insidieuse pénétration du merveilleux, du légendaire ».

Pourquoi aussi ne pas l'avouer ? Cette visite avait provoqué chez moi un trouble profond : l'annonce du désastre. Dans cette plaine désolée avait retenti l'avertissement, quelque chose va disparaître. Pourquoi rapporter à moi cette semonce ? Tous ces morts engloutis m'avaient mis face à l'effroi, au vertige de la perte totale. Il me fallait éclaircir tous ces signes.

Reprendre le projet abandonné, voici l'idée surgie un dimanche soir au cours du dîner traditionnel qui nous rassemblait tous les quatre. Depuis que nos deux fils ont quitté la maison, ce repas dominical est devenu une institution. Le dimanche soir parce que c'est la veille du lundi, jour du dégoût où rien ne change et où tout recommence.

Pendant mes années de pensionnat, le dimanche soir était le moment le plus sinistre de la semaine. Après la messe du dimanche matin, nous subissions les vêpres de l'après-midi puis les complies, le dernier office célébré le soir. Je n'ai jamais autant ressenti le rabâchage des jours et la tristesse du monde que durant cette cérémonie. Je me réfugiais dans les livres. La plupart des cantiques que nous chantions – en grégorien – glorifiait l'*homo viator* : nous étions de passage sur terre, la vie n'était qu'une vallée de larmes en attendant de jouir de la béatitude éternelle dans le royaume des cieux. J'avais douze ou treize ans. Je n'avais nulle envie de jouir d'un bonheur parfait dans l'autre monde, j'étais avide de goûter les fruits de la vallée d'ici-bas que me faisaient entrevoir les livres. Ce pays, je le soupçonnais gorgé de délices. La religion qu'on nous inculquait était une doctrine de la douleur et de la faute extériorisée par des dévotions répétitives, dénuées de toute spiritualité.

Après ces complies, une maigre collation nous était servie puis nous regagnions le dortoir dans un vague à l'âme qui aurait pu ressembler à un sentiment de vie manquée. Heureusement, je ne savais rien de la vie – elle avait si peu commencé pour moi ! –, encore moins en quoi j'aurais pu la rater. Je n'étais pas davantage frustré. Pour être frustré, il faut connaître l'espérance. Je n'attendais rien, je ne me sentais privé de rien. J'habitais un éternel présent.

En souvenir de ces années-là fut institué le dîner du dimanche soir. Pour ne pas succomber à la mélancolie de la répétition attachée à ce dernier jour de la semaine.

Je ne sais pas ce qui m'a pris ce soir-là. Pourquoi associer ma femme et nos deux fils à cette histoire d'Eylau ? Cette affaire ne regardait que moi. Nous adorons voyager ensemble. Entre nous l'esprit de sérieux est strictement banni. Dans ces déplacements nous nous laissons complètement aller. La farce, le canular, la raillerie sont de rigueur. Entre hommes, nous nous plaisons à proférer des énormités. Peut-être cette fois-ci n'avais-je pas trop envie d'affronter seul ce blanc d'Eylau. Le pèlerinage aurait lieu en plein hiver, saison où l'oblast de Kaliningrad ne doit pas être des plus riants. L'implacable bonne humeur familiale ne serait pas de trop pour affronter la désolation de l'Outre-Terre et nouer le contact avec ses habitants, les Ultraterriens. La famille Fenouillard au pays des ex-soviets ? Si l'on veut, mais je pressentais bien pour moi qu'allait peut-être se jouer autre chose qu'une possible tournée burlesque à quatre. Il y avait aussi la présence obsédante du colonel Chabert, l'homme donné pour mort, qui revient après une longue absence.

Dans la famille, le voyage à Eylau suscita une certaine réticence. Moins chez mon fils aîné qui étudiait alors l'histoire. Il n'était pas hostile à ce projet mais Napoléon ne le passionnait guère, il préférait la fin du XIXe siècle, les débuts de la IIIe République, Jules Ferry, Gambetta, Déroulède… Quant au cadet, il déclara qu'il n'aimait pas le personnage. « Un despote ! » Selon lui, il avait « trahi la Révolution française ». J'eus beau faire valoir qu'il avait légué à la France une Constitution civile et administrative. Bon gré mal gré, elle avait fait ses preuves et assuré au pays une certaine stabilité politique.

Visiblement, l'enthousiasme familial n'était pas au rendez-vous.

En désespoir de cause, j'avais essayé le côté western, la fameuse attaque des quatre-vingts escadrons emmenés par Murat : « La charge de cavalerie la plus formidable de l'histoire militaire européenne ! » Cela les avait un peu intéressés, mais sans plus. Murat, placé en tête des cuirassiers, chargés de culbuter l'infanterie russe, avait suscité de la curiosité. Les assauts désespérés de la cavalerie française à Waterloo appartiennent à la légende alors que la grande chevauchée de Murat, bien plus spectaculaire, est largement ignorée. C'est pourtant une action unique, d'une audace inouïe. Napoléon joue là son va-tout. L'élan de l'infanterie est brisé. Seule l'arme équestre a la capacité de prendre le relais. C'est très risqué. Il va l'employer contre les règles habituelles pour se rétablir de toute urgence. L'exploit mettra sens dessus dessous l'adversaire. Sonné, celui-ci accusera le coup. Grâce à Murat, Napoléon s'est tiré d'embarras sans se tirer d'affaire. Il a gagné du temps, il est loin d'avoir gagné la partie.

Murat, « le roi Franconi », « le prince Fanfarinet », a toujours eu du succès même chez ceux qui sont indifférents à la geste napoléonienne. Son panache, ses uniformes criards, un côté bon garçon, avec cette part irraisonnée, ingénue. Une attitude fanfaronne devant le danger concourt à lui donner une place à part parmi les paladins de l'Empereur. À Eylau comme dans presque toutes les autres batailles, Murat avait coutume de s'élancer le premier à la tête de la cavalerie, brandissant non pas un sabre mais une badine avec ce cri : « En avant, direction le trou de mon cul ! » Ses tenues splendides, qui permettaient à l'ennemi de l'identifier de loin, en faisaient une cible de choix.

— Combien étaient-ils ? avait demandé l'un de mes fils.

— Huit à dix mille cavaliers. Rappelez-vous, c'est lors de cette charge que fut donné pour mort le colonel Chabert.

Tous les deux avaient lu le livre de Balzac – ils affectionnent comme moi cet écrivain – et vu le film d'Yves Angelo avec Gérard Depardieu et Fabrice Luchini.

Dans notre famille, Chabert est un personnage fétiche. Un modèle d'endurance. On lui attribue un pouvoir magique et bénéfique dans sa capacité à supporter, une façon de disparaître à soi-même, héros lazaréen qui surgit d'entre les morts, avec ce mélange de fierté et de dérision qui fait son charme. « Je suis vivant », assure-t-il.

« En février, on pourrait quand même aller ailleurs qu'en Russie, je ne sais pas, au Sénégal, il fait plus chaud », avait suggéré mon épouse Joëlle. « On a le temps d'y repenser, avais-je répliqué. 2007, c'est dans dix ans. » Cette remarque avait de justesse emporté la décision. N'était-il pas rassurant de se fixer un rendez-vous aussi éloigné dans le temps ! Je soupçonne plutôt ma famille d'avoir fait le pari que cette promesse tomberait dans l'oubli.

« *Le beau ciel de France* »

Après la visite au musée d'Eylau, nous déjeunons dans un restaurant situé près de la statue de Bagration. Je devrais dire *le* restaurant de Bagrationovsk car je crois qu'il n'en existe pas d'autre. Il est bondé mais on nous a aussitôt dressé une table.

En ce 8 février 2007, de nombreux Ultraterriens sont accourus des quatre coins de l'enclave pour assister à la cérémonie qui doit avoir lieu tout à l'heure à quinze heures. Elle sera suivie d'un défilé. L'établissement qui se nomme *Ostpreussen* joue à fond la germanité avec l'aigle noire prussienne sur les murs. Des gravures anciennes représentent des scènes médiévales tudesques. Le restaurant où règne une température équatoriale sent le chou aigre, la bière et le lait caillé. Les vitres sont couvertes de buée. On a l'impression de se trouver dans une taverne munichoise mais demeure toujours ce décalage russe, tonitruant et bon enfant, qui souligne le grand absent allemand. On nous regarde avec curiosité, directement, sans cordialité ni malveillance. Quelques clients interpellent Julia pour lui demander sans façon qui nous sommes.

L'endroit où nous nous trouvons était intensément pilonné il y a deux cents ans. J'imagine le profond sentiment de dépaysement et d'inquiétude que devaient ressentir les Français avant la bataille dans cet environnement hostile.

Ils sont exténués et crèvent de faim. Le mot « tristesse » revient dans nombre de témoignages. Tristesse d'une plaine blanche et menaçante. Malaise face à un péril inconnu. Impression que décrit parfaitement le commandant Parquin qui a bien saisi l'aspect sinistre de ce coin de Prusse. « Un ciel brumeux dont les nuages, paraissant ne pas s'élever au-dessus des arbres, jetaient sur toute cette scène une teinte lugubre, et nous rappelaient involontairement que nous étions à trois cents lieues du beau ciel de France. »

Le « beau ciel de France », c'est le genre de notation si peu militaire qui m'a fait aimer Parquin malgré ses hâbleries et sa vanité d'enfant. En ce matin cafardeux, il n'est pas déprimé pour autant, il va peut-être mourir, il n'a pas peur, il se rengorge même, évoquant le « vieux levain de gaieté » que porte en lui tout soldat français. Il n'empêche, tous ces récits dénotent une crainte mal définie. Dans ces relations écrites bien après l'événement, on sent un malaise qui ressemble à un sentiment d'impuissance, une incapacité à décrire un événement qui va ne ressembler à aucun autre.

À quelle heure fut déclenchée la bataille d'Eylau ? Comme pour le reste, personne n'est vraiment d'accord. Parquin affirme qu'elle a commencé « à la pointe du jour ». Marbot, qui inspirera à Balzac le personnage du colonel Chabert, parle de huit heures. Qui savait à cet instant que les choses sérieuses venaient de commencer ? Harassé par huit jours de marches et de veilles, Napoléon, qui dormait sur une chaise dans la maison du maître de poste d'Eylau, l'ignorait lui-même.

Très tôt en tout cas, les Russes avec leurs soixante pièces d'artillerie vont ouvrir le feu. Ce n'est pas un tir de préparation comme on en voit d'ordinaire au début d'un affrontement pour tâter le terrain et évaluer l'adversaire. C'est un bombardement intense, inhabituel. Bennigsen semble résolu à livrer bataille, du moins on le suppose. Peut-être attend-il la réaction de Napoléon pour se décider. « Si les Russes eussent poussé vigoureusement, ils se seraient emparés du quartier général. Personne n'était sur ses gardes », certifie un témoin, le colonel d'artillerie Pion des Loches.

Comme beaucoup d'officiers supérieurs russes, Bennigsen est allemand, originaire du Hanovre. Il a mené les conjurés à la chambre de Paul Ier, le père d'Alexandre, et participé à son assassinat. Il passe pour un bon stratège, mais il ne paraît pas de force face à un homme de guerre à l'imagination aussi agissante que Napoléon. La crainte que ce dernier inspirait à ses adversaires contribuait à leur faire perdre toute assurance. Wellington reconnaîtra plus tard que, confronté à un tel homme, on se sentait déjà à moitié défait avant même de commencer. Le chef militaire russe le plus doué de l'époque est Koutousov. Il donnera la mesure de son habileté lors de la campagne de 1812, mais depuis Austerlitz, il est en disgrâce. Bennigsen qui a longtemps temporisé sait trop bien à qui il a affaire, mais il est tiraillé : à la fois il se méfie et veut surprendre. Il va déconcerter ses généraux en disparaissant pendant la bataille. Oui, disparaître, peu de temps après la charge de Murat. Parti à la recherche des Prussiens pour les guider, il s'égarera.

À la sortie du restaurant nous sommes cueillis par un vent piquant. J'ai très froid et pourtant j'ai respecté la règle des trois couches : une polaire, une épaisse sous-veste et une grosse chemise de trappeur canadien sans parler de bottes fourrées prétendument imperméables et « respirantes » (*dixit* le vendeur du *Vieux Campeur*). La place où doit avoir lieu la manifestation commence à se remplir. La neige a été dégagée en tas au bord des trottoirs. Elle s'est cimentée au contact du froid, formant des arêtes vives. Les discours auront lieu autour du petit monument dédié à Bagration. C'est loin d'être la foule, mais il règne une animation qui peut ressembler à une excitation même si elle est diffuse. On sent un désir de savoir attisé par l'incertitude : que va-t-il exactement se passer tout à l'heure ? « Nous n'avons pas l'habitude de telles cérémonies », commente Julia tout aussi curieuse.

Lorsqu'elle nous a accueillis avant-hier à l'aéroport, je suis sûr qu'elle était perplexe : quelle mouche avait donc piqué ce Français qui débarquait à Kaliningrad en plein hiver avec sa famille ? La bataille d'Eylau ? Elle savait qu'elle s'était déroulée à Bagrationovsk, sans plus. Elle avait vu et aimé le film *Le Colonel Chabert* d'Yves

Angelo – elle ne connaissait pas le roman de Balzac. Gérard Depardieu, le héros, était son acteur français préféré, mais elle n'avait jamais fait le lien entre cette histoire et Bagrationovsk, petite ville qu'elle connaissait parfaitement. On a vite fait le tour de l'enclave – un peu plus grand qu'une région comme l'Île-de-France.

Très vite Julia s'est prise au jeu. Hier encore, lors de notre première visite d'Eylau, elle m'a donné l'impression d'avoir potassé le sujet pendant la nuit.

Cette jeune femme est pour moi un mystère. Elle est toujours de bonne humeur et comprend vite. En plus, elle est ravissante même si mes deux fils sont partagés sur la nature de cette beauté que le cadet trouve factice. Il juge son maquillage outrancier. Julia fait grandement usage de mascara, de rouge à lèvres et de fond de teint mais sans faute de goût, le make-up est irréprochable. Le plus troublant chez elle reste la distance. Elle traduit et se tient constamment sur la réserve tout en prenant son rôle à cœur. Puisqu'elle nous accompagne pendant ces quatre jours, elle doit se dire qu'elle a tout intérêt à s'investir dans cette histoire même si elle n'en comprend pas tout à fait le sens. Tout à l'heure, elle a demandé : « Qui va gagner chez vous en France, Mme Royal ou Sarkozy ? » Personne n'a eu envie de répondre.

J'ai apporté de Paris avec moi plusieurs documents permettant de comprendre la bataille, notamment un dessin de Bagetti, sans doute la représentation la plus exacte de la petite ville d'Eylau en cette journée du 8 février 1807. Ce peintre paysagiste d'origine turinoise fut incorporé au corps des ingénieurs géographes dont les réalisations permettaient à Napoléon d'évaluer après l'événement ce qui s'était passé. Ces relevés exécutés dans le feu de l'action ou reconstitués après coup l'aidaient à faire le bilan des succès et des échecs, à améliorer le mode opératoire de sa stratégie. Les dessins et les peintures de ce service avaient surtout un caractère didactique et servaient à des buts de propagande.

L'esquisse de Bagetti me subjugue depuis que je m'intéresse à Eylau. C'est une vue plongeante de la rue principale et du champ de bataille. Elle est prise depuis une hauteur d'où l'on domine Eylau et la campagne environnante. Mais de quel endroit précisément ? Au premier plan à gauche, on distingue un enclos auquel je n'avais pas prêté attention :

— C'est le cimetière d'Eylau, s'exclame Julia. Regardez, on voit les tombes. Je suis sûr que l'auteur a fait ce dessin depuis le clocher de l'église.

— Vous voyez, on en revient toujours à ce clocher. Julia, il faut à tout prix que j'y grimpe.

Bagetti est monté en haut du clocher. En tout cas, le croquis est pris du sommet. Il n'était pas à Eylau le 8 février 1807, mais y viendra, deux ans plus tard, pour réaliser des esquisses de la bataille. Selon la règle imposée à ces dessinateurs « le tableau doit représenter comme l'a vu le général », ce qui laisse supposer que Napoléon s'est rendu en personne au faîte de la tour.

Quel moment du combat l'esquisse visualise-t-elle ? Probablement le matin : les soldats qui traversent les rues du village, les colonnes de fumée au loin correspondent au début de la bataille. Il dessinera un autre épisode du 8 février, l'attaque du cimetière survenue l'après-midi. La scène donne l'impression d'être prise sur le vif. Les personnages sont réduits à leur plus simple expression.

La grande rue que l'on voit sur le dessin de Bagetti, je l'aperçois depuis la place où nous nous trouvons. Elle était intensément bombardée le matin du 8 février. Son tracé n'a pas changé, mais je n'en suis pas sûr à cent pour cent et, frustration suprême, personne n'est en mesure de me le confirmer ou non. « Méfiez-vous de la mauvaise empreinte et du défaut d'ajustement, m'a averti tout à l'heure Pantchenko avec son œil rosse. La tentation est de faire coïncider les cartes et les représentations de l'époque avec ce que nous voyons aujourd'hui. Cela ne concorde jamais, je peux vous l'assurer. »

Un homme, le colonel Langlois[10], élève de Gros et d'Horace Vernet, s'est donné beaucoup de mal pour résoudre ce problème. Polytechnicien, combattant à Wagram, il est connu pour ses panoramas dont celui de la bataille d'Eylau présenté en 1843 dans la rotonde des Champs-Élysées. On a peine à imaginer aujourd'hui le succès de ces spectacles constitués par un vaste tableau circulaire en trompe-l'œil que l'assistance regardait au centre. Le public avait l'illusion de se trouver au cœur de l'action, sur le lieu même des combats. Le cinéma donna le coup de grâce à ce procédé qui enthousiasma les foules pendant tout le XIXe siècle.

Dans un souci d'exactitude, Langlois n'avait pas hésité à se rendre à Eylau pour se documenter. Mais depuis quel emplacement représenter le combat ? Où trouver un point d'observation qui rende compte de l'ensemble de l'affrontement ? Interrogeant les survivants, il avait été frappé par la confusion exceptionnelle des combats et l'impossibilité d'en saisir la totalité. Malgré les difficultés, l'ancien colonel de l'Empire a accompli un travail de reconstruction remarquable et même stupéfiant. Les scènes étaient d'un tel réalisme que les survivants d'Eylau venaient à la rotonde pour montrer à leurs proches l'emplacement où ils avaient été blessés. « C'est une vraie bataille et quoique peinte, il faut un sacré courage pour y assister », témoignera dans *La Presse* Théophile Gautier qui, devant le panorama de Langlois, eut la désagréable impression de recevoir sur lui les boulets.

Apparemment, Pantchenko est aux prises avec les mêmes difficultés. Il tente de répondre à un appel dont la signification est à jamais perdue. Il vit au milieu des traces, il ratisse. Comme un volcan, après une phase de long repos, le sol d'Eylau remue de plus en plus et rejette à la surface des ossements, des balles, des ferrures. Surtout des ossements comme si le monde des Enfers consentait de temps à autre à libérer certaines âmes mortes. Chabert en fait partie.

Ces manifestations éruptives ont quelque chose d'inquiétant. Je me dis que, malgré son air entendu, Pantchenko n'a pas retrouvé la matrice du champ de bataille. Il est à la recherche de la forme, de la trajectoire originelle qui part de l'église d'Eylau. Un mouvement comparable aux ondes concentriques qui se propagent peu à peu dans l'eau quand on y jette une pierre. La pierre lancée dans l'eau, c'est l'église d'Eylau. De ce point de repère, au moins, on est sûr. Mais après ? C'est la vue d'ensemble qui fait défaut. Bien avant le colonel Langlois, cette lacune n'avait pas échappé à l'esprit perspicace de Jomini, aux côtés de l'Empereur : Eylau est vraiment hors norme par son fractionnement. C'est une bataille qui fonctionne par séquences. Une suite d'actes qui n'ont pu se coaguler. « Jamais il n'y eut d'ensemble », souligne Jomini, un témoin de première main, qui appartenait à l'état-major. Il a observé de très près, au fil des heures, le comportement de Napoléon et surtout sa réactivité face aux événements.

Il faut imaginer tous ces soldats qui ont faim et froid en cette aube livide du 8 février. Le pays est inhospitalier. Ont-ils peur ? Songent-ils à leur fin, loin de leur patrie ? À ceux qui périront ? Aucun témoignage ne fait état de cette angoisse et de ces maux de ventre d'avant le combat, pas plus à Eylau d'ailleurs que dans les autres batailles napoléoniennes. Comme l'a souligné plusieurs fois Clausewitz, la guerre est une expérience unique, elle ne peut se partager. C'est une constante : avant l'attaque les hommes appréhendent le choc. « Son cœur palpite à grands coups dans sa poitrine, quand il songe aux déesses du trépas ; on entend claquer ses dents », écrivait déjà Homère dans l'*Iliade*[11] au sujet du guerrier. Une fois que les combattants sont dans l'action, la panique et l'effroi disparaissent, ils ne pensent plus à la mort alors qu'elle est tout près, ils se comportent comme s'ils n'y croyaient plus.

La plupart des récits d'Eylau raconteront l'effroi du lendemain – la révélation du carnage. Mais avant l'affrontement, aucune émotion ne transparaît même si l'on sent une appréhension devant un danger inédit. Le ventre creux, ces soldats ne cessent d'avancer dans une contrée inconnue et peu engageante, loin de leur base. Excepté les vétérans de la campagne d'Égypte, les combattants ne sont jamais parvenus dans un coin aussi reculé. Comme souvent, l'anxiété se cache derrière une jovialité de façade et des anecdotes destinées à montrer que la bonne humeur française n'est pas un vain mot. Dans toutes ces relations, la crânerie est flagrante. Ils se regardent au-dehors, ils ne font pas d'introspection.

Le fourrage commence à manquer pour les chevaux. Officier du génie attaché à l'état-major du maréchal Augereau, le général Paulin[12] raconte la mésaventure d'une nuit. Ayant trouvé refuge dans une grange, il s'était endormi profondément sur une botte de paille. Deux heures avant le jour, il est réveillé par un vent froid et humide. Au-dessus de lui, il a la surprise de constater qu'il n'y a plus ni toit, ni chaume, ni charpente. Seul subsiste le poteau où il a attaché ses chevaux. Tout avait été enlevé pendant la nuit pour nourrir les montures. C'était une pratique courante pour les armées en campagne, surtout l'hiver : quand il n'y avait plus de fourrage, on décoiffait les maisons. Moisi et poussiéreux, le chaume n'est pas une pitance idéale, les humains peuvent se priver de manger, pas les chevaux qui ont besoin d'au moins quinze kilos de foin chaque jour et de quinze litres d'eau (en principe la neige fondue est à proscrire car elle donne la colique).

Tandis que le canon gronde au loin, le capitaine Barrès, qui a les yeux fatigués par la réverbération du blanc, pense qu'il dispose d'un peu de répit pour dormir, il « se couche sur la neige avec autant de volupté que dans un bon lit ».

Napoléon, qui a sommeillé quelques heures sur un siège dans une maison du village, est réveillé en sursaut. Après quelque flottement, il accourt à l'église d'Eylau en proie à « un effroyable ouragan de boulets », relate Ségur. De cette hauteur, il comprend d'où tirent les canons ennemis et donne aussitôt l'ordre de mettre en place les batteries de la Garde qui répliquent en provoquant de profondes trouées dans les rangs russes. Dans la neige et l'air glacé, les coups sont mats. La Garde possède la meilleure artillerie d'Europe, la plus efficace. « Elle décide la plupart des batailles, dira Napoléon. L'ayant sous la main, je puis la porter où il est nécessaire. » Jomini assure que, dans l'après-midi, Bonaparte en personne dirigeait les pièces de la Garde. Eylau sera l'une des plus grandes batailles d'artillerie de ce début du siècle. Un Napoléon aux côtés de ses canonniers témoigne des heures dramatiques de ce 8 février. Le stratège est obligé de mettre la main à la pâte.

Léon Bloy décrit à sa façon ce moment où la Grande Armée fait surface : « Elle se détire, allongeant ses membres puissants, bâillant à la mort. Pour la réveiller tout à fait, le vent glacé lui jette à la face des paquets de neige. »

La bataille d'Eylau a commencé.

À cet instant, Napoléon dispose, outre la Garde, des forces suivantes : le 4e corps de Soult (16 000 hommes) et le 7e corps d'Augereau (13 000 hommes), dont l'intervention doit être déterminante à l'extrême droite. Le 3e corps de Davout (17 000 hommes) n'est pas encore arrivé. La réserve de cavalerie (10 000 hommes) est commandée par Murat*.

Fractionner ses forces en plusieurs corps d'armée regroupant deux ou trois divisions est une nouveauté pour l'époque. Napoléon a vérifié qu'une masse monolithique est toujours lente à la manœuvre, il tient beaucoup à cette souplesse et à cette autonomie. Ces itinéraires séparés empruntés par chaque corps ne laissent rien deviner du jeu stratégique à venir et entretiennent l'adversaire dans l'incertitude. C'est un large filet prêt à être lancé sur l'adversaire. L'expérience lui a appris qu'en suivant des chemins différents, ces élé-

* Tous ces chiffres sont approximatifs. Le chef d'escadron Bastard, auteur de *La Manœuvre d'Eylau* (1914), donne pour la Grande Armée un total de 64 500 hommes sans le corps de Ney arrivé à la fin de la bataille. L'armée russe est estimée à 82 000 hommes y compris les 8 500 Prussiens du général Lestocq. Alain Pigeard, auteur du *Dictionnaire des batailles de Napoléon* (2004), fait sensiblement le même décompte. Napoléon aurait donc disposé de 15 000 combattants de moins que son adversaire.

ments distincts pouvaient rapidement converger et s'articuler à un ensemble en vue de surprendre l'armée ennemie, la déstabiliser en surgissant sur les ailes.

La Garde aligne 6 000 hommes et la cavalerie un peu plus de 10 000 sabres. La division Saint-Hilaire, qui appartient au 4e corps, est postée à deux mille mètres du cimetière tandis que le 7e corps rangé sur deux lignes se tient prêt en arrière du front. En retrait aussi, la cavalerie sous les ordres de Murat, positionnée à droite du 7e corps, est hors de vue de même que la Garde commandée par Bessières dissimulée derrière un plissement de terrain. Ces soldats d'élite, qui n'interviennent qu'en cas de péril extrême, font le pied de grue sur un étang gelé. Le capitaine Coignet a décrit cette attente sous un feu effroyable où il n'est possible ni de bouger ni de répliquer – l'une des scènes de guerre les plus saisissantes dans *Guerre et Paix* est la station insupportable du prince André et de sa compagnie dans un champ, cibles faciles recevant sans broncher les boulets qui fauchent les hommes un par un. Cette maîtrise, Clausewitz l'appelle « vertu guerrière ». Pour lui, elle est distincte du courage.

Les boulets qui traversent les maisons d'Eylau voltigent et ricochent sur l'étang où la Garde stoïque ne peut bouger malgré « les ravages épouvantables » provoqués dans ses rangs. Un autre officier de la Garde, le capitaine Billon, se morfondra « les pieds dans la neige jusqu'au soir ». Soigneusement embusquées, ces forces représentent la dernière carte. C'est la plus précieuse. Le chef de guerre la conserve dans sa manche au cas où les choses tourneraient mal.

Des lacs solidifiés par le froid et effacés par la neige, quelques granges, la ligne noire des clôtures servant pour le bétail, des monticules de très faible hauteur, ainsi se présente la plaine d'Eylau en ce dimanche brumeux de février. S'il y a une étendue qui mérite le nom de « morne plaine », c'est bien Eylau et certainement pas Waterloo, qui est au contraire un paysage vallonné et verdoyant. La seule véritable éminence est cette église avec son cimetière, de loin la meilleure vue de l'endroit, la plus exposée aussi. De l'autre côté de l'église, invisibles aux Russes, se tiennent ceux que l'ennemi n'attend pas. Le magot caché de la Grande Armée, la surprise du chef de guerre.

À la différence d'Austerlitz, le front est peu étendu, pas plus de quatre kilomètres. Avant la mêlée, l'intervalle entre les deux adversaires est particulièrement étroit : neuf cents mètres. Face à la Grande Armée, les Russes présentent une masse très serrée et profonde ressemblant à une muraille. Selon les instructions de Bennigsen, ces rangs compacts doivent avancer pas à pas, obligeant Napoléon à les attaquer de plein fouet.

Dans *Guerre et Paix*, Tolstoï a comparé la bataille de Borodino au « choc de deux boules l'une lourde et rapide et l'autre légère et immobile ». À Eylau, deux boules très lourdes vont se heurter horizontalement, l'une contre l'autre. Bennigsen le reconnaît dans ses Mémoires : « Les deux armées se rencontrèrent et livrèrent bataille à peu près sur les mêmes principes. » Napoléon va tout faire pour atténuer la violence de ce télescopage et déranger le plan de Bennigsen. Celui-ci dispose de troupes plus nombreuses, il a tout à gagner à ce heurt brutal. Pour amortir le terrible impact, Napoléon va s'employer à une tactique où il excelle : le débordement par les ailes. Au choc, toujours opposer la manœuvre.

« Qui a gagné la bataille d'Eylau ? »

Un brouillard givrant a envahi la place où doit avoir lieu la cérémonie du premier jour. « On a de la chance. Moins dix degrés, le ciel est bouché, la brume se condense par moments en neige : exactement le temps d'il y a deux cents ans », s'est enthousiasmé tout à l'heure Pantchenko. Quelques flocons s'évanouissent dans la brise glaciale puis reviennent pour s'accrocher aux habits, aux drapeaux, à tout obstacle. La tête de Bagration se coiffe d'un turban neigeux qui fond, grisonne puis s'argente à nouveau. Le bruit lointain d'un roulement de tambour fige soudain l'assistance qui piétinait sur place.

Deux cents personnes tremblant de froid et coiffées pour la plupart de cagoules guettent avec inquiétude la rumeur qui grossit. « Tu as le visage violet. Moi, je ne sens plus mes mains », me dit Joëlle. Mes bottes sont si respirantes qu'elles commencent à prendre l'eau.

Un canon avec son affût est extrait d'une camionnette. On le fait rouler vers la statue de Bagration. Le battement de tambour qui se rapproche résonne sinistrement dans un air où tous les sons sont amortis par la bise. « L'heure est grave, persifle mon fils aîné. On dirait qu'on va assister à une exécution capitale. »

Une dizaine de soldats apparaissent alors sur la place, marchant au pas et conduits par un Pantchenko méconnaissable. Il est chaussé de bottes à la hussarde, vêtu d'une culotte blanche moulante et coiffé d'un bicorne surmonté d'un plumet. Avec son frac, l'écharpe verte qui lui ceint la taille et l'épée suspendue du côté gauche, il en impose et fait penser à un de ces représentants de la Convention que la Révolution envoyait en province pour alimenter la guillotine. En fait, il arbore la grande tenue d'un officier de mousquetaire du tsar. À moins d'un mètre de notre petit groupe, il ne manifeste à notre endroit aucun signe de connivence et conduit le détachement d'un air sévère. La troupe est composée d'une dizaine de soldats, tous chapeautés d'un shako cylindrique en tissu synthétique orné d'une aigrette. Une bride croisée blanche serre leurs longues capotes brunes. Des jeunes filles défilent à leur suite, présentant dans leurs mains comme une offrande des iris artificiels et des grosses roses jaunes, également factices. Malgré ces bouquets postiches, cette présence féminine est une trouvaille au regard d'un duel qui fut sans pitié. Eylau est la rencontre de mâles agressifs qui s'entre-tuèrent jusqu'à l'épuisement total. Rien n'a changé depuis Bouvines, cette « cérémonie virile », selon Duby. À Eylau, tous les rôles sont tenus par des hommes.

Par cette apparition, qu'a voulu signifier le scénographe inconnu de ce défilé ? Y en a-t-il même un ? La parade est bien organisée, aucun temps mort. Peu de moyens, mais utilisés au maximum. Il faut dire que le ciel y a mis du sien. Sans cette atmosphère grise et polaire annonçant la neige, sans cette météorologie funèbre préfigurant la « boucherie d'Eylau », la reconstitution serait amusante alors qu'elle est empreinte d'une gravité atmosphérique. Tous les figurants, à commencer par Pantchenko, s'efforcent de jouer sur le registre de la basse température. Gravité, maintien glacial, ils devinent que le public pourrait les trouver ridicules avec leur accoutrement bon marché et leurs gestes mécaniques. Mais la modestie de cette liturgie, son caractère inattendu lui confèrent une solennité lugubre, proche du pathétique, comme si ces deux cents ans tout ronds renvoyaient dans l'air menaçant un lointain écho de la bataille.

Pantchenko impose le silence de son air vétilleux. Il ne veut aucun bruit, aucun raclement de gorge. Je crois que le public est à la fois bluffé et incrédule. Le frottement confus provoqué par les chaussures qui frappent le sol verglacé a soudain cessé. Julia me chuchote à l'oreille la traduction.

« Voici venu le jour tant attendu. Eylau, un nom qui a donné la gloire à notre ville. Mais qui a gagné ? » En bon comédien, Pantchenko marque un long temps d'arrêt. Tellement long que ce silence imprévu instaure dans le cérémonial un malaise. Pour ajouter à l'embarras, l'orateur regarde dans ma direction. La question semble s'adresser à moi. Comme s'il connaissait trop bien ma réponse. Décontenancée, une partie des spectateurs se tourne vers moi. « C'est qui, celui-là ? » « Ah, c'est un Français. » « Qui a gagné ? Mais c'est nous. » Telles sont les réactions de l'assistance dont me fera part Julia après la cérémonie. Attitude dénuée d'animosité. Néanmoins, je sens les gens troublés. Sans doute Pantchenko veut-il donner à l'événement un peu de suspense. Il enchaîne : « On ne sait pas encore qui a gagné cette bataille. » Derrière nous, un homme coiffé d'un bonnet-tunnel style rasta a marmonné : « Quelle question ! C'est nous. Sinon pourquoi faire tout ce tralala ? » Julia m'assure que le mot « tralala » est utilisé par les Russes.

Les inflexions, les roulés, la manière d'articuler la langue russe me font parfois penser à l'italien avec toutefois une intonation plus âpre. Avec sa façon de mouiller les consonnes, le parler russe ne manque pourtant pas de douceur même s'il ne possède pas le soyeux incomparable de la langue de Dante. Je bois les paroles de Pantchenko que je ne comprends pas ou plutôt si, je les devine : nous, Russes, avons gagné, ils ont perdu. Je ne me lasse pas d'entendre ce parler à la fois si gracieux et si rêche. Une façon de hausser la voix et de la baisser brusquement sur la syllabe du dernier mot. Dans son phrasé à la fois sourd et sonore, cette langue détient quelque chose d'éloquent et d'indocile qui tranche avec le timbre et l'intensité de la prononciation anglo-américaine, sonore, nasillarde, une manière de relâcher les voyelles. En écoutant Pantchenko, j'ai l'impression que le russe se parle pleinement de la bouche et des lèvres ; l'anglo-américain, lui, se déploie parcimonieusement comme si on avait le nez bouché.

Une représentante de la mairie de Bagrationovsk prend ensuite la parole. Elle insiste sur le rôle de Piotr Bagration qui a donné son nom à la ville. « Nous sommes ici contre l'oubli. Souvenons-nous de ceux qui sont morts pour la patrie. » À ma grande surprise, Julia sort de sa réserve et murmure : « Morts pour la patrie ! En 1807, le patriotisme russe, ça n'existait pas. On n'a fait que ça ici, oublier. Oublier le passé prussien. Oublier l'histoire des tsars. On nous a appris l'amnésie. Maintenant, il faut se souvenir de tout. »

Il est ensuite procédé à un dépôt de gerbes au pied de la statue du prince Bagration. Des bougies sont allumées puis placées à la base du socle. Les flocons qui s'accrochent à la tête du buste font mauvais effet. On dirait qu'on lui a tartiné de blanc la joue gauche mais l'organisation a pensé à tout. Survient un préposé à l'entretien muni d'un plumeau bleu. L'assistance est captivée par le geste de l'homme qui, dans la bise glaciale, époussette lentement la bajoue du prince, lequel retrouve son maintien noble et maussade. Des servants s'affairent autour du canon puis un coup énorme retentit comme un bruit de ballon crevé. Un minuscule ruban de fumée traverse la place, s'envole et disparaît, absorbé par le froid. L'air sent le soufre avec en arrière-fond cette empreinte bitumeuse de combustible, propre aux pays de l'Est. « Ce n'est pas fini, on me dit que le cortège doit se diriger maintenant vers le monument prussien », prévient Julia.

Ce mémorial, que j'avais entrevu lors de ma première visite, est situé à moins d'un kilomètre du centre. Il est supposé se trouver dans la trajectoire de la grande charge de Murat qui va fondre sur le centre russe pour tenter de démolir ou, tout au moins, disloquer ce qui ressemble à une muraille humaine. Malgré toute sa bonne volonté, Pantchenko a été incapable ce matin de m'indiquer exactement d'où surgirent les dragons et les cuirassiers postés au creux d'un léger dénivelé derrière la division Saint-Hilaire.

Nous partons tous en procession, figurants et spectateurs. La colonne progresse au milieu de la chaussée et interdit tout trafic. On dirait un cortège revenant du cimetière après l'inhumation. On connaît ce moment souvent joyeux ou tout au moins détendu. Après le stress des funérailles et le dernier adieu au bord de la fosse, les amis et les parents du disparu décompressent. Ils sont heureux d'être en vie et prennent plaisir à deviser avec d'autres vivants. C'est un peu la même chose : nous venons d'honorer la mémoire des morts d'Eylau. Depuis que nous marchons, nous sommes un peu moins frigorifiés.

De brefs moments de visibilité rendent le paysage moins désolé. La visibilité sera le souci des belligérants durant toute la journée du 8 février 1807, inconvénient qu'aggraveront les formidables nuages de fumée dégagés par le pilonnage d'une artillerie très offensive des deux côtés. Avec leurs canons lourds amenés de Königsberg, les forces du tsar tiennent bon. Elles subissent d'énormes pertes mais cela n'empêche pas l'infanterie russe d'avancer. Cette poussée va déclencher la riposte de cent cinquante pièces françaises ajoutées aux cinquante canons de la Garde.

« Le ciel, les champs, tout était noir », atteste Hugo dans son poème sur Eylau.

Dominant le champ de bataille, Napoléon, qui du cimetière jouit d'un bien meilleur coup d'œil que Bennigsen, a vu le danger de la pression russe. Aussitôt, il ordonne à l'artillerie au complet de mettre en batterie sur toute la longueur du front. La précision des tirs foudroie et démolit les rangs adverses. D'importantes brèches s'ouvrent dans le dispositif russe. « Nos boulets emportaient des files entières », rapportera Thiers, un des premiers historiens à recueillir les témoignages directs des soldats et des officiers de la Grande Armée.

Les Russes alignaient trois cents bouches à feu contre deux cents côté français. Le tir des canons était précis jusqu'à six cents mètres. Les projectiles étaient pleins, sphériques, ils tuaient non par explosion mais par rebonds et ricochets, capables de faucher en enfilade des dizaines de soldats et de chevaux. Ainsi fut atteinte la monture du colonel Chabert qui, pour le coup, va lui sauver la vie. Les soldats ne connaissaient que trop bien ce souffle légèrement miaulant et désagréable au-dessus d'eux.

Différente était la boîte à mitraille utilisée pour

le combat rapproché. Efficace jusqu'à quatre cents mètres, elle contenait des balles en fer battu, les biscaïens, qui fusaient dans tous les sens. L'une de ces billes en métal va causer la mort du général d'Hautpoul.

Le monument prussien

Un homme coiffé d'une chapka ornée de l'étoile soviétique s'approche de notre petit groupe qui se dirige comme prévu vers le monument prussien. Il se présente. Je l'avais déjà remarqué à son couvre-chef : seuls les étrangers peu avertis portent ces reliques clinquantes de l'Armée rouge vendues sur les trottoirs de Kaliningrad. Les Russes trouvent cela ringard. L'homme est un compatriote. Parti de France avec sa voiture, il a traversé la Pologne pour parvenir dans l'ancienne Prusse-Orientale. Il a « poireauté » à la frontière plus de douze heures, selon ses propres mots : « Je ne le referai plus… Les routes de Pologne en hiver sont un cauchemar. Mais enfin, j'y suis arrivé. J'étais à Iéna en 2006. Eylau, c'est autre chose… Le bout du monde. Je ne voulais pas manquer cela. Je viens de voir le champ de bataille. Incroyable ! Tout est intact. Enfin, il n'y a rien… Je n'ai jamais autant ressenti un tel sentiment de vide. »

Sourcils contractés, bouche rentrée, nez puissant et busqué, il me fait penser, je ne sais trop pourquoi, à un cormoran mélancolique. Peut-être à cause de son long cou et d'une sorte de houppelande noire très large qui ressemble à des ailes éployées.

Cet homme assez jeune, qui a voyagé seul pendant plusieurs jours, éprouve le besoin de parler. « Un fâcheux », décrète mon fils cadet. Il me voit volontiers la proie des casse-pieds. Il les qualifie drôlement de « bouffeurs d'oxygène ». Il a souvent raison mais je ne sais trop pourquoi, l'inconnu me touche. Envers Napoléon il manifeste une dévotion qui n'est pas sans bornes. Il l'admire mais le critique tout aussi sévèrement. J'ai souvent observé ce paradoxe chez d'autres supporteurs de l'Empereur. Je n'échappe pas pour ma part à cette inconséquence, sans doute le signe de l'ambivalence du personnage. « C'est un monstre à deux faces. Comme nous, peut-être », a jugé Élie Faure[13].

En écoutant l'homme au profil d'oiseau marin, je pense à l'anomalie que Mme de Staël a saisie mieux que personne chez Napoléon : « Il ne hait pas plus qu'il n'aime, il n'y a que lui pour lui. » Sans le moindre complexe, il a tout rapporté à soi. Il ne s'en est jamais d'ailleurs caché. Élie Faure a raison d'évoquer sa « formidable innocence », une manière immaculée de s'élever dans les airs, de dire ce qu'il voit sans se soucier des conséquences, « manquant de tact, comme un poète de génie manque très souvent de goût ». À Sainte-Hélène, il enjolivera beaucoup mais se jugera aussi lui-même avec une franchise et une lucidité assez rares. Celui qui éreintera le plus Napoléon, c'est Napoléon. Il s'est beaucoup interrogé sur son comportement, l'exercice du pouvoir, livrant crûment un vrai bréviaire du Prince : « L'homme fait pour les affaires et l'autorité ne voit point les personnes, il ne voit que les choses, leurs personnes, leur poids et leur conséquence », expliquera-t-il à Las Cases, l'auteur du *Mémorial de Sainte-Hélène*.

L'indulgence de Napoléon. Sa façon de pratiquer le pardon rapide, l'oubli. « Il menace de faire fusiller tout le monde, et personne n'est fusillé. Il pardonne tout, et à vous, toujours, dans toutes les circonstances, jusqu'à la faiblesse, à l'aveuglement, – à la faute. » Élie Faure ajoute : « Il n'a pas le temps d'être méchant [...]. L'homme fort peut pester contre la pierre qui le heurte ou la ronce qui le déchire. Il oublie la pierre et la ronce, la seconde d'après. »

Pourquoi d'emblée en sommes-nous venus à parler aussi naturellement du caractère de Napoléon ? Le grand homme met facilement du liant même s'il demeure un sujet de polémique. Néanmoins il constitue un bon test pour savoir à qui on a affaire. À peu près tout le monde a son idée sur lui, cette opinion étant le plus souvent très arrêtée. Dans les enquêtes sur les personnalités historiques préférées des Français, « le superman français[14] » apparaît généralement en seconde place[15] après Charles de Gaulle, talonné par Louis XIV, Jeanne d'Arc et Charlemagne. Plus que d'autres hommes d'État, Napoléon Bonaparte est une figure qui engendre les lieux communs et les jugements définitifs.

Quand on évoque devant moi « le plus grand génie militaire de tous les temps » ou « le despote », j'ai envie de déguerpir*. Il y a un hic cependant avec lui : on est en territoire trop connu. Curieusement, sa complexité aboutit presque toujours à des jugements manichéens. Je sais gré à mon interlocuteur de ne pas tomber dans ce travers. Il a choisi Eylau, il n'ira pas à Friedland dont sera célébré l'anniversaire dans quatre mois.

— Friedland pourtant est un succès complet, encore plus éclatant, dit-on, qu'Austerlitz.

— Je n'aime pas l'évidence des triomphes, réplique-t-il. Ici on est dans le mystère.

Je suis venu ici à peu près pour les mêmes raisons que lui. S'approcher au plus près de l'énigme – la résoudre, c'est une autre affaire. Renouer avec ce qui s'est défait depuis deux siècles, retrouver la trace, cette puissance impalpable grâce à quoi il est possible de reconnaître que quelque chose a existé.

Je ne suis pas dupe. Malgré toutes les phosphorescences du souvenir et les ensorcellements de la littérature, l'articulation entre le passé et le présent restera toujours une illusion. On peut inventer des images, en combiner de nouvelles, l'emboîtement de l'imagination à ce qui fut ne s'ajustera jamais vraiment. Ce n'est pas faute d'essayer, certains

* Voir à ce sujet le livre de Thierry Lentz, *Napoléon, une ambition française*, Le Cavalier Bleu, 2013. L'auteur fait un sort à quelques-unes des idées reçues sur le personnage telles que : « Napoléon a trahi la Révolution », « les guerres napoléoniennes ont ruiné la France » ou « Napoléon égale Hitler ».

enchanteurs y parviennent, mais on ne sort pas du miroir magique, pas très éloigné au fond des tables tournantes.

Tout à l'heure mon interlocuteur s'est enthousiasmé sur le fait qu'à Eylau « il n'y a rien », sans doute voulait-il dire que le périmètre de la bataille n'avait subi aucune atteinte. Tellement indemne de dégradations – mais les dégradations sont parfois utiles car elles servent de balises – qu'on ne sait plus comment s'orienter.

Nous voici arrivés devant le monument prussien situé dans la futaie. Je l'avais visité rapidement lors de mon premier voyage. Avec l'église et le cimetière, c'est une des rares éminences d'Eylau – tout est relatif. On pense que la charge de Murat est partie de ce monticule derrière lequel se dissimulait la cavalerie. Je sais bien que les anniversaires, les chiffres ronds sont des repères factices qui ne signifient rien, il n'empêche : je trouve hallucinant que cette action improvisée derrière ce repli – une prouesse – s'est déroulée il y a exactement deux cents ans. L'attente, le hennissement des chevaux, l'impatience des sabots, le signal, les colonnes de cavaliers de plus en plus serrées qui se déversent dans la plaine… Mais surtout ce tonnerre roulant de l'artillerie, grondement ininterrompu que Stendhal a comparé au « bruit d'un torrent ».

Au centre de la clairière s'élève une flèche néogothique blanche édifiée lors du cinquantième anniversaire de la bataille en 1857. Il m'avait semblé en 1991 qu'elle était de couleur noire.

J'entends derrière moi le rire flûté de Julia. Elle

discute avec ma femme et mes deux fils. J'admire sa façon grave et froide – une forme de dignité différente de la hauteur affectée de Pantchenko – qu'elle affiche en marchant malgré ses talons de quinze centimètres. Entre les pieds d'arbres, la neige ne parvient pas à s'accrocher au tapis de lierres dont les feuilles luisantes feutrent légèrement le sol. L'air répand une odeur figée de vapeur d'eau, épaissie par le froid avec cette empreinte grasse de suie.

— Regardez, on aperçoit le clocher, dis-je à l'homme à la chapka.

— Je ne vois rien, désolé, répond-il en se dandinant et en déployant son extravagante pèlerine qui fait penser à un ébrouement d'ailes.

À travers une trouée apparaît le clocher de l'église noyé dans la brume comme une sorte de tumulus. J'évalue sa distance à sept ou huit cents mètres. Il y a loin de la Californie à cette plaine gelée. Pourquoi donc le film *Vertigo* s'impose-t-il à moi ? À cause du brouillard peut-être dont Hitchcock s'est abondamment servi pour brouiller la perception du héros. Le clocher est insaisissable, il faut pénétrer à l'intérieur pour connaître la vérité.

Cette vision me transporte plus de quinze ans en arrière. N'est-ce pas à cet endroit même que je me trouvais avec le vieux fou lorsqu'il nous avait fait visiter le champ de bataille !

Pour remplacer l'interprète tête à claques qui avait refusé de me suivre, j'avais déniché quelqu'un au pied levé. Il était plus docile, plus timoré aussi, moins compétent que l'autre. Nous errions tous les deux dans Bagrationovsk. On nous avait signalé un ancien professeur décrit comme un original, qui se proposait de nous faire visiter le champ de bataille. Nous étions à la fin du printemps, le temps était gris, le paysage dur et hostile.

Ce fut un moment grandiose qui me laissa dans un état de sidération dont je mis un certain temps à sortir. Le plus incroyable est qu'il n'y avait pas grand-chose à voir. Enfin, pas sur le coup. C'est un site qui n'agit pas tout de suite. Il vous tourne dans la tête. J'ai parfois ressenti dans ma vie des impressions étranges, ces instants où le monde extérieur semble momentanément quitter sa place, où des interventions contradictoires comme des interférences traversent l'espace mais, ce jour-là, je fus témoin d'un phénomène qui aujourd'hui me trouble encore.

Au début, je l'avais pris pour un cinglé un peu envahissant. Il s'était accroché à nous, l'interprète traduisait mécaniquement ses mots sans se donner la peine de faire des phrases. Peu à peu, les mots indistincts devenaient plus saisissants et inattendus. Je pressai l'interprète d'être plus précis. Je m'aperçus que le vieil homme en transes faisait réapparaître des instants de la bataille. Sur le moment, j'avais pris cette manifestation pour une sorte de mirage, un tour de passe-passe auquel il me plaisait de croire. Je suis toujours partant pour me laisser prendre à ces fantasmagories. Je me persuade qu'elles entrent dans certaines lois de la nature encore ignorées de nous. Mais le vieux maboul n'était pas un prestidigitateur de l'étrange, en tout cas pas seulement car il avait, comme tous les illusionnistes, la faculté de faire apparaître et disparaître. En d'autres mots, cet homme avait des visions, ce qui est assez fréquent mais, chose plus rare, il détenait le pouvoir de les transmettre à autrui.

Au début, j'avais pris ce comportement à la légère, écoutant, amusé, notre interlocuteur. L'interprète, lui, était beaucoup plus sur le qui-vive. Depuis notre rencontre avec le vieux dans le village d'Eylau, il avait le pressentiment qu'une anomalie ou un danger se préparait. Il était inquiet. Il n'y avait vraiment pas de quoi. Un vieil homme certes un peu exalté s'offrait à nous pour être notre cicérone. Lorsqu'il nous avait indiqué la trouée d'où avait débouché Murat emmenant les quatre-vingts escadrons de la cavalerie française, il se produisit une sorte de flottement, comme si quelque chose allait basculer. Ce moment me fit frissonner. Il paraît que le panorama du colonel Langlois, qui a saisi l'instant de la charge, créait la même impression. Les spectateurs effrayés, comme le fut le public lors du premier film du cinématographe représentant l'arrivée du train en gare de La Ciotat, avaient la sensation de se trouver pris au milieu de la charge.

Cette trouée, ce moment resurgissent avec la vision de l'église au loin. Est-ce bien elle ? Ce ne sont que quelques lignes surmontées d'une tache sombre de forme verticale. La stèle qui veille sur les morts. Le monogramme d'Eylau. L'ultime trace maquillée. Dans mon champ visuel, je pense tenir le clocher. La boussole de la bataille.

— Vous y voyez quelque chose, vous ? Moi je ne distingue rien, déclare l'homme à la chapka.

Je prends à témoin Julia et notre petit groupe. Mes deux fils s'arrêtent pour regarder au loin puis me fixent avec inquiétude.

— Cher père, tu as des visions. Il n'y a rien. Tu n'arrêtes pas de parler de ce clocher. Pourquoi ne vas-tu pas le voir, tout simplement, au lieu de rôder sans cesse autour ?

Ils ont raison, mais comment leur expliquer que j'ai décidé de me laisser porter par les circonstances ? Je m'abandonne aux hasards de cette célébration.

La longue suite de personnes qui franchissent les grilles du mémorial fait comme moi. La neige a traversé mes bottes « spécial froid ». Je frissonne alors que les Russes, solidement emprisonnés dans leurs tenues chaudes et rustiques, sont absolument insensibles à la température.

À quel événement allons-nous assister ? Sans réfléchir, nous nous sommes mis à suivre la petite troupe de Pantchenko. Peut-être est-il contrarié par la présence de ce cortège à ses trousses. Nous sommes dans son sillage, une complicité née de notre ignorance et de notre docilité s'est créée.

Le mémorial est situé au milieu d'un groupe de tilleuls et de frênes très élevés plantés pour le centenaire en 1907. Les arbres gigantesques enserrent un tumulus sur lequel s'élève le monument. Les généraux russes et prussiens figurent en médaillon à la base de la flèche néogothique : Bennigsen, Bagration, Lestocq…

Lestocq, général prussien, porte un nom français, descendant de huguenots champenois originaires de Vitry-le-François. Il surviendra comme un coup de théâtre le soir du 8 février, échappant à la poursuite de Ney. Il sera à deux doigts de renverser le cours de la bataille, mais l'arrivée *in extremis* à Eylau de celui qui le pourchassait rétablira la situation en faveur de Napoléon.

Deux canons datant de la guerre franco-prussienne de 1870 entourent la stèle. Curieusement, c'est le seul détail qui m'avait frappé lors de mon précédent voyage : ces pièces avaient peut-être visé à Sedan ou à Frœschwiller.

Pourquoi les Soviétiques ont-ils épargné le monument prussien après la guerre ? Sans doute parce qu'il célèbre une victoire russe. Les Prussiens y ont pris leur part mais ils sont arrivés à la fin.

Le lieu inspire le recueillement et l'émotion. Malgré le dépouillement de l'hiver et la neige qui a tout gommé, il se dégage de ce bosquet un romantisme un peu sombre. De tous les vestiges que j'ai vus, c'est la plus belle mise en scène et sans doute le regret le plus déchirant que l'Allemagne ait laissé sur cette terre aujourd'hui russe. L'esprit de la Prusse, celui de la régénération après la catastrophe d'Iéna en 1806, et qui ne voudra jamais oublier l'humiliation, hante encore la futaie.

Une couronne de fleurs ornée de rubans multicolores est placée sur un degré du monument par Pantchenko. Le dépôt s'est fait furtivement. En tout cas, nous n'avons rien vu. Visiblement le patrimoine est une idée neuve chez les Ultraterriens. On est loin de la momification du souvenir en usage chez nous.

Le retour dans la ville s'opère dans le désordre. À son tour, l'escouade de Pantchenko décompresse. Les soldats ont cessé de battre le sol en cadence et marchent comme nous. Il y a du relâchement dans l'air. Pantchenko n'arrive plus à tenir ses troupes. Il vient vers nous, bien droit, fin, élégant, un vrai muscadin. Nous le félicitons chaudement.

— Oui, dit-il d'un air songeur. Un succès… En vérité, une victoire.

Se prend-il pour Napoléon ? Ou Bennigsen ?

9 février, le colloque

La nuit était encore profonde lorsque mon fils aîné et moi avons quitté ce matin notre hôtel de Kaliningrad pour nous rendre à Bagrationovsk. Résolument post-soviétique, l'établissement où nous logeons est intrigant. À l'évidence, il tâtonne quant au style. Il semble s'être arrêté au milieu de sa mue, partagé entre un pseudo-futurisme des années 70, façon station orbitale, et la modernité occidentale. Il s'en dégage une impression d'inachevé et d'*obturé*. Il me fait penser à l'hôtel Luxor où se déroule l'action du *Diabolique Docteur Mabuse*. Le *zavtrak* (petit déjeuner) y est fastueux. Chaque matin notre famille fait une razzia sur les superbes crumpets russes onctueux à souhait.

Le meilleur hôtel de Königsberg, au temps de Guillaume II, était le Schlosshotel en face du château, si j'en crois mon Baedeker agrémenté d'une carte de la ville. Je constate que l'eau est présente partout : la Pregel et ses affluents, les canaux, un immense étang qui, inhabituellement, traverse la ville du nord au sud. Comme Venise, Königsberg a surgi lentement d'une eau saumâtre. Son architecture urbaine, l'ordonnance des places et des jardins, son château faisaient de cette métropole commerçante une des plus belles cités d'Europe. L'eau, le tracé des rues, l'étang, la rivière qui s'appelle maintenant Pregolia sont toujours là. Cette ville ne cesse d'en désigner une autre.

Au dernier moment, alors que se levait une tempête de neige, ma femme et Cadet ont décidé de rester bien au chaud et d'échapper à la conférence du deuxième jour.

— La neige, ça suffit ! s'est écriée Joëlle.

— Elle a raison. En plus, cette conférence va nous obliger à rester enfermés toute la journée, a approuvé Julia qui ne semble guère plus enthousiaste à l'idée d'assister à cette rencontre.

Des universitaires et des Russes venus de Moscou et de Saint-Pétersbourg vont débattre d'Eylau en 1807 et de la Prusse-Orientale à l'époque des guerres napoléoniennes. La curiosité l'a emporté chez mon fils aîné historien qui vient de terminer sa thèse – ce voyage en Outre-Terre est sa première sortie à l'étranger après cinq années monacales.

J'ai emporté l'uniforme de tambour de la Garde impériale enfermé dans une boîte en carton très volumineuse que je dois remettre officiellement à Pantchenko au cours de la conférence. Je ne vais pas être mécontent d'être enfin débarrassé du colis.

Le jour a paru pendant que nous roulons dans la campagne. L'aube grise a interrompu les chutes de neige. Le bleu de Prusse est une couleur bien connue des peintres qui devraient en ajouter une autre à leur palette, le gris de Prusse. Une nuance inédite qui doit beaucoup à la platitude de l'horizon, au ciel de suie, à la brume et au froid. C'est un gris à la fois éteint et glacé qui embrume la moindre forme dans un fondu finalement harmonieux. Cette immobilité, qui noie et atténue chaque linéament, chaque coup de crayon du paysage, m'enchante. Aussi bien une forme de désolation est toujours pour moi matière à réjouissances. C'est le signe imparable que l'indigence et la tristesse du paysage ne sauraient avoir de l'effet par la seule vertu de mon regard : celui d'un homme qui exulte d'être vivant. L'excitation d'exister au plus haut point, une sensation de plénitude pourvoient à cette aridité. Je me sens bien dans ce minibus surchauffé où tout semble moelleux pour la vue alors que, dehors, il règne une température polaire.

L'historien Jules Michelet était âgé de neuf ans au moment d'Eylau. Sa jeunesse correspond au règne de Napoléon. De cette époque, il garde la mémoire d'« un jour gris qui a toujours continué ». Il ajoute : « Misère de ces temps monotones où chaque année ne se marquait que par une grande bataille, improbable et toujours gagnée. Je n'ai aucun souvenir qu'il ait fait beau un seul jour[16]. »

Moi qui croyais à un certain soleil des débuts. Austerlitz, tout de même… Revenant à Paris après la chute de l'Empire, le colonel Chabert s'exclame : « Que voulez-vous ! notre soleil s'est couché, nous avons tous froid maintenant. »

Mon fils me raconte qu'il est allé l'avant-veille au soir dans un bar pour connaître le Kaliningrad *underground*. « Ta bataille, c'est très bien. Mais nous sommes ici au pays de tous les trafics : le blanchiment de l'argent sale, la drogue, les mafias, la contrebande de l'ambre. » Il a fait la connaissance de deux filles qui l'ont invité à leur table. Il n'avait pas pris assez d'argent et, à sa grande honte, il a dû partager avec elles. « Je crois les avoir fait rire et leur avais proposé de nous retrouver hier soir à vingt-deux heures devant un club qu'elles voulaient me faire découvrir. J'y suis allé avec frérot. On a attendu dans le froid, les filles ne sont jamais venues. Mais nous en avons trouvé deux autres, charmantes. Elles étaient intriguées par notre voyage et cette commémoration. Elles ont l'intention d'assister à la reconstitution dimanche. Elles pourraient profiter de notre minibus ? Qu'en penses-tu ? »

La conférence a lieu dans une salle du musée. Les participants, une cinquantaine de personnes, m'attendent. Je remets solennellement le carton devant l'assemblée. Pantchenko a tout prévu, il sort un cutter, en fait sauter les ficelles. L'uniforme est soigneusement enveloppé dans un papier de soie. Non sans théâtralité, Pantchenko déploie la culotte blanche, la capote de drap bleu. On me presse de dire quelques mots. Pourquoi être venu à Eylau ? Je raconte ma première visite à Kaliningrad en 1991, mon voyage à Sainte-Hélène en 1993. Stupeur de l'assemblée.

— Vous êtes allé à Sainte-Hélène ?

Il me faut décrire brièvement mon voyage. Pour eux, cette île est une abstraction. Elle n'a d'existence que dans la légende. J'explique qu'au départ j'étais plus intéressé par Bonaparte que par Napoléon. Un homme se lève et déclare que, pour les Russes, seul compte l'Empereur des Français. Je m'aperçois qu'ils l'admirent tous. Ils louent son génie militaire pour mieux exalter la vaillance et l'endurance du peuple russe, le premier à venir à bout d'un adversaire jusqu'alors imbattable. J'évoque le livre que je vais écrire sur Eylau.

— Est-ce un roman ?

— Non, je n'écris pas de romans.

— Alors, c'est quoi ? Un livre d'histoire ? Un essai ?

— Ni l'un ni l'autre.

Julia est assaillie de questions.

— Qu'est-ce qu'il fait finalement ? Tout cela n'est pas clair !

— Quel sera le titre ? insiste l'un.

— Messieurs, les débats vont commencer, tonne Pantchenko qui, avec autorité, met fin à toutes ces questions.

La première intervention porte sur une carte de la bataille d'Eylau découverte aux Archives d'État des anciens manuscrits à Moscou. C'est un document russe établi six ans après la bataille par le prince Mikhaïl Vorontsov, militaire qui s'illustrera plus tard à la bataille de Craonne en 1814. Il a la particularité d'être écrit en français, langue parlée alors couramment par l'élite russe. Selon l'auteur, la bataille s'est terminée « à l'avantage et à l'honneur de nos armées ». Il est formel : « L'ennemi se retira sur tous les points », ce qui est contraire à la vérité historique.

J'aurai tout loisir de consulter cette pièce un peu plus tard. À première vue, le schéma russe correspond aux cartes françaises mais, à y regarder de près, l'orientation de la bataille, la disposition des forces en présence ne concordent pas. Curieusement, la grande charge de Murat n'est nulle part mentionnée.

Qui étaient les officiers et les soldats russes combattant à Eylau ? C'est le sujet d'une autre intervention. Contrairement aux troupes françaises, toutes issues de la conscription, les recrues russes provenaient en grande partie des traîne-misère et exclus de la population. Généralement analphabètes, elles étaient enrôlées pour une vingtaine d'années sans retourner dans leur famille durant le temps de leur service. Ce manque d'instruction explique l'absence presque totale de témoignages écrits du côté de la troupe, alors qu'en France, à la chute de l'Empire, toute une littérature verra le jour provenant aussi bien des sans-grade que des officiers subalternes. Ne parlons pas des innombrables récits ou Mémoires de généraux et autres dignitaires, abondance qui tranche avec la rareté des sources russes. D'après l'historien Dominic Lieven, sur un million et demi d'hommes qui servirent en 1812 comme simples soldats et sous-officiers, seuls deux d'entre eux ont laissé des Mémoires[17].

J'entends parler pour la première fois d'une relation inédite de la bataille écrite par un témoin de première main. Ce document se trouverait à Moscou.

Fait significatif : la plupart des officiers qui reçurent la croix d'Eylau, distinction créée pour la circonstance, l'ont vendue. Elle était en or et ils n'étaient pas riches.

Je constate que beaucoup de participants zieutent discrètement Julia. Cette retenue et ce tact contrastent avec le regard souvent effronté des Français en pareil cas. Julia pourrait appartenir à la catégorie *fashionista* russe. Elle porte des mitaines en cuir, un élégant manteau d'hiver et des bottes à talons aiguilles. Les lunettes de soleil qu'elle exhibe dans la voiture proviennent, semble-t-il, de chez Dior – c'est indiqué sur l'une des branches. Aujourd'hui elle est particulièrement en beauté. Son maquillage qui n'est pas outrancier met en valeur l'harmonie des traits. Sur Eylau, elle devient très calée et ne perd rien des différentes interventions.

Pendant les interruptions, certains participants viennent converser avec moi autour du samovar tout en mangeant des biscuits aux noix et des vatrouchki, sortes de tartelettes au fromage blanc. La responsable de la culture à la mairie de Bagrationovsk m'aborde pour me féliciter d'avoir apporté l'uniforme de tambour de la Garde. C'est une femme vive et gaie pour laquelle les participants semblent éprouver de l'affection. Je lui parle du clocher de l'église. Peut-on le visiter ? « La plate-forme est en mauvais état, cela ne dépend pas de moi mais de la direction de l'usine. Il faut leur demander. »

Pourquoi parle-t-elle de la plate-forme et non de l'escalier ? Dans le film *Vertigo* justement, tout va se jouer sur la plate-forme où surgit la religieuse. Devant l'apparition, Kim Novak se jette dans le vide. Étrange, à la fin, cette façon de botter en touche dès qu'il est question du clocher !

À tout hasard, je lui demande si elle connaît le vieil homme qui m'avait fait découvrir le site de la bataille lors de ma première visite en 1991. Depuis que je suis à Eylau, je ne cesse de penser à lui. Je n'ose lui préciser qu'il était un peu braque. « Un original », dis-je sobrement.

À mesure que Julia traduit, j'ai l'impression que le visage de la femme se ferme. Elle me regarde d'un air songeur. « Je ne vois pas. » Mais peut-être pense-t-elle à autre chose.

C'est sûr, le vieux avait des visions. Il recevait des messages et communiquait ou du moins entrait en résonance avec le passé. Ce qui m'avait frappé pendant cette visite, c'est le son de sa voix : elle avait changé comme si elle provenait d'une autre personne. Quelque chose d'inquiétant et d'animal qui ressemblait à un glapissement. Quand il nous avait montré dans la campagne la percée où la cavalerie de Murat avait surgi, il m'avait semblé voir les escadrons disposés en colonnes, sabres levés et trompettes au vent. Se trouvait-il dans une transe hypnotique ? En tout cas, son pouvoir de suggestion était impressionnant. Ensuite, j'apprendrai que le lieu indiqué par l'illuminé, ce moment décisif où vont charger les quatre-vingts escadrons, ne correspondait pas exactement à la réalité. Mystère d'Eylau. La bataille a-t-elle bien eu lieu à l'emplacement qui nous est indiqué ?

Un participant s'approche de moi. Il me demande si j'ai entendu parler d'Eugène Tarlé, historien russe, contrairement à ce que laisse supposer son patronyme à consonance française. Non seulement je connais sa biographie de Napoléon mais je l'ai apportée dans mes bagages. Il n'en revient pas.

— Un point de vue russe sur le personnage, qui a en plus l'avantage d'être traduit en français, je ne pouvais pas rater un tel livre.

— Un point de vue russe, oui, dans une certaine mesure…

Mon interlocuteur m'apprend que Tarlé a vécu en pleine période stalinienne. À la suite de ses cours sur Thermidor, il fut inquiété au début des années 30 et arrêté pour complot avec d'autres historiens. Son explication de la fin de la dictature robespierriste ne plaisait pas du tout à Staline. Il prenait cela pour une mise en cause de sa propre personne.

Tarlé devait manœuvrer avec beaucoup de subtilité, ce qui ne l'empêcha pas d'être envoyé en exil à Alma-Ata en 1931. Le sens de la manœuvre, c'est d'ailleurs ce que le biographe admirait chez Napoléon. L'historien russe s'en est bien tiré en convoquant les figures d'Engels et de Marx. Ce qui lui a permis de souligner les points positifs de l'Empire napoléonien, la fin définitive de la féodalité, sa lutte contre l'ordre ancien, la levée en masse issue de la Révolution. Ce n'était pas pour autant un écrivain marxiste bien qu'il obtînt le prix Staline en 1941.

— Que pensez-vous de son passage sur Eylau ? Il admire le sang-froid de Napoléon.

— Tarlé a raison. La situation était très dangereuse. Votre empereur a failli être tué par les boulets qui pleuvaient autour de lui. Il considérait que le général en chef ne devait pas risquer sa vie sans une nécessité impérieuse. À Eylau, il a vite compris qu'il était indispensable de se tenir près du cimetière, un endroit pourtant périlleux. À Borodino, il était mal informé car trop éloigné de l'action. Même chose à Waterloo : il ne voyait pas sa cavalerie attaquer les carrés anglais. C'était hors de son champ visuel. À cet instant capital, il aurait dû employer ses réserves pour appuyer les charges. C'est ce qu'il appelait « voir clair au milieu du brouillard de la guerre ». Vous le savez, à Eylau, ce jour-là, on ne distinguait rien.

Au cours des débats, j'ai déjà remarqué que si la vaillance de l'armée du tsar est louée, l'attitude du général en chef, Bennigsen, est violemment critiquée. Est-ce justement parce qu'il n'était pas russe ? En tout cas, notre interlocuteur désapprouve comme Tarlé son manque de ténacité et de hardiesse. Selon lui, il craignait toujours un piège de la part de Napoléon et s'estimait déjà heureux d'avoir pendant une journée si bien tenu face à un adversaire aussi coriace : « Il n'a pas demandé son reste et s'est replié le premier pendant la nuit. »

Se replier, c'est ce que je m'apprête à faire. La traduction est devenue une épreuve pour moi mais surtout pour Julia.

— Ça ressemble à nos conférences en France

mais en plus rigide, analyse mon fils. Ils sont complètement plombés par leur guerre de 1812. Ils n'arrêtent pas d'en parler. Mon avis est que l'historiographie russe se trouve à un tournant : ils sont en train de se construire une autre histoire distincte de la vulgate marxiste. Distincte mais pas opposée. Elle doit servir au temps présent.

Pantchenko me voit lever le camp. Cette fois, il a l'air vraiment en pétard. Toute la salle nous regarde prendre la porte.

Une étuve dans la neige

Dehors, il neige, on ne voit rien, les rares véhicules qui circulent surgissent au dernier moment dans un tourbillon jaunâtre réfracté par les phares alors que nous sommes au début de l'après-midi. Et toujours cette odeur soufrée de smog. Selon des témoins de la bataille, à certains moments de la journée l'obscurité sur Eylau était presque totale, un assombrissement nébuleux qui prenait un aspect de plus en plus crépusculaire. Comme Pavie où l'on n'y voyait goutte – un des plus grands désastres de notre histoire –, Eylau est une bataille sans lumière.

Dans ce demi-jour, le contrôle du meilleur poste d'observation, l'église, représentait un atout de taille. Mais son sommet matérialisait aussi pour l'artillerie ennemie un point de mire idéal. Après le terrible duel d'artillerie de la matinée pendant lequel les canons de la Garde vont labourer les rangs russes et toucher presque toujours de plein fouet, Napoléon épie l'arrivée de Davout et du 3e corps, pièce maîtresse de son dispositif.

De tous les maréchaux d'Empire, Davout, qui cinq mois plus tôt à Auerstedt a supporté avec brio le choc de l'armée prussienne, est certainement le plus doué. Grâce à lui, Napoléon a remporté le même jour (14 octobre 1806) une victoire éclatante à Iéna. Dans *Guerre et Paix*, Tolstoï écrit de Davout : « Homme de confiance de Napoléon. Connu pour sa cruauté envers ses subordonnés. » C'est grâce à Davout pourtant que l'un des héros du roman, Pierre Bezoukhov, échappe de peu à l'exécution. Excellent manœuvrier, le maréchal a la réputation d'un homme abrupt et calme, peu flamboyant, intransigeant sur le règlement. Il porte des lunettes. L'anti-Murat. De toute la Grande Armée, le 3e corps passait pour être « celui où l'on mangeait le mieux et où l'on fusillait le plus ».

À trois heures du matin, Davout, situé à une quinzaine de kilomètres d'Eylau, a donné à ses soldats le signal du départ. Il sait que tout à l'heure le combat sera sans merci. « Les braves mourront ici, les lâches iront périr en Sibérie », tel est, avant de lever le camp, le rude viatique que les soldats reçoivent de leur chef.

Juchés au haut du clocher, des officiers d'état-major guettent l'apparition des hommes de Davout. Le clocher, œil de la bataille. Eylau est une histoire de saisissement optique, de visibilité. Tout faire pour mieux voir. Napoléon réclame la vision supérieure et omnisciente du clocher. Le champ idéal du visible qui domine et englobe. Il sait combien ce qu'on y perçoit est capital, mais il ne peut lui-même monter au sommet, il n'a plus le temps. L'endroit est à présent trop exposé, ce n'est pas une question de courage – il n'en a jamais manqué – mais il est des circonstances où le général en chef ne peut plus se mettre en danger. On dirait aujourd'hui qu'il a besoin d'« une focalisation externe », un point de vue qui enregistre la réalité sans l'interpréter.

Dans la brume, à deux ou trois kilomètres, un frémissement semble se dessiner sur la gauche non loin de Serpallen : c'est la division Friant qui forme l'avant-garde du 3e corps, protégée par les cavaliers de Marulaz. Et à leur suite, le gros des troupes. Davout a pour mission d'envelopper l'aile gauche russe. La manœuvre débordante est un classique de la stratégie napoléonienne.

L'exemple jamais dépassé est la bataille de Cannes livrée par Hannibal en 216 av. J.-C. Cette conversion par les ailes, précédant l'anéantissement complet des légions romaines, passe pour être la manœuvre la plus magistrale de l'histoire militaire occidentale.

Prendre à revers l'adversaire, c'est grâce à cette tactique que, sous l'Empire, seront gagnées la plupart des batailles et Davout excelle dans cet exercice. Être tourné, c'est la hantise de tout stratège pour qui le danger vient toujours des côtés.

Plus tard à Borodino, dans le formidable face-à-face des deux armées prêtes à s'entrechoquer brutalement, Davout proposera à l'Empereur de tourner les forces russes. « Cela me fera perdre trop de temps », répondra ce dernier. Devant l'insistance du maréchal, Napoléon, impatienté, répliquera : « Ah ! Vous êtes toujours pour tourner l'ennemi. » Que n'a-t-il écouté ce conseil, cela lui aurait évité l'énorme gâchis en hommes qui pèsera si lourd par la suite.

Napoléon félicite rarement ses collaborateurs. Caulaincourt notera : « Il estimait peu les hommes. Il louait rarement. » C'est quelqu'un qui ne manifeste sa satisfaction que par le silence. Son grand principe, selon Mme de Rémusat, « c'est qu'on n'a de zèle que lorsqu'on est inquiet[18] ». À Sainte-Hélène, peu trouveront grâce à ses yeux. Percy, chirurgien en chef de la Grande Armée, qui aura une attitude remplie d'humanité à Eylau – il figure sur le tableau de Gros –, fera partie de ces rares privilégiés. Dans son codicille, Napoléon lui léguera la somme de 50 000 francs.

« Napoléon aimait fort peu. Encore moins respectait-il qui que ce soit. Ce n'était pas en lui cruauté, mais indifférence complète à l'égard des gens », écrit Tarlé à la fin de son livre. Sans illusion sur la nature humaine, Napoléon s'aimait-il ? « Il ne savait pas goûter le bonheur. Il était même rare qu'on le vît seulement content et tranquille », ajoute Tarlé. « Un homme secrètement mais profondément malheureux », certifie Léon Bloy.

Le goût du pouvoir et de dominer autrui ne serait-il que le signe d'une absence d'estime de soi ? Un désir de quelque chose qui manque ? Une façon de compenser une dévalorisation intime par une emprise sur le monde extérieur et un contrôle sur les autres ? Plusieurs propos de l'intéressé indiquent le peu d'illusion sur son passage sur cette terre. Qu'on se souvienne par exemple de la phrase prononcée lors d'une visite à l'île des Peupliers où reposa Jean-Jacques Rousseau jusqu'en 1793 : « L'avenir apprendra s'il n'eût pas mieux valu, pour le repos de la terre, que ni Rousseau, ni moi, n'eussions jamais existé. »

À Eylau, ce sera le même choc violent qu'à Borodino. Bennigsen, qui a exigé des fantassins une densité maximale, veut à tout prix imposer ce heurt frontal à son adversaire. « L'armée russe occupait avec quatre-vingt mille hommes le front d'une armée de trente mille », insiste le colonel Langlois. Pour Bennigsen, la masse fait la force. À rebours de Borodino, Napoléon ne va cesser d'esquiver la conflagration annoncée par une série de décrochages, d'approches, de contre-attaques et de surprises tactiques comme la charge de Murat, sans oublier la puissance de feu dévastatrice des batteries françaises. L'efficacité de l'artillerie, qui a compensé l'infériorité numérique, lui a probablement sauvé la mise.

Être enveloppé, c'est aussi l'obsession de Bennigsen qui voit peu à peu apparaître dans la grisaille, sur son aile gauche, les quinze mille hommes de Davout. Les Russes commencent à donner des signes de faiblesse. Pour soulager ces unités, il est urgent d'envoyer des renforts. Bennigsen décide de regrouper ses forces et d'engager ses réserves. L'offensive est reportée à plus tard. Mais ce n'est pas ce que l'on lit dans ses *Mémoires*[19] où il se pousse toujours du col. À le lire, il ne cesse de faire reculer ou de mettre en déroute son adversaire si bien qu'on est étonné de le voir à la fin encore combattre un ennemi qui s'est enfui.

La version russe de la bataille, c'est dans cette direction qu'il me faut creuser, vérifier si les témoignages vont dans le sens de Bennigsen.

Posté dans le cimetière qui continue à recevoir un feu nourri de boulets, Napoléon observe la concentration des troupes russes qui convergent vers Davout. C'est au tour de ce dernier d'être menacé. L'Empereur a vu le danger. Dans quelques instants, l'affrontement d'Eylau va basculer. Debout dans le cimetière, il lui faut résoudre instantanément des dizaines d'équations. Ajouter, soustraire, multiplier, diviser. Du côté de Davout, le cours de la bataille qui se présentait plutôt bien pour les Français est sur le point de changer, quelque chose se désaxe subtilement dans la progression, l'impulsion se ralentit. En est-on arrivé au moment de vérité, « ce fameux quart d'heure qui décide du sort des batailles » ?

Qu'éprouve Napoléon à cet instant ? Si l'on en croit le général Petiet, le *patron* était vêtu de sa redingote grise habituelle et coiffé d'un bonnet d'astrakan gris. Petiet note que ce bonnet « lui couvrait la bouche et une partie du nez », preuve qu'il faisait un froid de loup. Calme ? C'est ce trait qui frappera le plus Jomini, un témoin capital (il le trahira plus tard même si l'accusation aujourd'hui fait débat) : « Jamais Napoléon ne montrera plus de génie, de sang-froid et d'habileté que dans cette lugubre journée. »

Dans les batailles – excepté à Waterloo – il

gardera toujours la tête froide : « Les bonnes et mauvaises nouvelles s'y classent et n'occupent que la place juste qu'elles méritent d'occuper. » A-t-il tout bien prévu ? « Avant d'entreprendre, avait-il confié un jour à Roederer, j'ai longuement médité. À la guerre rien ne s'obtient que par calcul. Tout ce qui n'est pas profondément médité ne produit aucun résultat. »

La hauteur lui assure depuis le cimetière une bonne profondeur de champ. Il n'a pas son pareil pour deviner les ruses du terrain : les décrochements, les angles morts, les dénivelés des reliefs déformés par la neige. Il sait parfaitement compléter les lacunes de sa vision, mais surtout il détient un sixième sens, le pouvoir quasi divinatoire de se représenter le paysage et les hommes – sa propre armée – que voit en face l'adversaire. Comme un effet de miroir. Sans cartes, il possède au plus haut point l'intelligence spatiale, cette faculté d'effectuer mentalement une visualisation parfaite d'un site et des pièges qu'il recèle.

Eylau est une bataille qu'il est content de livrer. Néanmoins elle lui a été imposée. Les détails de la manœuvre qu'il avait imaginée en janvier ont été éventés. Une semaine plus tôt, les cosaques ont capturé un messager envoyé à Bernadotte. Bennigsen reconnaîtra que s'il n'avait pas intercepté cette dépêche, il était perdu.

Cette fois, Bonaparte n'a guère eu le temps de se concentrer sur un nouveau plan fortement conçu. « Il n'était pas préparé », atteste Jomini[20]. Ce personnage énigmatique d'origine suisse a rédigé un compte rendu pénétrant de la bataille, souvent dédaigné, sans doute à cause de son ralliement au tsar en 1813. Cela ne l'empêche pas d'être très admiratif à l'égard de Napoléon, particulièrement ce jour-là. Jomini passe pour être celui qui a le mieux saisi le génie stratégique du grand homme, allant même jusqu'à pronostiquer ses coups.

La veille au soir, le 7 février, Napoléon ne sait trop à quoi s'en tenir. Jomini assure qu'il a été « induit en erreur par Murat qui croyait l'armée russe partie ». Il va falloir improviser. Ce manque de préparation va à l'encontre des idées que professe le *patron* : « Ne jamais faire ce que veut l'ennemi par la seule raison qu'il le désire, ainsi on doit éviter le champ de bataille qu'il a reconnu et étudié. » À Austerlitz, il ne se retient pas de joie – « un accès de sauvage hilarité », écrit Michelet – lorsque l'ennemi s'engouffre exactement à l'endroit qu'il avait prévu. Toujours d'après Michelet, dans ces moments « il avait un tic désagréable : il chantonnait », fredonnant d'une voix fausse. « Ah ! Comme il y viendra ! larira[21]. »

Doute, incertitude, flottement, ce n'est pas lui qui hésite mais les circonstances. L'armée française, qui a réussi à déloger les Russes du village d'Eylau, a dû en pleine nuit occuper rapidement de nouvelles positions. La nécessité d'agir vite a privé le stratège de cette phase de préparation où il a l'habitude d'envisager tous les scénarios et surtout le pire. L'*Infaillible*, comme le surnomme Léon Bloy, ne connaît pas jusqu'à présent l'aléa, la guigne. C'est un général chanceux. « Souvenez-vous que je marche accompagné du dieu de la guerre et du dieu de la fortune », profère-t-il le 18 Brumaire.

« Il n'y a pas d'homme plus pusillanime que moi quand je fais un plan militaire. Je me grossis tous les dangers », a-t-il avoué encore à Roederer, un conseiller d'État à qui il s'est beaucoup confié à l'époque du Consulat. Réduire le nombre d'inconnues, réagir immédiatement aux incertitudes qui affectent la décision : il excelle dans cet exercice, supérieurement préparé à tout événement imprévu.

À cet instant, qu'a-t-il à craindre ? Bien que ses forces soient inférieures en nombre, il dispose de l'une des meilleures armées que la France ait possédée, un appareil de précision, flexible et redoutablement aguerri. Cet outil, il n'a cessé de le perfectionner. Un quart des soldats sont des vétérans des guerres de la Révolution, un autre quart a fait les campagnes d'Italie, le reste est composé en majorité de conscrits qui se sont amalgamés à ces guerriers chevronnés et profitent de leur savoir acquis au feu.

Endurcie au combat, cette armée, la plus expérimentée d'Europe, garde encore le feu sacré hérité des soldats-citoyens de l'an II, les fameuses « grandeurs morales[22] » dont parle Clausewitz. Un fort sentiment d'appartenance fondé sur l'esprit national, le goût de la gloire, une habitude commune des dangers, le sens de l'honneur, solidarité réservée jusqu'alors à la noblesse. Ce ressort spirituel, qui commencera à décliner après Friedland, constitue l'essence de la Grande Armée. Un tel état d'esprit sera pendant longtemps l'un des appuis les plus solides du régime napoléonien.

Quand Georges Duby décrit au mitan de Bouvines ces guerriers « vociférant, crevant de soif, aveuglés par la poussière des épis piétinés », la comparaison avec Eylau peut paraître inopportune. Bouvines se déroule en plein mois de juillet. En ce dimanche d'Eylau, la température est sibérienne. Néanmoins les combattants ne claquent pas des dents. Dans ce déluge de feu et de plomb, au milieu d'un vacarme, mélange de clameurs individuelles, de grondements, d'explosions, de sifflements qui enflamment les consciences et les visages, les belligérants ont même terriblement chaud. Le mouvement incessant des troupes, la multitude des duels, la conflagration de deux armées dressées l'une contre l'autre, le pilonnage ininterrompu de l'artillerie déchaînée, l'atmosphère brûlante, embuée par la poudre noire et la fumée – une vraie purée de pois – font paradoxalement ressembler Eylau à une étuve. Dans ce froid du diable, les hommes sont en nage. Ils sont assoiffés et se désaltèrent avec de la neige fondue qui sera la cause de coliques.

Clausewitz a très bien décrit cette opposition fonctionnelle de deux principes : « Les deux armées doivent s'entre-dévorer sans répit tout comme l'eau et le feu ne s'équilibrent jamais. »

Nous approchons de l'instant pleinement présent qui va décider du sort de la bataille. Minutes, secondes où le commandement et la qualité des hommes sont plus importants que la supériorité numérique. Ce moment a pour nom Augereau.

Acteur décisif du dimanche d'Eylau, le héros de la bataille de Castiglione commande le 7e corps.

Bessières, Soult, Davout, Murat, tous figurent sur le tableau du baron Gros. Excepté Augereau. Napoléon l'a oublié. Plus exactement, il n'en a pas voulu sur la toile.

L'église-sémaphore

Julia est ravie d'être enfin dehors. Elle propose d'aller voir l'église.

— Tu en meurs d'envie, me lance mon fils aîné.

— Je t'assure que non. Maintenant ou plus tard, ça n'a pas d'importance.

— Depuis le temps que tu en parles. Qu'est-ce que t'attends ?

— Rien ne presse. Mais tu as raison. Ici la nuit tombe très vite.

Les rues de Bagrationovsk ne sont pas plus engageantes qu'hier. Nous pataugeons dans les flaques grisâtres. J'ai acheté de nouvelles chaussures à Kaliningrad, paraît-il étanches. Elles ressemblent à des gros godillots de randonnée, les semelles sont dentelées comme des pneus de voiture.

Aucun détail, aucune anomalie n'accroche l'œil si ce n'est, en cherchant bien, l'énorme masse de l'église orthodoxe qui n'existait pas lors de ma première visite. Et encore, elle n'a vraiment rien de singulier dans ce paysage en apparence russe. C'est plutôt son aspect colossal, démonstratif qui épate – à Kaliningrad le même sanctuaire démesuré s'emploie à signifier pour toujours l'empreinte slave sur cette terre. Et pourtant l'architecture allemande massive et sévère, toujours faite de brique rouge, est encore plus frappante qu'à Kaliningrad. La moitié des maisons sont prussiennes. Les nouveaux occupants les ont usées jusqu'à la corde.

Quand on a dit que cette petite cité, avec ses places qui ressemblent à des terrains vagues, est triste, on n'est pas plus avancé car le spectacle n'est ni pénible ni accablant. Je suis même convaincu que les habitants sont heureux de vivre dans cet environnement morne et rassurant. Il n'a pas le côté *destroy* et résigné, cette lourdeur paralysante des villes et des villages de la Grande Russie. Ici le délabrement est raisonnable, la vétusté se tient bien. Ce n'est pas que la prospérité éclate dans les barres résidentielles édifiées avec des matériaux pauvres éjointés, on y sent plutôt une vie moins ankylosée qu'ailleurs. Elle est due sans doute à cette ambiguïté russo-prussienne. Deux choix, deux sens possibles mais l'ancienne Eylau refuse de donner sa préférence. Cette instabilité a quelque chose de dynamique. Ce caractère mouvant fait sans doute partie de son identité. La proximité de la frontière polonaise, le va-et-vient des voitures et des camions lui donnent un semblant d'agitation.

Je dois me mettre dans la tête que nous sommes le 9 février. Le *lendemain*. Il y a deux cents ans, le chaos régnait à Eylau. « Les rues étaient littéralement pavées de cadavres et de lambeaux humains à moitié enfoncés dans la boue », note le général

Paulin. Ces membres aplatis dans le sol, explique-t-il, étaient dus « au passage continuel des canons, des cavaliers et au piétinement de l'infanterie ». Sa description des corps bleuis et des « plaies vertes, triangulaires » causées par les coups de baïonnette est conforme au tableau du baron Gros. Un témoin, le capitaine Billon, voit Napoléon évoluer avec précaution, au milieu des cadavres : « L'Empereur faisait tous ses efforts pour que son cheval ne foulât aux pieds tant de restes humains[23]. »

L'image du carnage est soulignée par l'effet du sang sur la neige et sur les uniformes blancs que portaient ce jour-là plusieurs régiments. « Napoléon rempli de dégoût et d'horreur déclara qu'il ne voulait que des habits bleus, quoi qu'il pût en coûter », raconte Thiers. L'exiguïté du champ de bataille fait ressortir l'accumulation des corps et accentue l'impression de boucherie, comme le reconnaîtra d'ailleurs le 64e *Bulletin de la Grande Armée*.

Nous remontons l'ancienne rue Centrale – ou de Landsberg – dont Bagetti a parfaitement rendu le tracé dans son croquis crayonné du clocher. Nous nous arrêtons devant l'inscription en français apposée sur la maison où Napoléon a dormi le 7 février 1807. Il y a dicté aussi le récit de la bataille. Dans la rue déserte, la neige soufflée par le vent s'accroche en grains minuscules à la plaque de marbre noir. La maison est dessinée telle qu'elle existait jusqu'à la Seconde Guerre mondiale, une partie du bâtiment a été détruite. La signature intrigue : *Fernand Beaucour, directeur du Centre d'études napoléoniennes.*

— Tu connais ce Fernand Beaucour ? demande mon fils.

— Non, il est décédé en 2005. Je regrette de ne l'avoir jamais rencontré. Il posait des plaques partout.

— Encore un napoléonâtre !

— On ne peut pas dire ça. Il était d'une espèce à part.

— Un historien ?

— Non, il avait fait une carrière d'ingénieur chez Usinor. Je crois qu'il a profité d'une retraite anticipée pour se lancer dans une aventure assez extraordinaire. Tu as entendu parler du château de Pont-de-Briques ? C'était le quartier général de Napoléon pendant le camp de Boulogne à l'époque où il voulait envahir l'Angleterre. Le bâtiment était complètement en ruines. Il s'est attelé tout seul à sa restauration et à force d'acharnement il est parvenu à le ressusciter.

— Pourquoi cette manie des plaques ?

— Il recherchait l'inédit. Je crois qu'il détestait marcher sur les brisées des autres. Austerlitz par exemple ne l'intéressait pas – tout le monde s'intéresse à Austerlitz – mais Dürrenstein, le combat d'avant, oui, car plus singulier, plus significatif. Les Russes l'adoraient. Il venait souvent à Kaliningrad pour y donner des cours à l'université.

— Pantchenko le connaissait ?

— Ils étaient très amis. Je me suis renseigné sur cette plaque. Elle a été posée en février 1999.

Une cérémonie en grande pompe avec les officiels russes. Le prince Murat est même venu exprès de Paris avec sa fille. C'était la première fois depuis 1807 que des descendants du roi de Naples venaient à Eylau. On les voit en photo à l'endroit même où leur ancêtre a surgi avec les cuirassiers du général d'Hautpoul. Dans le musée que nous avons visité, tu as peut-être vu exposé un buste de Murat, il a été offert à cette occasion par son descendant.

— Cette charge, finalement, où a-t-elle eu lieu ?

— Sur la photo, on voit le prince et sa fille au milieu de la neige. Ça peut être n'importe où… Il paraît que la reconstitution, qui aura lieu après-demain, respectera scrupuleusement la vérité historique. J'ai hâte de voir cela.

— Est-ce si important ? Savoir que la charge a eu lieu là ou un peu plus loin, je ne vois pas l'intérêt. Tout cela est anecdotique.

— C'est possible, mais j'ai besoin de croire à cette exactitude, à cette présence unique. Au musée de Labastide-Murat, on montre dans une vitrine les gants que Murat portait à Eylau. Tu ne peux pas savoir comme ça m'a fait rêver. Et pourtant j'avais un doute. Le doute a quelque chose d'excitant. Est-ce faux ? Est-ce authentique ? J'aime cette incertitude, elle attise l'imagination et colore un peu plus la réalité historique.

Cet attrait pour les fantômes de l'Histoire, je l'ai toujours ressenti comme une expérience du temps, indice de ma propre insignifiance et de notre fragilité humaine. Symptôme aussi d'un vide qu'aucun subterfuge ne saurait transformer en présence. Preuve d'une perte irréparable entre le passé et nous. J'ai mis longtemps à comprendre que le passé n'était pas un refuge. Il ne me console aucunement de la médiocrité d'aujourd'hui. C'est la mise en absence qui m'émeut, le signe irrémédiable qu'il manquera toujours quelque chose. Seuls des personnages de roman comme le colonel Chabert parviennent à combler le vide. Ce qui est sauvé à jamais de cette journée, c'est lui, le colonel de la Garde donné pour mort. Increvable. Pour toujours sain et sauf. Tout le monde a disparu. Il est l'éternel présent. Remuant, vigoureux, immortel.

Fernand Beaucour a quelque chose de l'avoué Derville dans sa façon de faire revenir les morts à la surface. Ressusciter ce qui paraissait à jamais disparu. Mais cette quête chez lui était menée scientifiquement, il était ingénieur centralien. Pour lui, les traces n'étaient jamais entièrement détruites. Il était têtu et ne cessait de fouiller, disséquer. L'entêtement de Derville permettra de rapatrier d'Allemagne d'improbables documents qui vont donner une existence à Chabert.

Avec le Pont-de-Briques, la grande affaire de Fernand Beaucour a été d'identifier exactement le passage de la Berezina avec ses deux ponts. Fidèle à sa marotte commémorative, il a fait édifier un monument de granit rose et de bronze de plus de trois mètres de haut.

— Je l'ai connu, intervient Julia de sa voix menue. J'ai assisté à l'une de ses conférences à l'université. Grâce à lui, j'ai lu un livre d'un de vos écrivains, *Axelle*, de Pierre Benoit.

— C'est un romancier qu'on ne lit plus beaucoup chez nous en France. Mais pourquoi *Axelle* ?

— Ça se passe ici, en Prusse-Orientale pendant la Première Guerre mondiale. Le roman raconte les amours d'un prisonnier français et d'une aristocrate prussienne. J'ai beaucoup aimé. Il a bien rendu l'atmosphère de mon pays.

À mon retour en France, je me suis précipité sur cet ouvrage qui se déroule dans un château à une cinquantaine de kilomètres de Königsberg. J'ai appris que Pierre Benoit, qui a publié ce livre en 1928, n'avait jamais mis les pieds en Prusse-Orientale. Il l'a écrit à Arcachon tout près de ma maison des Landes – il est lui-même d'origine landaise, on peut visiter sa maison à Saint-Paul-lès-Dax. Un détail m'a troublé. Il a expliqué qu'il n'avait pas eu besoin d'aller là-bas. Il lui avait suffi de regarder les pins d'Arcachon, les fameux pins plantés par l'ingénieur Brémontier qui ont permis de fixer la dune des Landes. Benoit assure que les plants viennent tous de Prusse-Orientale.

Si on le comprend bien, les Landes, où je vis une bonne partie de l'année, seraient la copie de ce pays que je suis en train de visiter. J'avoue que cette ressemblance m'avait échappé jusqu'à présent. Mais le littoral de la Baltique avec ses horizons infinis, son sol sableux et ses plantations de pins peut rappeler, c'est vrai, la côte landaise.

Nous arrivons en vue de l'église et du cimetière. Ils ne ressemblent plus ni à une église ni à un cimetière. Le point stratégique de la bataille d'Eylau est devenu une usine à bout de course. La butte est entourée d'un mur de briques de couleur grise – le fameux gris soviétique visible de Kaliningrad à Vladivostok. Le buste de Karl Marx à l'entrée a disparu de même que l'étoile rouge qui coiffait encore le toit en 1991. Au pied de l'enceinte, en contrebas, se sont multipliées des maisons avec appentis, des cahutes de bois désarticulées. Cela sent le feu de bois éteint. La neige a adouci l'aspect revêche et disloqué de ces constructions et recouvert les différentes épaves – luge d'enfant, étagère et mobilier délaissés, cadavres de moto et de vélo – dont on aperçoit les angles noircis au milieu de petits jardins. Une baignoire recouverte d'une couche de glace a été abandonnée au pied d'une cabane. Quelques bâtiments près de l'usine existaient au moment de la bataille, notamment la maison où Murat passa la nuit du 8 avec ses officiers au milieu des chirurgiens en train d'opérer. Elle sert aujourd'hui d'antenne aux services vétérinaires.

Pendant trois ou quatre jours après le carnage, Eylau tenait de cet amas confus, désemparé : roues brisées, selles retournées. Des milliers de boulets enfoncés dans la terre détrempée, laissant une trace en forme d'entonnoir, des débris de fusils, une multitude de sacs que les soldats russes avaient l'habitude de déposer sur le sol avant le combat, toute une concrétion sanglante pétrifiée dans une mer de boue qui peu à peu avait fait disparaître la neige. Les quelques plaques qui n'avaient pas fondu étaient jaunes.

Au milieu de ce chaos, l'église-sémaphore et

sa tour carrée, sorte de *stupa* au cœur duquel est enfermée la signification d'Eylau. Elle est devenue la ligne de visée de ce voyage. Je pense au clocher de *Vertigo* où la vérité finit par apparaître. Je me dis de plus en plus que si je la manque, ce séjour sera un échec.

Un homme vêtu d'un épais manteau bleu foncé, si long qu'on ne voit que le bout de ses bottes, nous barre le chemin. Julia s'interpose et nous déclare :

— Impossible de passer, il dit que c'est une usine protégée.

— Protégée ! C'est donc un site militaire ?

— Non, mais chez nous, en Russie, l'industrie a toujours travaillé de près ou de loin avec l'armée, explique Julia. Je pense que ce n'est plus le cas pour cette usine, mais les Russes aiment le secret même quand il n'y en a pas. Chez vous aussi, les usines sont gardées.

— Dites-lui que je suis venu exprès de France pour voir de près cette tour. Expliquez-lui ce qu'elle représente. Transigez, vous vous rappelez ? On a parlé ensemble de ce mot qui vous intriguait.

— Ah, oui, sourit-elle, faire des concessions, mais il n'y a rien à négocier. C'est un garde. Discuter n'est pas son rôle.

L'homme nous regarde avec un sourire bon enfant, presque intimidé, le geste impuissant et navré de l'exécutant.

— Pour l'anniversaire de la bataille, ils auraient pu ouvrir le site.

— Je suis sûre que les responsables ne font pas le lien. Pour eux, c'est une usine construite sur l'emplacement d'une église. Et ça n'est même pas sûr qu'ils le sachent.

— Mais l'église existe toujours. On la voit très distinctement avec cette porte en ogive. Et cette tour, comment expliquer sa présence ?

Quel fiasco ! Moi qui voulais grimper dans l'ancien clocher, je ne peux même pas accéder au périmètre sacré ou tout au moins consacré. Sacré, c'est peut-être exagéré. Consacré convient mieux : il valide et confirme l'authenticité du lieu. D'emblée, ce fut en effet pour cette modeste église prussienne la consécration. En cette journée du 8 février, tous les combattants l'avaient en point de mire, surtout l'artillerie russe ; elle apparaissait et disparaissait dans la fumée ; les soldats et les officiers de la Grande Armée savaient que le *patron*, pour reprendre le mot du colonel Chabert, se tenait là pour les guider, protégé par la Garde.

Si le baron Gros a représenté l'église au fond du tableau, ce n'est pas pour l'anecdote. Napoléon l'a expressément demandé à Vivant Denon qui a transmis les exigences du maître aux candidats au concours. La notice explicative indique que « l'église en briques placée sur une petite éminence[24] » doit impérativement figurer dans la scène du lendemain, ce 9 février où, le cœur navré au spectacle du carnage, il parcourt le champ de bataille apportant par sa présence un réconfort aux victimes des deux camps.

Pourquoi Napoléon tient-il tellement à cette église ? Gros en tout cas en a parfaitement compris l'importance, « clé de la bataille », comme ne cesse de le répéter Hugo dans son poème. Le peintre a minutieusement dessiné l'édifice avec sa façade en escalier.

Il a ajouté l'ombre noire mystérieuse qui se tient au milieu des tombes.

Un témoin, Raymond de Montesquiou-Fezensac, qui a vu plus tard le tableau de Gros, affirmera qu'il ne donne « qu'une bien faible idée » du lendemain : « Il peint du moins avec une effrayante vérité l'effet de ces torrents de sang répandus sur la neige[25]. » La neige peinte par Gros a beau être blanche, elle nous apparaît sombre – sauf au premier plan. Le tour de force de l'artiste est d'avoir transmué ce blanc, qui est tout sauf net et immaculé, en cette couleur incertaine et blafarde, diffusée par le ciel noir, paradoxalement lumineuse. Un peintre de mes amis, Édouard Trémeau, m'assure qu'un tel gris est absolument unique dans la peinture et ne peut être comparé qu'à la nuance inédite qu'est parvenue à rendre Charles Le Brun dans *Le Chancelier Séguier*.

Napoléon et sa suite enjambaient un bourbier, un magma gluant : troncs humains écrasés, jambes, ventres déchirés, fusils brisés et aplatis, courroies, caissons pulvérisés, chevaux décapités et démembrés.

Les montures sans cavaliers traînant leurs intestins dans la neige, les plaintes des blessés s'entassant les uns sur les autres pour se protéger du froid, le sol à nu, retourné et défoncé par les passages de cavalerie, la succion des pas dans un cloaque, tel était Eylau le 9 février 1807. Un lundi. Et la phrase terrible qu'on a attribuée – sous la Restauration – à Napoléon : « Une nuit de Paris réparera tout cela » ! En réalité, son auteur est le Grand Condé. Il l'a prononcée après la sanglante bataille de Seneffe en 1674, pendant la guerre de Hollande.

Mutilés, qu'ils soient russes ou français, le roi-paraclet ne saurait faire de différence. Dans le tableau de Gros, il a cessé d'être le *patron*. Il est l'esprit, le Consolateur, la force accomplissante – Antoine Callet, l'un des peintres qui a concouru, n'hésite pas à représenter l'Esprit saint sous la forme d'une colombe, au-dessus de l'Empereur comme une présence protectrice (il est supposé avoir dessiné un aigle, mais le rayon sanctifiant qui éclaire la scène le dément ; il n'y a pas que Gros qui se soit livré à des détournements).

L'église souligne la part spirituelle de l'apparition, figure sanctifiée et salvatrice. Elle se présente à la vue de tous sur la plaine enneigée. Dans la notice remise aux concurrents, Denon insiste sur « le regard consolateur du grand homme ». C'est lui qui a imaginé le personnage du jeune hussard lituanien à la natte. À la vue du roi thaumaturge, il se hisse vers lui et s'écrie : « César, tu veux que je vive, eh bien ! qu'on me guérisse, je te servirai fidèlement, comme j'ai servi Alexandre. »

Mon ami le peintre Édouard Trémeau compare le geste du bras de Napoléon à la main levée de Dieu allant vers celle d'Adam, sur le mur de la chapelle Sixtine, pour lui donner vie. Paulin raconte que, lors de cette revue, les moribonds se soulevaient pour crier « Vive l'Empereur ! ». La veille, l'église était une position stratégique. Dans le tableau elle est devenue le reliquaire de la bataille, la châsse où est enfermé ce qui n'appartient plus au monde sensible mais à un principe supérieur, spirituel, l'âme d'Eylau.

L'âme d'Eylau. Une bataille peut-elle avoir une âme ? Oui, si l'on considère qu'une perception, un même état d'esprit anime l'ensemble des combattants.

De tous les témoignages sur les 8 et 9 février, le plus vivant et le plus détaillé est sans aucun doute celui du général Paulin. Un autre récit, celui de Marbot[26] – son ennemi intime –, est plein d'allant mais son auteur ne cesse d'enjoliver pour se donner le beau rôle. Paulin, contrairement à Marbot, insupportable de narcissisme, résume bien l'état d'âme des belligérants. Lucide et passionné, ce polytechnicien, officier du génie, est conforme à sa façon à l'esprit de Stendhal : « La seule règle est d'être vrai. » Alors capitaine, il est placé sous les ordres d'Augereau et va être témoin du moment le plus dramatique de la bataille. Son travail consiste à observer les positions ennemies et à en rapporter des croquis pour l'état-major. C'est quelqu'un qui a l'œil. Cette aptitude transparaît dans ses écrits. Il a le sens du petit fait véridique qui donne à son récit un parfum d'authenticité. Par exemple, il décrit un boulet dont « le bruit flasque du fer traverse par le dos » la chair d'un de ses compagnons.

Quelques jours avant Eylau, crevant de faim, il aperçoit Marbot au bivouac mangeant des pommes de terre. « Une seule de ces pommes aurait calmé mon pauvre estomac », mais l'autre refuse : « À la guerre, mon cher, chacun sa pomme de terre. » Et pour le faire un petit peu plus bisquer, il en brandit une dans sa main droite et une dans sa main gauche : « Celle-ci pour aujourd'hui, celle-là pour demain. »

Paulin et Marbot, c'est l'histoire des *Duellistes*, le film de Ridley Scott qui raconte sous le premier Empire la haine inexpiable que se vouent deux officiers de hussards.

Paulin est lui aussi obsédé par le clocher d'Eylau, lieu focal et mortel où l'on visualise le mieux le panorama de la bataille, « percé à jour, pulvérisé par les boulets ennemis ». Il parvient à emprunter l'escalier défoncé et à grimper au sommet.

Qu'a-t-il vu ?

Lui d'ordinaire si disert ne nous dit pas grand-chose de cette extraordinaire prise de conscience visuelle. « Un spectacle effrayamment grandiose. » C'est tout ! Sans doute pétrifié par ce qu'il voit, aussi par ce qui va advenir. On peut parier qu'il n'est pas resté très longtemps. Il a fixé l'instant, arrêté le mouvement : la houle de feu, les traînées de fumée, les bordées, les vibrations affreuses de l'artillerie, répandant cet étrange bruit de tonnerre sec, sans éclat, les membres des hommes et des chevaux qui volent avec les boulets… La puissance de mort. Une vision du chaos. Cet instantané a dû lui suffire, il a compris.

Sidéré, il s'est empressé de redescendre avec précaution et prestesse l'escalier disloqué.

Les gants de Murat

Au musée de Labastide-Murat sont exposés des gants à crispin qu'utilisent habituellement les escrimeurs, les bûcherons ou les motocyclistes. Le crispin est une manchette de cuir cousue au gant destinée à protéger le poignet. Cette paire est un don de la famille Murat au musée qui a été créé dans la maison où il est né. Les gants, présentés dans une vitrine du premier étage, sont de velours marron. Sur l'empaumure figurent de délicats décors floraux brodés de fils d'or et d'argent ornés d'une multitude de paillettes. Ce motif qui se répète se nomme semis. Si l'on regarde attentivement, on peut distinguer les petits morceaux de velours qui font la jonction des doigts, ils sont en forme de V et se terminent par un petit losange. Ces gants volumineux sont probablement fourrés, ils ressemblent à des moufles.

Murat, alors grand-duc de Berg, les a-t-il vraiment portés à Eylau ? « Comme pour les reliques, c'est la foi qui compte », répond l'étudiant préposé à la visite. Ces gants s'accordent au personnage que le baron Gros a représenté dans *Le Cimetière d'Eylau*, ils sont luxueux. Sa tenue rutilante attire tous les regards, principalement la toque surmontée d'un plumet blanc – c'est un blanc pur, lactescent, qui tranche avec la neige blafarde du champ de bataille. La toque arborée par Murat à Eylau est exhibée à Labastide-Murat mais sans la touffe de plumes. Dans le tableau de Gros, il porte des gants, on distingue parfaitement celui de la main gauche posé sur le sabre à lame recourbée. On pourrait avoir un doute mais la chape – la partie qui couvre le dos de la main – est striée de trois ornements allongés en relief qu'on appelle baguettes.

Il n'y a pas que les mains qui attirent l'œil dans la peinture de Gros. Poings, poignets, avant-bras, phalanges, paumes s'ouvrent et se ferment. Les mains des deux personnages les plus considérables – Murat et Napoléon – sont gantées. Les autres sont nues, excepté celles des deux chirurgiens, Percy et Larrey*.

La présence de l'Empereur est retenue, rayonnante, extatique. Tout le contraire de l'attitude de son beau-frère : Murat est comme un acteur qui en fait trop.

Le jour où le baron Gros présenta sa toile au souverain, il était très angoissé, craignant que Napoléon ne prît ombrage de ce personnage qui occupe le centre du tableau. Exactement en face du *Cimetière d'Eylau* au Louvre est accroché le

* Larrey serait le personnage muni d'un linge tentant de porter secours au grenadier mitré.

portrait du roi de Naples par Gros, caracolant avec plumets, broderies et volants tel un écuyer de cirque. Le roi Franconi.

Pourquoi Murat apparaît-il encore aujourd'hui comme le plus fréquentable, en tout cas le plus plaisant des compagnons de Napoléon ? C'était pourtant un homme peu scrupuleux, vaniteux, avide – comme la plupart des maréchaux, il est vrai – et sa défection en 1814* n'est pas l'épisode le plus glorieux de son parcours.

La plupart des portraits de Murat reproduisent un visage poupin aux traits vulgaires. La mine est avantageuse, un côté mi-galantin de province mi-soudard. Néanmoins la physionomie est ouverte et avenante. On lui trouvait un charme « mauresque ». Une bonne tête ! Mais ces représentations ne signifient rien – le talent du peintre n'est pas en cause. D'après les témoignages, le visage de Murat devait être charmeur, très mobile, traversé parfois de tristesse car cet homme très brave et brouillon, toujours désireux de bien faire auprès de son beau-frère l'Empereur, qui au fond ne l'aimait guère, se décourageait facilement. Une grande contrariété déclenchait chez lui un accès de jaunisse. Il était sujet même à la dépression, mot alors inconnu[27].

La vérité d'un homme réside dans son visage qui conserve dans ses linéaments, ses méplats, la forme de la bouche, l'empreinte des moments de faiblesse,

* Il signa un traité avec l'Angleterre et l'Autriche lui garantissant son royaume de Naples en échange d'une aide militaire contre Napoléon.

la marque de la détermination, de l'apathie ou de l'angoisse. Non dans une effigie qui efface tout sentiment.

Et la voix de Murat ? Personne aujourd'hui ne la connaît. Avait-elle gardé les intonations chantantes de son Quercy natal ? Lorsqu'il va charger le premier à Eylau, une simple cravache à la main, un témoin parle de sa « voix gasconne » criant dans le tumulte : « Chargez, chargez, tout cela est à moi. » Loin d'être inculte, Murat s'exprimait bien – il avait failli embrasser la carrière ecclésiastique avant la Révolution. Sans un visage animé, sans le timbre d'une voix, que sait-on d'un être humain ?

À Sainte-Hélène, le captif ne cessera de charger Murat. À Gourgaud, il confie : « Combien de fautes n'a-t-il pas faites pour avoir son quartier général dans un château où il y eut des femmes. Il lui en fallait tous les jours. » À Bertrand, il déclarera : « Il était très brave même très brillant un jour de bataille, mais il n'avait pas de tête. » Il ira même jusqu'à le qualifier de « lâche ». Pour Napoléon, il était l'exemple d'un rare courage physique joint à une grande couardise morale. Il ne lui pardonnera jamais sa défection, le rendant responsable de sa chute. À Longwood, il confiera à Gourgaud : « Je puis bien assurer que c'est lui qui est cause que nous sommes ici. »

Dans un coin du musée est présentée une maquette, *Le Soir d'Eylau*. Vision de dévastation. Neige et bourbier. « Il y a quatre éléments mais ces contrées m'en ont fait connaître une de plus, la boue », dira Napoléon sur la campagne de 1807. L'Empereur arbore une mine sinistre et regarde pensivement au loin. L'église, attribut de la bataille, figure en bonne place. Nous sommes bien à Eylau. Les grandes victoires de Napoléon, Austerlitz, Iéna, Friedland, Wagram n'ont pas produit de tels symboles permettant de les identifier aussitôt. Seules exceptions, les ponts de Lodi et d'Arcole. À Bouvines aussi, il y avait un pont, le point stratégique de la bataille.

Toujours la même image de mélancolie accompagnant la bataille d'Eylau. La maquette met en scène la neige grise labourée par les charges, les sillons de boue. Quelque chose va finir. À l'opposé de l'énergie, de l'alacrité, presque de l'enjouement de la campagne d'Italie. Eylau signifie pour toujours idées noires, inquiétude, déboires, déveine. Dans l'épopée napoléonienne, c'est l'ombre portée par l'enthousiasme des débuts.

La Licorne d'Eylau

Suis-je condamné à seulement le regarder, ce sanctuaire-usine ?

Nous ne sommes, Julia, mon fils aîné et moi, qu'à quelques mètres. Derrière la grille en forme de soleil – motif favori de la ferronnerie soviétique – j'aperçois très distinctement la tour carrée de l'église. L'enduit se détache, les écailles mettent à nu les briques qui composent des taches rouges. Le bâtiment est percé de fenêtres rectangulaires désajustées, un immeuble HLM à bout de souffle. Il est si lézardé, si crevassé qu'on dirait qu'il a été bombardé puis abandonné comme dans ces images de désolation pendant la guerre tchétchène à Grozny. Cette ruine industrielle révèle un trait résolument russe : une désagrégation parfaitement endossée. La débâcle, pas la mort. Un refus de baisser les bras. Le brio dans la dèche. Mieux encore, la certitude de se surpasser dans la gabegie, la pagaille, le désastre. Pour reprendre une formule de Deleuze : « Ça marche *en tant que* c'est déglingué. » Dostoïevski prétend que ce n'est ni l'hiver ni le patriotisme qui ont eu raison de la Grande

Armée en 1812, mais l'incohérence, la désorganisation de l'autre camp. Napoléon a fini par être englouti par le chaos russe.

Toutes les apparences d'une friche industrielle ! Les tuyaux de ventilation qui sortent du bâtiment sont revêtus d'une gaine calorifuge déchirée dont les lambeaux durcis par l'air glacé pendent pareils à des stalactites. Et le bruit grave et monotone qui émane du mausolée ! On a l'impression qu'il ne s'éteindra jamais. Un air souffrant. La centrale semble fonctionner à vide, malgré ce courant continu qui lui donne un aspect infernal comme s'il était impossible de tempérer la rigueur de la voix inflexible.

Le clocher, lui, est bien vivant, hérissé des attributs de la modernité tardive : un pylône effilé encore plus élevé que la tour, surmonté d'une antenne-relais de téléphonie mobile et d'un mât télescopique. C'est évident, le combinat fonctionne. Une vapeur aussitôt avalée par le froid s'échappe d'une fenêtre. Des chuintements suivis de pétarades semblent indiquer la présence de chaudières ou de compresseurs. Ou d'alambics. Que peut produire une pareille distillerie ? Les élixirs du diable ? Julia pose la question au gardien. Avec son air gauche et buté, il refuse de répondre.

— Je pense qu'il ne le sait pas lui-même.

Là, je crois que Julia exagère. Pour excuser ses compatriotes qu'elle prend souvent d'ailleurs de haut, elle est prête à tout, y compris à les faire passer pour des noix. À cet instant, la vision de l'église est effrayante. Dans sa désolation, elle ressemble à un bunker à l'agonie, éclaboussé de projections, démoniaque. Épuisé, rugissant encore. Je comprends alors pourquoi elle est si inquiétante : elle *simule*. Son aspect menaçant vient de ce faux-semblant – ce bourdonnement infini. Elle se donne les apparences d'une usine. En fait, elle ne produit rien. Elle est là comme un malaise, un doute, une attente mortelle.

Autour de l'église-usine, à moitié enfouis dans la neige, citernes, bacs, pompes font penser à un désordre caractéristique de la zone. Je l'ai constaté lorsque j'étais reporter, dans des lieux dévastés par les combats, Luanda, Beyrouth ou Tripoli. Non l'écrasement ou la destruction mais le côté terrain vague, épaves, un étalage où tout est *de travers*, désaxé. Désuni et égaré comme dans une décharge non autorisée ou un chantier de construction abandonné qu'un pillage a frappé d'anomalie. L'anéantissement est le signe le plus visible des désastres de la guerre. Il existe aussi un entre-deux plus pervers : l'exposition violente qui désordonne et disloque le moindre objet, un aspect gauchi, bancal, irrémédiablement faussé qui rend tout inutilisable.

À certains endroits la neige n'a pas réussi à adhérer, elle fait ressortir la corrosion rouge orange du pandémonium. Chaudrons, ferrailles, passerelles. Et surtout échelles, toutes tordues. Ça doit être un tableau bizarre pendant la brève saison d'été : la végétation qui envahit tout, les plantes rudérales difformes, les grosses fleurs vénéneuses, les arbustes agrippés dans les crevasses de la brique, les racines traçantes agrandissant les brèches de la tour…

Le plus stupéfiant est le contrefort et la porte murée de style ogival. Ils trahissent l'origine de l'édifice. Une usine, c'est entendu. Mais elle n'est pas tout à fait parvenue à extirper son passé d'église réformée. L'obélisque-antenne dressé sur la tour, joint à la nature hybride du bâtiment, me fait penser à une licorne, animal fabuleux et inaccessible, cabré sur son rocher, prêt à sauter ou à foncer dans le tas. Qui pourra l'amadouer et surtout la capturer ? Son piètre état n'est pas un handicap. À la fois mâle et femelle, l'étrange construction à la corne torsadée peut connaître d'autres métamorphoses. Le clocher de *Vertigo* se superpose à cette vision : l'abîme, le jeu des apparences, l'étourdissement éprouvé lors de mon premier voyage, l'image de la chute. Je ne cesse de penser au film d'Hitchcock : la vérité s'enroule autour du clocher. Qu'y a-t-il au bout de l'escalier en spirale ?

Nous sommes sur le point de quitter les lieux quand le gardien s'adresse à Julia.

— *Istochnik*. Il a dit *Istochnik* ! affirme-t-elle.

— Tiens, il se remet à parler !

— Il doit s'ennuyer. Il affirme ne pas savoir ce que produit l'usine mais il connaît son nom. *Istochnik* signifie La Source.

C'est une tradition communiste de baptiser ainsi aciéries, arsenaux ou centrales thermiques. Une façon poétique sans doute de les dédommager de leur trivialité et de leur laideur. La Source, on ne peut pas trouver meilleure antiphrase pour qualifier ce paysage d'après la catastrophe, apparemment peu fréquenté par les nymphes et les fées.

Julia approuve :

— Une source d'ennuis ! On emploie bien cette expression en français ?

— Les ennuis, selon vous, viennent donc de commencer ? La Source… Depuis le début, je pense que tout part de cet endroit. Julia, il faut absolument aller à la source.

— Je ne vois pas pourquoi tu t'excites sur ce nom, intervient mon fils. C'est comme cette église complètement pourrie, tu n'en tireras rien. D'ailleurs ici, tout est pourri. Regarde, un vrai dépotoir ! Heureusement il y a la neige pour cacher tout cela.

Nous revenons tous les trois vers le minibus tandis que la nuit s'abat d'un seul coup sur la petite ville. De pâles lumières jaunes s'allument qui font scintiller les fines gouttelettes d'eau glacée en suspension dans l'atmosphère. Mes chaussures très rigides pèsent une tonne. L'air sent la fumée de bois et cette odeur caractéristique de neige fondue, une émanation acide et un peu métallique qui se mêle à un fond de gaz d'échappement, à des relents terreux provenant de la boue.

Il paraît que le sang exhale une odeur de fer. Que respirait-on à Eylau le 9 février au lendemain du choc ? Seul le chirurgien Percy[28] fait allusion à la fumée. On la voit sur le tableau de Gros. Malgré la température glaciale, on peut néanmoins imaginer que le champ de bataille répandait nombre d'effluves : outre les exhalaisons croupies de la neige fondue, mêlée à la boue, cela devait sentir l'acier refroidi, la paille brûlée, le cuir roussi, le soufre et la suie de la poudre à canon. « Partout des excréments, du fumier, des ventres de bestiaux, des chevaux écrasés, des débris pourris et infects », constate encore Percy. Il est le seul à parler de la merde. Aristophane appelait la guerre « celle qui glisse le long des jambes », allusion à la perte de contrôle des intestins avant la bataille[29].

L'effet analgésique du froid va sauver nombre de blessés jusqu'à la nuit du 9 février où l'air devient moins sec et piquant. Alors vont se déclarer les gangrènes.

L'homme à la chapka

Près de la place, nous tombons nez à nez avec le Français à la chapka. Il a l'air perdu et ressemble plus que jamais à un cormoran mélancolique. Il a laissé son véhicule à Kaliningrad et préféré venir aujourd'hui en taxi à Eylau. Il attend son chauffeur depuis plus d'une heure. Je comprends son désarroi à se morfondre dans le froid sans pouvoir communiquer avec quiconque. Je lui propose de profiter de notre minibus pour le ramener à son hôtel. Il se confond en remerciements. Tandis que nous roulons dans la campagne, son inquiétude resurgit. Il s'effraie d'être parvenu jusqu'ici et trouve ce pays d'Outre-Terre « démoralisant ».

— C'est parfait, lui dis-je pour le dérider. Au moins, vous êtes en phase avec les Français de la Grande Armée lorsqu'ils ont découvert la plaine d'Eylau.

— Oui, en effet, c'est déprimant. J'imagine leur état d'esprit… Pensez aux mamelouks dans cette neige. Eux aussi étaient là. Ils ont chargé en tout dernier avec la Garde. Il y a eu beaucoup de dégâts dans leurs rangs. Et pour vous, que donnent vos recherches ?

Je lui raconte notre journée et comment nous nous sommes cassé le nez à l'entrée de La Source.

— Vous ne me croirez pas ! J'ai trouvé un moyen de pénétrer dans l'enceinte. L'accès par-derrière n'est pas surveillé. Je suis entré tranquillement mais j'ai fini par être rattrapé par une gardienne. Elle m'a obligé à rebrousser chemin. J'ai rarement vu un endroit aussi déglingué. Une usine… Le plus étonnant, c'est qu'elle marche. Dans cette partie-là, on voit nettement les traces de l'ancienne église avec les contreforts. Hallucinant ! En revanche, j'ai l'impression qu'il ne reste plus rien du cimetière. Au fait, avez-vous vu Sokolov ?

— Qui est-ce ?

— Ne me dites pas que vous ignorez qui est Sokolov. Oleg Sokolov. C'est lui qui organise la reconstitution après-demain. En Russie, tout le monde le connaît. J'ai fait ce voyage pour voir cela. On attend demain l'arrivée des Français avec le 10e escadron des chasseurs à cheval.

— Les chasseurs à cheval ! Je croyais que ça n'existait plus.

— C'est une association. Un groupe de passionnés. Ils étaient à Iéna en octobre dernier. Il y avait plus de trente mille personnes. Ils réalisent eux-mêmes les uniformes de l'époque avec un grand souci d'exactitude. Attention, ce ne sont pas des déguisements. Les armes, les équipements, les étriers, ils reconstituent tout à l'identique. Les exercices vont commencer demain et il y aura le soir un bivouac au château.

À chaque fois que je tente de savoir d'où il vient, de déterminer sa profession, il coupe court. Sur Napoléon et la commémoration, pas de problème, il est très disert. Je suis impressionné par nombre de détails pratiques qu'il connaît, principalement la vie quotidienne du soldat. Sur les cuirassiers, sujet qui me fascine, il est inépuisable. « Brave comme un cuirassier », disait-on à l'époque. « Les gros talons » ou « les gros frères », tel était leur surnom. À Eylau, la 2e division de cuirassiers commandée par d'Hautpoul va se surpasser. Au détour d'une phrase, l'homme à la chapka raconte qu'il possède chez lui un uniforme complet de cuirassier. Il doit flotter dans une telle tenue. Cependant, sans être athlétique, il est très grand et semble soucieux d'entretenir sa condition physique. Mais il a le sentiment d'en avoir trop dit et se mure dans le silence.

Julia n'a pas pris part à la conversation. Elle doit faire la tête à cause des réflexions sur le côté déprimant de l'enclave. Elle chérit ce pays qui peut paraître morne. C'est le sien. D'ailleurs, cette terre n'est pas vraiment morne. Plate, monotone, c'est vrai, engourdie même. Ernst Jünger parle dans son journal de « la somnolence de la Prusse-Orientale ». Mais, par instants, curieusement, la présence russe la ranime par une sorte de rupture, d'incongruité.

Une population venue d'ailleurs, il y a soixante-dix ans, a recueilli ces maisons et ces villages entretenus peu ou prou comme si les nouveaux occupants et leurs descendants se moquaient des apparences. Ce peu de goût pour l'enduit et l'entretien est corrigé par un composé de robustesse et d'endurance qui a réactivé un monde sévère et sans couleurs. L'élément russe s'appuie avec force et sans inhibition sur l'héritage prussien. C'est un plaquage, non une greffe. Voilà pourquoi ce pays n'est pas morne.

Au fond du minibus où flottent l'odeur poussiéreuse de tissu surchauffé et le parfum français de Julia, mon fils est plongé dans la relecture du *Colonel Chabert*, éclairé par une liseuse. Il pense que j'ai fait ce voyage uniquement pour le héros de Balzac, pour cette histoire de revenant. C'est peut-être excessif. Il est étendu confortablement sur la banquette arrière et a déployé sur les vitres les lourds rideaux caca d'oie.

Il y a un style soviétique difficile à définir. Ni contrefaçon ni caricature. Cette esthétique des objets industriels est déterminée presque toujours par une ressemblance avec les modèles occidentaux. Ainsi, notre minibus Gazelle rappelle la Ford Transit mais en diffère par le monolithisme baroque et rétro de la carrosserie, un aspect paradoxalement carré alors qu'il est tout en rotondité, un fuselage en forme de cigare, un air familier inquiétant, *le même sans le même*, les ajouts – ou les manques – contribuant à lui donner une allure légèrement braque et rudimentaire en même temps qu'invincible.

À cette heure, si l'on en croit Balzac, Chabert, qui avait perdu connaissance, venait de revenir à lui. Pendant la bataille, les cadavres l'avaient protégé mais, à présent, ils l'immobilisaient et menaçaient de l'étouffer. « Je compris que là où j'étais, l'air ne se renouvelait point, et que j'allais mourir. »

Balzac ne nous fait grâce d'aucun détail. Il décrit le colonel de cuirassiers essayant par tous les moyens de s'extraire, « tâtant les corps » au milieu d'« un fumier humain ». Il écrit bien « fumier », c'est-à-dire une décomposition de cadavres mêlée à la merde et à l'urine, comme ne craint pas de le consigner le chirurgien Percy. On l'imagine en train de ramper lentement sous cette fermentation de corps mutilés, finissant par découvrir un espace vide occasionné par deux macchabées croisés comme l'angle « de deux cartes mises l'une contre l'autre ». Comment s'extirper ?

Une fois de plus, Balzac n'y va pas de main morte, si l'on ose dire : Chabert tire sur le bras d'un cadavre qui se détache facilement. « Le bras d'un Hercule ! Un bon os auquel je dus mon salut. » Admirons ce « bon os », on dirait un chien auquel on vient de donner quelque chose à ronger. C'est bien de cela qu'il s'agit. Chabert est devenu un animal qui se bat pour sa survie. Cet os qu'il a trouvé va le sauver. Exactement l'opposé de l'expression « tomber sur un os ». Ce n'est pas un obstacle qu'il rencontre mais la grâce, le secours qui va l'empêcher de mourir. Scène extraordinaire que cette page où le rescapé travaille sous le compost humain à l'aide de son os ! Lentement, il parvient à percer la couverture de chair pour réapparaître à l'aube. Apparemment, il a œuvré toute la nuit.

De tous les personnages de Balzac, Chabert

n'est sans doute pas le plus complexe ni le plus inattendu. Pourtant, il est *inépuisable*. En fait, il est plus facile de s'identifier à lui qu'au Père Goriot ou à Eugénie Grandet. Chacun peut y chercher, à travers son histoire personnelle, des traces de ses propres heurts, de ses arrachements, de ses phobies. Chabert est la figure de l'absent, du disparu, du gêneur. Il représente l'individu dont on ne veut plus entendre parler. Il est pardessus tout la chose enfouie qui revient violemment à la surface.

Il ne neige plus. Dans la nuit nous fixons le pinceau des phares éclairant des maisons allemandes à auvent. J'ai l'impression de me trouver en Prusse-Orientale, au cœur du monde ancien décrit par mon guide Baedeker. Au loin, d'immenses granges aux portes cintrées et aux toits pointus paraissent des forteresses teutoniques mais, lorsque nous approchons, le mirage s'estompe : ce ne sont plus que des pavillons de briques rouges entourés d'arbres décharnés dont la base est badigeonnée à la chaux. Aucune lumière. Tout a l'air dépeuplé, hostile comme une chose qui fait défaut : un chaînon manquant entre le passé et le présent. Une humanité engloutie. Je me demande si cette vision n'est pas celle que nous réserve le monde à venir, à nous Occidentaux : une vie ancienne qui nous était propre, devenue déserte, rendue à la vie des choses. Cette Outre-Terre, si mal conformée pour avoir connu à peu près toutes les vicissitudes de l'histoire, a peut-être pris de l'avance sur nous.

— Le général de Gaulle ne parlait jamais des Soviétiques mais des Russes…

Mon voisin se remet à parler. Parler lui fait du bien. Je crois que ce paysage l'angoisse. Je ne distingue dans l'obscurité que sa silhouette de grand échalas.

— Pour lui l'âme slave était éternelle, le communisme une péripétie. Je me dis : Et si c'était l'inverse ? Le fond soviétique est très profond, c'est cela la vérité de ce peuple. Ce n'est pas un accident. Regardez Poutine : il refuse tout examen critique de cette période. Le soviétisme est un nouvel échelon, il a contribué à faire des Russes une nation différente des autres peuples. Qu'en pensez-vous ?

— Je ne connais pas assez ce pays pour pouvoir en juger. Vous avez l'air d'être bien informé dans ce domaine. Vous venez souvent en Russie ?

Il me regarde douloureusement, hésite et finit par lâcher :

— Ne le prenez pas mal, mais je n'ai pas envie d'apparaître dans votre livre.

— Qui vous dit que je vais parler de vous ?

— Oui, je sais, c'est outrecuidant de ma part. Vous avez raison, je ne suis pas intéressant mais je ne veux pas qu'on m'identifie. C'est comme cela…

Il ajoute d'un air las :

— C'est trop compliqué à expliquer. Bon, je me suis absenté quelques jours de France. Ne me demandez pas pourquoi, je ne veux pas que cela se sache.

— Admettons. Pourtant ce Sokolov et ces chasseurs à cheval vous connaissent !

— Mon visage ne leur est pas inconnu mais ils ne savent pas qui je suis. En tout cas, je ne leur ai jamais dit et ils ne me l'ont jamais demandé.

Au restaurant

— Mais c'est l'Orient !

Nous dînons en famille dans un restaurant du centre de Kaliningrad que l'hôtel nous a recommandé. La salle est sombre, tables basses et banquettes profondes. Cela sent un mélange de vieux tapis, d'odeur vanillée de poudre de riz et de cornichons aigres-doux. Une senteur en effet orientale, légèrement renfermée, nullement rebutante comme si tous ces effluves de confinement nous protégeaient du monde extérieur où le froid violace le visage des passants.

Je ne puis résister au potage Bagration inscrit sur la carte. Cette préparation porte le nom du général géorgien qui a combattu à Eylau mais elle est l'invention d'un Français, Carême, surnommé au XIXe siècle « le Napoléon des casseroles ». Normalement, c'est un consommé à base de poissons. Celui qu'on me présente est composé de choux et de crème aigre avec quelques morceaux de saucisse, cela ressemble à une garbure.

Ma femme et mon fils cadet racontent leur journée. Ils sont allés visiter le tombeau de Kant et la maison des soviets. Édifié au chevet de la cathédrale, le monument dédié au philosophe de « l'impératif catégorique » date de 1924, deux centième anniversaire de sa naissance. C'est une surprise de découvrir dans cette ville un tel mausolée épargné par les bombardements de 1945. L'architecte allemand s'est probablement inspiré du pavillon d'Ermenonville élevé en l'honneur de Jean-Jacques Rousseau dans l'île des Peupliers. Fermée par des grilles, la chapelle funéraire abrite un sarcophage de pierre de forme triangulaire qui ressemble à un tombeau assyrien. Sur le mur un cartouche entouré de noir indique « *Immanuel Kant* 1724-1804 ».

— Nous avons vu de jeunes mariés se faire photographier devant le mausolée. C'est la coutume ici, paraît-il, dit ma femme Joëlle.

— C'est étrange, cette histoire ! enchaîne le puîné. Comment ce sarcophage et cette chapelle funéraire placés contre l'église ont-ils pu rester intacts après ces bombardements alors que tout a été vitrifié autour ?

— Lors de mon premier voyage, j'ai appris qu'autrefois était gravée sur un des murs la fameuse phrase résumant l'idéal de Kant : « Le ciel étoilé au-dessus de moi, la loi morale en moi. » À l'évidence une bonne étoile a protégé le mausolée du philosophe.

Je leur raconte que cette histoire de tombeau m'avait, moi aussi, intrigué à l'époque. À mon retour à Paris, désirant approfondir des points sur la vie de Kant à Königsberg, j'avais pris contact avec un spécialiste, Alain Ruiz. Quelle ne fut pas ma surprise d'apprendre que le sarcophage ne contenait rien. L'expert de Kant me raconta qu'à sa mort le philosophe fut d'abord enterré dans une crypte de la cathédrale réservée aux membres de l'université. En 1881, son tombeau fut ouvert et l'on y trouva deux squelettes. L'un fut identifié formellement comme celui de Kant. On profita de l'occasion pour examiner sa boîte crânienne : elle mesurait 1 700 cm^3, un volume énorme par rapport au corps. Et l'intrus ? C'est lui qui m'intéressait. Un admirateur ? Comment diable avait-il pu s'introduire dans le tombeau du philosophe ? C'est à cette époque que fut élevée la chapelle funéraire totalement restaurée en 1924. Le mausolée fut en effet endommagé lors des combats de 1945 mais pas le tombeau.

Après la guerre survint un fait étrange. En 1950, des inconnus profanèrent les lieux, ouvrirent le sarcophage et emportèrent les restes de Kant. On ne les a jamais retrouvés. Qui les avait volés ? Des dévots de Kant ? Les autorités soviétiques sur l'ordre de Staline ? Le dictateur se serait-il intéressé à celui qui a accompli dans le domaine de la pensée ce que Napoléon a réalisé sur le plan de l'action ? « Peu importe qu'il ne soit plus là, m'a dit Julia, c'est son esprit qui souffle. Kant, c'est notre produit touristique. Nous n'en avons pas d'autre. C'est une curiosité comme le Colisée à Rome. Il faut le rendre accessible au grand public car il est difficile à lire. »

— La question est de savoir pourquoi les Russes entretiennent toujours l'illusion, déclare l'aîné.

— Parce que, sans doute, il fait partie du patrimoine, il était allemand mais sa pensée reste soluble dans le marxisme. Il y a un courant très fort ici pour débaptiser Kaliningrad et lui donner le nom de Kantograd.

Comme l'a écrit Henri Heine : « Il est difficile d'écrire l'histoire de la vie d'Emmanuel Kant, car il n'a ni vie ni histoire. Il a vécu une vie de vieux célibataire mécaniquement réglée. » Le philosophe ne sortira jamais de Königsberg. La seule modification à ses habitudes est d'être allé sur la route de Berlin au-devant du courrier pour avoir plus tôt des nouvelles de la Révolution française. Il a applaudi aux débuts de Bonaparte. Celui-ci s'était renseigné d'ailleurs sur le philosophe lorsqu'il était Premier consul. Il avait demandé qu'on lui résume sa pensée dans un mémoire de quatre pages. Il trouvait Kant « obscur » et ne l'aimait pas[30]. D'une façon générale, Napoléon détestait les idéologues qu'il qualifiait de « coupeurs de cheveux en quatre ».

Du restaurant, nous apercevons l'extraordinaire maison des soviets bâtie à l'emplacement du vieux château de Königsberg qu'ils sont allés explorer. À l'époque de mon Baedeker, les appartements royaux et la chapelle, où furent couronnés les rois de Prusse, pouvaient se visiter. La forteresse prussienne n'a pas été détruite pendant la Seconde Guerre mondiale comme je le croyais.

Elle fut dynamitée en 1967 par l'Armée rouge afin d'édifier le centre du pouvoir soviétique, sorte de Léviathan architectural en forme de H dont la masse écrasante se voit de partout. Ce qui devait être pour l'oblast le siège de l'autorité où seraient rassemblées toutes les administrations n'a jamais été terminé. Les travaux, qui ont duré plus de vingt ans, ont été abandonnés dans les années 90.

C'est à présent un lieu désert battu par le vent dont l'accès est interdit. Les gens de la ville l'ont surnommé « le robot ». C'est bien vu. L'édifice ressemble en effet à un automate de béton, conditionné pour le pouvoir, très Big Brother. Faiblement éclairé, il paraît au loin un pantin désarticulé. La nuit, l'ancienne Königsberg baigne dans un climat fantastique très Docteur Mabuse avec son architecture contrastée, ce mélange de prussien massif et de grands ensembles soviétiques presque abstraits. Une lumière crue et cette pesée nocturne sur les objets et les êtres. Une énergie menaçante remonte des profondeurs de l'Histoire. Une présence indestructible. À l'exemple du diabolique Docteur Mabuse, Königsberg disparaît – ou échappe à la vue – mais ne meurt jamais.

L'illumination et les ténèbres, les « sombres temps » et l'espoir de la lumière que font briller certains êtres, « chandelle vacillante ou soleil ardent », cette opposition ne cesse de traverser l'œuvre d'Hannah Arendt, très marquée par sa jeunesse à Königsberg.

L'édifice monstrueux, qui devait être omniprésent, n'est plus qu'un cénotaphe, le tombeau vide d'une puissance depuis longtemps moribonde. Néanmoins, il hypnotise par sa masse inerte et stérile. On voit bien qu'on ne pourra jamais s'en débarrasser.

Tombeau vide, administration vide, pays vide. Vide, pour avoir été rempli à ras bord par l'histoire.

— Tu penses, dis-je à Cadet, qu'on peut visiter l'intérieur du robot ?

Mes enfants éclatent de rire.

— Tu ne veux voir que les lieux interdits.

Ce n'est pas faux. Le clocher d'Eylau est devenu entre eux un sujet de plaisanterie et mon échec cet après-midi devant la porte de l'usine excite leurs railleries.

— Figure-toi qu'on a pu entrer avec maman dans l'immeuble abandonné. Ça ressemble à une immense chambre froide vide. Ou, si l'on veut, à un hôpital déserté. Un bon bakchich et les gardes nous ont laissés aller au sommet. La vue est magnifique. C'est très étrange, ce mélange russo-allemand. Bien sûr, c'est une ville reconstruite très « rideau de fer », mais le site avec la rivière et ses bras, les fortifications, les parcs donne l'impression que Königsberg se superpose presque naturellement à l'urbanisme soviétique.

— C'est ce que je cherche à retrouver à Eylau.

— Et nous là-dedans, que vient-on faire ? demande l'aîné. On en a discuté avec frérot. J'ai entendu tout à l'heure dans le minibus le type à la chapka qu'on a ramené. On est comme lui, on ne veut pas apparaître dans ton bouquin.

J'en avale de travers mes *pelmenis* qui sont des boulettes de viande hachée.

Ma parole, cela m'a tout l'air d'une mutinerie : « Ton bouquin », en plus, légèrement dépréciatif !

— Oui, tu vas encore nous faire passer pour des bouffons.

— Comment cela « encore » ?

— Parfaitement. Tu ne te rappelles pas ? Dans ton livre sur les Landes, on avait l'air de vrais blaireaux.

— Mais vous étiez jeunes, en pleine crise d'adolescence. Aujourd'hui, c'est différent, vous êtes des adultes.

C'est la première fois que je suis confronté à une telle situation. Mes personnages, ma famille en plus – on n'est jamais trahi que par les siens –, se rebellent et refusent de se montrer. Heureusement, pas tous. Au moins, les morts comme Napoléon ou Murat ne donnent pas leur avis. Mes deux fils ne m'ont jamais ménagé et je trouve très saine cette contestation permanente. Comme moi, ils cachent leurs sentiments derrière la dérision, la raillerie ou une franchise proche de la brutalité qui passe pour de l'humour.

— Qu'en penses-tu ? dis-je à ma femme.

— Je les comprends. Tes enfants ne sont pas des personnages de fiction. Tu ne peux les définir comme cela, par deux ou trois traits. Moi, ça m'est égal, j'ai l'habitude.

— Mais toi, tu es ma muse. Tu apparais dans presque tous mes livres.

— Ta muse ! Arrête ! Je ne suis pas dupe. C'est toujours toi le maître du jeu.

— Bon, j'ai compris. Je vous promets qu'aucun

d'entre vous ne sera instrumentalisé, comme on dit aujourd'hui.

— On en parlait avec frérot. C'est cool, ce voyage, mais on ne voit pas bien ce que tu cherches. Ce n'est pas clair.

— Je ne le sais pas moi-même ! J'attends d'être revenu en France pour le savoir.

Comment leur expliquer que, dès mon premier voyage en 1991, il s'est passé quelque chose d'étrange entre ce lieu et moi, un genre de collusion, une illumination pareille à une évidence. Pourquoi Eylau et pas Waterloo, exemple autrement plus éloquent et emblématique ? Waterloo saute aux yeux, peut-être est-ce une vérité trop flagrante. Eylau, bataille incertaine. C'est peut-être cet entre-deux, cette réalité indécise qui m'a attiré. Aussi bien faut-il aller chercher bien au-delà de l'événement pour comprendre ce qui s'y cache – ou ce que j'ai voulu cacher. *Au-delà* d'Eylau, mais toujours à partir d'Eylau.

Pour quelles raisons un combat livré il y a deux cents ans, primitif par son choc, frontal, archaïque même, a-t-il retenti chez moi aussi profondément ? Une bataille en plus, genre stigmatisé entre tous ! La communauté nationale a cessé de vibrer à de tels souvenirs. L'événement n'a pas besoin d'être revisité ou réactualisé par l'historiographie. Pour une bonne raison : il est devenu insignifiant. N'y a-t-il pas des faits contemporains autrement plus tragiques et parlants qui mériteraient de résonner davantage chez un homme comme moi né au mitan du XXe siècle ?

Ce voyage est un acte de fidélité à l'enfance. Une manifestation de loyauté envers la vignette de Gros présente dans mon *Larousse*. Envers *La Légende des siècles* que je n'ai pas choisie mais qui m'a constitué. Envers Chabert. Envers les personnages de mon manuel d'histoire peuplé de héros, de saints et de rois.

L'environnement hostile a retenti étrangement en moi. Le chaos d'une terre en colère. La part sauvage, régressive de l'affrontement et en même temps la jubilation d'en découdre, le mépris de la mort. Des belligérants si éloignés de nous dans leurs mobiles, si familiers aussi. Ces indications sont loin d'être suffisantes.

Eylau me donne la chair de poule. Quelque chose va finir. Un autre âge commence. C'est le vrai sujet du tableau de Gros. Quelque chose manque. Tous ces morts hissés sur les chariots, cachés par Napoléon et sa suite qui prennent toute la place, racontent le deuil, les guerriers sans funérailles, les anonymes condamnés à une errance éternelle. Cependant nous ne sommes pas encore dans le domaine du monstrueux. Certes, l'événement préfigure les massacres de masse mais Eylau est un combat d'*avant*. D'avant la rupture de 1914, au cours de laquelle vont se vérifier la guerre totale, l'industrialisation de la violence, la « brutalisation de l'individu » décrite par George L. Mosse, l'un des auteurs fétiches de mon aîné. La « boucherie d'Eylau » appartient à un autre temps. La dénonciation de la guerre, le pacifisme n'ont encore aucun écho. Ce n'est pas plus rassurant car un tel choc renferme déjà tous les principes de la sauvagerie universelle, étant entendu que la barbarie est souvent proportionnelle au niveau de civilisation atteint par les sociétés humaines.

S'il faut considérer une vie comme un itinéraire, Eylau représente une étape, un relais au sens que l'on donne à ce mot dans la vénerie : une manière de poster des chiens sur le parcours d'une chasse pour remplacer les chiens fatigués. Dans les multiples repères que constitue une existence, certains finissent par s'effacer ou disparaître qu'il faut renouveler. Pourquoi ai-je eu besoin de faire halte ici, dans l'Outre-Terre ?

Notre soirée est à l'image des dîners du dimanche soir à Paris. On ne se surveille plus. Aucun temps mort. Conquérir la parole et la garder, mais c'est impossible. Le niveau sonore est à son comble. Parler vite et bien, autant que possible si l'on ne veut pas être interrompu. Irréalisable, aucun d'entre nous n'a pu se vanter jusqu'à présent de terminer une phrase. Chambrer et accepter de se faire chambrer sans se vexer sinon on est hors jeu. Un jeu, oui, mais pratiqué à trois. Joëlle, la Mama, ne se fait jamais mettre en boîte. Trois mâles déchaînés qui se querellent, s'esclaffent, galèjent. Se vénèrent. Le vivre-ensemble familial est un débordement où les mauvaises manières dissimulent une dépendance affective à toute épreuve.

Je rêve parfois d'anges qui passent, ces silences dans la conversation qui créent un malaise. Nous en sommes encore loin. Qui sait si cette alacrité n'est peut-être pas destinée aussi à conjurer ce sentiment compliqué et encombrant d'appartenance dont sont la proie toutes les familles. Parler, parler à tout prix, combler pour éviter les blancs. Je sors de ces dîners absolument rompu. Rompu et hilare. Au prochain match ! Une semaine n'est pas de trop pour recharger les batteries.

— En fait on est venus ici pour Chabert. Ton histoire… C'est cela que tu cherches. Chabert, c'est pratique, tu sais que tu ne le retrouveras pas, enchaîne mon fils aîné.

L'affirmation légèrement provocante est propre à notre famille : elle peut être envisagée comme une plaisanterie ou un propos inattendu, paradoxal même, contenant une vérité ou une moitié de vérité. L'assertion doit être formulée de manière très directe afin de déstabiliser le *pater* – depuis des années, ils ne m'appellent plus papa mais JP, j'ai dû m'y faire.

Cette période de trois années où j'ai été séparé des miens n'est pas taboue. Je suis au cœur d'une contradiction dans laquelle se meut ma vie depuis près de trente ans. Je fais grief aux gens de me voir comme l'ex-otage alors que cette épreuve a transformé mon être profond. Je ne suis pas devenu meilleur, simplement plus vivant. Comment reprocher ce regard des autres qui à la fois m'enferme et me constitue ? Ils ont raison de me considérer ainsi. Car je ne me suis pas reconstruit à l'identique. La reconstruction, quelle horreur ! Les villes reconstruites sont rarement des réussites. Je suis un être humain, pas un bâtiment qu'on relève, rebouche et ravale. Ma conviction est qu'on ne peut ni réparer ni remettre à neuf une existence endommagée. On ne remet pas d'aplomb ce qui est tombé, voilà tout. Pas de quoi en faire un drame. Il faut être humble : on ne triomphe jamais de ces forces-là. Esquiver plus ou moins adroitement. Et encore ! Retourner la situation, mais c'est très présomptueux. Apprivoiser ? On peut essayer. Dompter ? Les soubresauts et les revirements de ce qui ressemble à un animal dangereux ne sauraient être matés. Alors mieux vaut transiger. Avec le post-traumatisme, il faut accepter une forme de vivre-ensemble. Le vivre-ensemble, formule rebattue… Un slogan devenu creux – quoi de plus normal pourtant que vouloir cohabiter avec les gens qu'on n'a pas choisis, l'essence même de la sociabilité.

Ni exclusion ni ségrégation avec ce qui vous a fait mal. « Le malheur est venu, ne lui fais pas grise mine non plus », affirme un proverbe russe. Je suis convaincu que ce *modus vivendi*, ce consentement à une forme de cohabitation m'ont ouvert à une autre façon de voir la vie et de la savourer.

Il y a la littérature. Certes. Est-elle suffisante pour surmonter les catastrophes ? Est-elle apte à rendre plus supportables les misères d'une existence ? Parfois elle le peut, mais je crois que soulager n'est pas son rôle. Ce n'est pas un traitement curatif. Par essence, elle est inconfortable. Elle agit *ailleurs*.

Pour mes enfants alors très jeunes, ma disparition fut un long cauchemar. Être totalement invisible, être disparu (avoir disparu, c'est autre chose car il existe la possibilité d'un retour), une telle situation s'apparente à la mort, l'incertitude lui donne un caractère définitif. L'absence, intermédiaire entre la perte et la mort, les a mis face à l'incompréhensible, au vide, à ce qui n'existe plus. Au néant. Cet effroi, il importe de l'exorciser à l'aide de blagues et de traits ironiques. Nous savons bien que ces subterfuges sont loin d'être efficaces mais pour l'instant nous n'en avons pas trouvé d'autres.

— Je n'étais pas donné pour mort, que je sache.

— C'est toi qui le dis, intervient Joëlle qui n'aime pas trop plaisanter sur le sujet. Pendant des mois, on n'avait aucune nouvelle.

— Chabert, c'est aussi l'homme qui revient et qu'on n'attend plus.

— Mais, encore une fois, tu n'as rien à voir avec Chabert ! Je te signale que sa femme a fait une croix dessus et qu'elle s'est remariée.

— Lorsqu'il revient, il n'arrive pas à reprendre sa place. C'est ce que j'ai ressenti à mon retour. Rappelle-toi, au début Chabert ne veut pas transiger. Il est persuadé que la vie va reprendre son cours d'avant, mais c'est impossible.

— Pour survivre, nous devions tous les trois être absolument soudés. C'était difficile, je le sais, de reprendre ta place, mais les premiers mois tu étais ailleurs. Depuis, tu as parfaitement réintégré le pack familial.

Je ne sais comment il faut interpréter ce « parfaitement ». Constatation que le revenant est bien rentré de l'autre monde, qu'il a réintégré la société des vivants, plein d'allant et ressuscité au point d'en être envahissant. Mais en réchapper, pour un rescapé, ne signifie pas être indemne.

Bien avant Eylau, cette histoire de revenant m'avait bouleversé. C'est un des premiers romans de Balzac que j'ai lus dans mon collège religieux. Évidemment une édition expurgée des « Classiques Larousse », présentée sous l'étiquette de « morceaux choisis ». Cette histoire de militaire qui, à son retour, exigeait de jouir deux fois par mois de ses droits d'époux était bien trop scabreuse pour de jeunes âmes comme les nôtres. En plus, l'épouse du soldat était une ancienne prostituée.

De tous les personnages de *La Comédie humaine*, Chabert est de ceux qui attirent naturellement la sympathie du lecteur. Sympathie, mot aujourd'hui galvaudé, mais qui s'applique bien à la bienveillance instinctive qu'on ressent à son égard. Non parce qu'il est une victime mais parce que, dans l'adversité, il fait preuve d'un stoïcisme sans artifices, d'une lucidité malicieuse. C'est un soldat qui en a vu de toutes les couleurs. En voilà un qui sait à quoi s'en tenir sur la nature humaine. Et pourtant, il aime encore cette épouse qui le renie et a refait sa vie.

Je me suis souvent demandé pourquoi l'avoué Derville, personnage cynique qui a réussi dans le monde et n'a rien à gagner à défendre une telle cause, avait sympathisé d'emblée avec ce personnage déchu. La vérité est qu'ils partagent les mêmes opinions sur l'homme et la société. « Nos études sont des égouts qu'on ne peut pas curer », constate l'homme de loi à la fin du livre. Plus radical, l'ancien colonel renonce à fréquenter l'humanité, il retourne à l'hospice, là où il est né et, choix gravissime de sa part, se dessaisit de son nom. Il a laissé tomber Chabert. Il n'est plus qu'un prénom, Hyacinthe. Il n'est plus rien, il s'est dépouillé. Mais une petite note enjouée subsiste chez l'ex-comte de l'Empire, grand officier de la Légion d'honneur. Pour remercier d'une pièce qu'on lui a donnée, le vieux combattant s'écrie : « Feu des deux pièces ! Vive Napoléon. » N'est-il pas curieux que la dernière phrase prononcée par Chabert a trait à l'artillerie ? Il a réchappé du piétinement des chevaux mais plus encore des boulets. À Eylau, ce sont les canons qui ont causé le plus de victimes. « Trois cents bouches à feu ont vomi la mort de part et d'autre pendant douze heures », souligne le 58e *Bulletin de la Grande Armée* rédigé par Napoléon en personne. (Ce mot *vomi* avec cette idée de mal au cœur n'est-il pas un aveu !)

« Feu des deux pièces ! » C'est le compliment du colonel de cuirassiers qui reconnaît la supériorité de l'artilleur. Un siècle plus tard, l'emploi massif des canons à tir rapide et la mécanisation sonneront la fin de la cavalerie.

Derville, finalement, lui aussi, se retire : « Moi, je vais vivre à la campagne avec ma femme, Paris me fait horreur. »

Nos voix retentissent dans tout le restaurant. Les clients des autres tables regardent avec une indulgence teintée d'amusement ces Français encore plus tonitruants qu'eux. Aux petits soins avec nous, les serveuses ne cessent d'apporter coupes, ramequins, coupelles. Des préparations où prédominent l'aigre-doux, le raifort, l'aneth, le fenouil. C'est une cuisine vivifiante, aigre et intense, on pourrait la qualifier de stridente. Le pain de seigle noir, à la fois compact et moelleux, est délicieux. Compact et moelleux, comme la langue russe. Comme cette *exclave*. Mais le moelleux est beaucoup moins visible que le compact. Le compact est partout présent : dans les menus – c'est le poids des aliments et de la vodka qui compte –, dans les pâtés d'immeubles, les églises, la neige, les minibus Gazelle, chez les gens. Le moelleux, il faut aller le chercher au cœur de cette épaisseur. Bien caché mais délectable.

À la fin du repas, je peux même déguster un havane. En Russie, qui n'est pas gagnée par notre fièvre hygiéniste, il est permis de fumer au restaurant. Apparemment, le cigare n'est pas encore désigné à la vindicte des citoyens.

Chabert est l'homme selon mon cœur. Que fait-il après sa première rencontre avec Derville qui lui a donné deux pièces de vingt francs ? Il court acheter des cigares.

La Fiancée prussienne
de Iouri Bouïda

Dès qu'on se trouve en face d'un Russe présentant un visage aux traits creusés et durs avec des yeux fiévreux et inquisiteurs (l'expression sans nul doute d'une inquiétude métaphysique) on le qualifie, surtout s'il est écrivain, de personnage dostoïevskien. Comme chez l'auteur de *Crime et Châtiment*, l'univers de Iouri Bouïda se compose de fous, d'alcooliques, de criminels. Un Dostoïevski sans espoir qui a cessé de croire au Christ et probablement dans le peuple russe.

Je l'ai rencontré au cours d'un séjour à Moscou consacré à la recherche de documents sur la bataille. À part les Mémoires de Bennigsen et de Davidoff, les témoignages sont rares dans l'autre camp. Je suis notamment sur la piste d'une relation inédite découverte par un historien russe, Alexei Vassiliev.

Né en 1954 près de Kaliningrad, Iouri Bouïda compte parmi les plus brillants représentants de la littérature de son pays. La plupart de ses livres sont traduits en français. Par leur aspect visionnaire et déjanté, situés entre la science-fiction et le conte philosophique, ils recueillent les commentaires élogieux de la critique. *Le Train zéro*[31] décrit un monde apocalyptique qui pourrait ressembler à une Outre-Terre d'après le désastre.

— Si j'avais eu une barbe, avait-il raillé, je suppose que c'est à Soljenitsyne que vous auriez pensé.

La Fiancée prussienne[32] est un recueil de nouvelles racontant l'histoire de tous ces colons russes, « craintifs et intimidés », prenant possession après 1945 d'un pays qui n'est pas le leur. Dans chacun de ces récits revient comme un leitmotiv la même description qui donne la mesure du dépaysement qu'éprouvèrent les nouveaux arrivants : « Les maisons avec leur toit en tuiles, les rues pavées et les routes bordées de tilleuls, les canaux étroits, le ciel allemand d'un blanc terne. » Et Bouïda ajoutait cette phrase qui résume la situation absolument inédite de ces pionniers : « En une heure, c'était devenu à nous. » Dans l'histoire, un tel remplacement n'a pas d'autre exemple. (En 1962, les pieds-noirs ont quitté leur patrie et abandonné leurs maisons mais ce sont des autochtones qui les ont reprises.)

Enfant, il apprend un jour que sa ville natale Znamensk s'appelait en fait Wehlau quelques dizaines d'années plus tôt. Il est étonné d'apprendre que je connais ce nom : c'est à Wehlau, le 16 juin 1807, que Napoléon franchit la Pregel avec la cavalerie après la bataille de Friedland.

— Le plus incroyable était l'ignorance des adultes à l'égard des temps anciens, cela ne les intéressait pas. Les autorités faisaient plus qu'encourager ce silence : elles disaient aux nouveaux venus qu'ils n'avaient rien à faire d'un passé qui n'était pas le leur. Ne trouvez-vous pas stupéfiantes cette absence de curiosité, cette indifférence ?

— C'est vrai, mais j'imagine que ce désintérêt arrangeait tout le monde. Sept siècles de présence prussienne, c'est écrasant. Recommencer de zéro, c'est toujours tentant mais je suppose impossible.

— Oui, surtout pour un enfant très curieux comme moi. Tous ces débris, ces non-dits, ces empreintes mal effacées étaient une aubaine. Avec cela, on reconstitue un monde.

— Il fallait, je présume, que toutes ces choses soient cachées pour que vous deveniez écrivain.

— Sans aucun doute. Je le répète souvent : ces ombres et ces secrets font partie de la chimie de mon âme.

Au début de son livre, Iouri Bouïda décrit une scène étrange. Enfant, il pénètre avec un autre garnement dans un cimetière, parvient à ouvrir une dalle. Surgit dans un grand socle de briques une jeune fille vêtue d'une robe blanche gisant les bras croisés sur la poitrine. À son poignet gauche tictaque une minuscule montre en forme de cœur. Le compagnon de Iouri s'écrie : « On dirait qu'elle est vivante. » La jeune fille pousse alors un soupir et, au même instant, se transforme en un nuage de poussière. Ne subsiste d'elle que la colonne vertébrale. Devant les deux garçons terrorisés, le squelette reste toujours chaussé de souliers blancs et coiffé d'une épaisse chevelure. De l'orbite noire s'envole un minuscule papillon. « Le noir papillon des rêves. »

La fiancée prussienne, c'est cette morte. Ni une étrangère ni une épouse. Une fiancée, une promise. Toute la question est de savoir si l'union entre les Ultraterriens et ce pays aura lieu un jour. Je pense à l'incrédulité de Julia lorsqu'elle lisait mon Baedeker. Elle ignorait tout de ce passé.

— C'est curieux, vous ne trouvez pas, ce rapport particulier que nous avons avec Napoléon. Raskolnikov veut être Napoléon, l'homme qui dépasse les normes et réalise son propre destin. Souvenez-vous : le juge lui répond ironiquement : « Qui donc dans notre bonne Russie d'aujourd'hui ne se prend pas pour un Napoléon ? » Pouchkine écrivait la même chose : « Nous nous croyons Napoléon ! »

Mais au fait quel Napoléon ? Pour les Russes, le seul Napoléon qui vaille est celui de 1812, l'année de l'invasion de la Grande Armée, connue sous le nom de « guerre patriotique ». L'Empereur français peut se targuer d'avoir été l'unificateur du peuple russe. Grâce à lui, un pays tout entier s'est soulevé pour ne plus former qu'une nation. Cet événement fondateur dans l'histoire russe relègue au second plan la campagne de 1807. À la bataille d'Eylau, contrairement à toute attente, l'armée du tsar s'est non seulement bien battue mais elle a aussi montré une capacité de résistance peu commune. Cette réaction inattendue amoindrit les mérites de ce qui sera le grand sursaut de 1812.

L'élan d'Eylau ne cadre pas avec la lutte nationale contre les Français. Dans le roman national, il vient trop tôt.

Pour les habitants de l'Outre-Terre qui, comme

Iouri Bouïda, essaient de connaître ce passé, il se produit même un curieux carambolage. C'est sur une terre alors prussienne que les troupes d'Alexandre Ier se sont battues et ont tenu tête à Napoléon. Aujourd'hui ce pays est à eux. Il est vrai que, depuis toujours, il existe une Russie allemande (les colonies de la Volga, les barons germano-baltes). Dans cette mémoire qui s'échafaude, quelle est la place d'Eylau ? Comme par hasard, Bagration, héros de 1812, en est devenu le personnage tutélaire pour bien rappeler que dans le mythe russe tout procède de cette levée en masse qui a forgé le sentiment national.

— Dans *La Fiancée prussienne*, vous avez écrit : « Le passé est la seule éternité qui soit à notre portée. » C'est une phrase terrible. Si je comprends bien, vous êtes condamnés à ne vivre que dans le passé, immuables, identiques à vous-mêmes comme si vous ne deviez jamais changer. Les habitants de l'enclave n'ont donc pas d'avenir ?

— C'est compliqué, ce passé allemand les immobilise. Ils ne le rejettent pas pour autant, d'où une difficulté à être dans le présent immédiat. Oui, c'est terrible car le futur ne pourra jamais être envisagé, il est déjà là.

Le monde que décrit Bouïda doit beaucoup à l'Outre-Terre, pays de la fin des temps. Ce train zéro, dont on ne sait d'où il vient, ni où il va, ni ce qu'il convoie, n'est-il pas l'allégorie d'une humanité à venir qui se dessine déjà du côté de Kaliningrad ?

DEUXIÈME PARTIE

« J'ai entendu des voix. »

La religieuse du clocher
dans *Vertigo* d'ALFRED HITCHCOCK.

Un ballet mortel

Dans les travaux préparatoires du film *Napoléon*[33], Stanley Kubrick mentionne Eylau. Prévoyait-il des séquences sur la bataille ? On l'ignore. S'il était opposé à la guerre, l'auteur des *Sentiers de la gloire* était fasciné par elle. « Les batailles napoléoniennes sont si belles. On dirait d'immenses ballets mortels. C'est un peu comme regarder deux aigles royaux planer dans le ciel au loin. Peut-être sont-ils en train de déchiqueter une colombe, mais si on est suffisamment loin, la scène est superbe[34]. »

Kubrick projetait d'utiliser comme figurants quarante mille fantassins et dix mille cavaliers de l'armée roumaine. Le matin du 8 février, Napoléon disposait à peu près du même nombre de combattants. Le cinéaste Serge Bondartchouk avait bénéficié des soldats de l'Armée rouge pour filmer les plans de *Waterloo* et les extraordinaires carrés vus du ciel qui insufflent à ces scènes un caractère épique.

Kubrick pensait-il faire mieux que tous ses prédécesseurs et peut-être même dissuader définitivement ceux qui viendraient après lui ? C'était son ambition. Néanmoins, malgré la préparation très avancée, le projet fut brutalement écarté par la MGM – l'échec du film de Bondartchouk n'était pas étranger au désengagement de la société de production.

Cet abandon restera une frustration pour les férus de l'histoire napoléonienne et pour les cinéphiles. Nous aurons *Barry Lyndon* en lot de consolation, film où Kubrick va se servir de l'énorme documentation qu'il avait rassemblée même si ce n'est pas littéralement la même époque – la scène finale se déroule en 1789. L'œuvre servira de référence à Ridley Scott lorsqu'il tournera *Les Duellistes*.

On sait peut-être moins que le cinéaste, soucieux de filmer l'inhumanité des êtres, se prenait pour Napoléon. Il s'appliquait à se nourrir de la même façon que son héros – et Dieu sait pourtant si celui-ci n'était pas un gastronome, mais peut-être réglait-il sa conduite sur sa façon d'expédier les repas ! Il l'avait pris pour modèle dans sa manière imprévisible de traiter ses subordonnés les plus dévoués et les plus efficaces. Technique qui finissait par les perturber. Ils redoublaient d'efforts et faisaient tout pour avoir la cote auprès du chef. Déboussolés, ils devenaient encore plus dociles et irréprochables et ne perdaient pas leur temps à intriguer contre lui.

Dans la vie de Napoléon, Kubrick recherchait les métamorphoses et les événements clés où se révèle la démesure du personnage. « On ne sait jamais de quoi on est capable tant qu'on n'a pas essayé. » Ce précepte kubrickien est dans la droite ligne de l'*hubris* napoléonien.

Comment décrire Napoléon au moment où il livre bataille ? En ce début de l'année 1807, il n'est déjà plus tout à fait le même. Son caractère s'est modifié. « Il devenait gras, un peu blanc, prenait un visage français », rapporte Michelet. « Cuisses grasses et jambes courtes, cou blanc et grassouillet », confirmera Tolstoï. Chez un homme qui mangeait peu – mais trop vite – et dépensait une énergie physique et intellectuelle hors du commun, cet embonpoint est apparemment inexplicable – à Sainte-Hélène on a parlé de dérèglement hormonal.

L'angoisse qu'il a éprouvée dans les jours précédant le 8 février, l'avancée improbable dans un pays inconnu à la recherche d'un ennemi qui se dérobe et, surtout le jour de la bataille, l'attaque d'Augereau et le fiasco qui en résulte, sans oublier la percée imprévue des grenadiers russes sur le cimetière, de ces tourments qui l'accablent, il n'a parlé à personne sauf, à mots couverts, à Joséphine. « L'on souffre et l'âme est oppressée de voir tant de victimes » (lettre du 14 février 1807). « Oppressé » est un mot fort. Il exprime une douleur qui étreint physiquement et empoisonne la conscience. Il n'en dira pas plus.

« Un homme comme moi se soucie peu de la vie d'un million d'hommes », déclarera-t-il plus tard à Metternich. C'est tout le paradoxe du personnage : profondément indifférent, c'est en même temps une nature sentimentale. Les cadavres mutilés incommodent son regard mais ce sont surtout des combattants aguerris en moins. Le 9 février, il piquera une colère, nous dit Saint-Chamans, à la vue des crêpes sur les drapeaux : « Je ne veux jamais voir mes drapeaux en deuil. »

On a abîmé son merveilleux outil. Dorénavant le bel instrument qu'il a patiemment conçu obéira moins au doigt et à l'œil. Au-delà de ce gâchis, il éprouve un malaise, un sentiment pénible et douloureux dont il ne peut se défendre. Durant cette période il souffre de violentes crises d'ulcère (l'estomac, son point faible : il mourra d'une grave maladie gastrique). Ces maux, selon l'historien Louis Madelin, sont le signe d'une émotion et d'une contrariété. Il se sentira délesté d'un poids énorme lorsqu'il apprendra dans la nuit du 8 février que l'ennemi s'est retiré. Soulagement de n'avoir pas à livrer une seconde bataille. Il y était prêt, la mort dans l'âme. Jamais son armée n'avait été aussi exposée.

En ce début de l'année 1807, les rouages de la machinerie intellectuelle tournent à plein régime concourant à cette *phronésis* des Grecs, ce mélange de sagacité et de sagesse pratique qui permet de choisir les moyens adéquats en vue de parvenir au but. Dans toute entreprise qu'il conçoit et exécute, « il aperçoit d'un seul coup toutes les pièces, chacune à sa place et dans son office, les générateurs de la force, les organes de la transmission, les engrenages superposés, les mouvements composants, la vitesse résultante, l'effet final et total, le rendement net[35] ». À la description des rouages de cette intelligence exceptionnelle, Taine ajoute

① ② ③ ④ ⑤ ⑥ ⑦ ⑧

* *Napoléon Ier sur le champ de bataille d'Eylau, 9 février 1807.*
Antoine-Jean Gros (1771-1835). Musée du Louvre, Paris.

Personnages principaux : ① Percy ② Caulaincourt ③ Bessières ④ Berthier ⑤ Napoléon ⑥ Soult ⑦ Davout ⑧ Murat

* *Les œuvres précédées d'un astérisque ont participé au concours organisé par Dominique-Vivant Denon.*

Napoléon Ier sur le champ de bataille d'Eylau, 9 février 1807.
Antoine-Jean Gros. Toledo Museum of Art.

D.R.

* *Napoléon Ier visitant le champ de bataille au lendemain de la bataille d'Eylau, le 9 février 1807.*
Charles Meynier (1768-1832). Château de Versailles.

* *Napoléon Ier sur le champ de bataille d'Eylau, 9 février 1807.*
Anonyme. Cooper-Hewitt Museum, New York.

* *Napoléon à la bataille d'Eylau.*
Benjamin Zix (1772-1811). Musée des Beaux-Arts, Strasbourg.

* *Napoléon sur le champ de bataille d'Eylau.*
Jean-Baptiste Debret (1768-1848). J. Paul Getty Museum, Malibu.

* *Napoléon visite le champ de bataille d'Eylau.*
Adolphe Roehn (1780-1867). Château de Grosbois, Boissy-Saint-Léger.

DR.

DR.

Épisodes de la bataille d'Eylau (détails).
Gaspard Gobaut (1814-1882).

Napoléon sur le champ de bataille d'Eylau.
Louis-François Lejeune (1775-1848). Musée du Louvre, Paris.

La Bataille d'Eylau.
Anonyme, XIXe siècle.

1

2

Bataille d'Eylau. Quatre des dix-huit reproductions photographiques du panorama peint par Jean-Charles Langlois en 1843. Collection Ardi-Photographies, Caen.

3

4

1. *Bataille d'Eylau, l'église au fond.* 2. *Épisode de la bataille.* 3. *Arrivée d'une division de cuirassiers. Mort du général d'Hautpoul.* 4. *Épisode de la bataille.*

Combat dans le cimetière d'Eylau.
Jean-Charles Langlois. Musée des Beaux-Arts, Caen.

Eylau.
François Flameng (1856-1923). Musée d'Orsay, Paris.

Prise de la ville d'Eylau le 8 février 1807.
Giuseppe Pietro Bagetti (1761-1831). Château de Versailles.

Eylau. Attaque du cimetière le 8 février 1807.
Giuseppe Pietro Bagetti. Service historique de la Défense, Vincennes.

Bataille d'Eylau, 8 février 1807, l'armée russe repoussée par la charge de la cavalerie et de la Garde. Siméon Fort (1793-1861). Château de Versailles.

① Garde à pied ② Percée de 6 000 grenadiers russes ③ Cavalerie de la Garde ④ Débris du corps d'Augereau ⑤ Murat ⑥ Saint-Hilaire et Klein face à Sacken et Baggawout.

l'acuité d'un regard à nul autre pareil qui « plonge dans les angles obscurs et dans les derniers fonds par la précision technique de ses questions ».

En se référant à sa correspondance pendant la période comprise entre le 1er janvier et le 8 février 1807, on reste confondu par son activité. Il pense à tout. Il connaît au détail près l'état exact de ses troupes. Chaque mois, il reçoit une vingtaine de gros livrets et vérifie méticuleusement le moindre changement en le comparant avec les précédents relevés. « Je prends plus de plaisir à cette lecture qu'une jeune fille n'en prend à lire un roman », confie-t-il à son frère Joseph. Mieux que le directeur des postes il sait par cœur les horaires, les relais, les distances. S'il lui arrive de croiser des soldats égarés à la recherche de leurs unités, il les remet sur le bon chemin au seul vu du numéro de leur régiment : « Vous trouverez votre bataillon à telle étape[36]. » On pourrait donner cette définition de Napoléon : l'homme qui sait toujours où il en est. Voilà ce qui plaisait tant à Kubrick, l'homme maniaque et rationnel.

Dans les semaines qui précèdent Eylau, l'*Infaillible*, comme l'appelle Bloy, est absorbé par des détails qu'il est loin de considérer comme des broutilles : la longueur des capotes, les instructions au fournisseur de souliers, le transfert de tel moulin à farine en Galicie. Il veut à tout prix savoir s'il y a des pommes de terre dans le coin. En pleins préparatifs de guerre, il prend le temps d'envoyer une lettre à Champagny, son ministre de l'Intérieur : « Il faut laisser à la place de la Concorde le nom qu'elle a. La concorde, voilà ce qui rend la France invincible. »

À Joséphine qui s'est mise en tête de le rejoindre – elle se méfie – il envoie des lettres agacées : « On me dit que tu pleures toujours. Fi ! Que cela est laid » (lettre du 18 janvier). Il lui enjoint de rester là où elle est, prétextant un temps exécrable et des chemins difficiles. Tout appliqué à son aventure qui commence avec Maria Walewska (il l'aurait à moitié violée, profitant d'un évanouissement, selon elle), il n'a aucune envie d'avoir Joséphine sur le dos.

Mme de Rémusat et tant d'autres ont rapporté qu'il parlait mal le français, ignorant le sens propre des mots, les tournures, confondant armistice et amnistie, section et session.

Un bon portrait de Bonaparte provenant d'un adversaire, le général d'Andigné[37], chef de la chouannerie rencontré secrètement à l'époque du Consulat, résume bien ce trait : « Avec un accent étranger, désagréable à l'oreille, Bonaparte s'exprime d'une manière brève et énergique. »

Il n'est pas le premier à parler de son accent étranger mais on aurait aimé en savoir plus. Roulait-il les *r* comme les Italiens, sa prononciation était-elle chantante comme chez les Corses ? Ce qui est sûr, c'est qu'elle était désagréable à entendre. On peut penser que l'inflexion de cette voix était difficile à cerner, ce qui n'a rien d'étonnant quand on songe qu'à l'âge de neuf ans il avait été transplanté brusquement de Corse à l'École militaire de Brienne où l'on parlait le français avec l'accent champenois même si les boursiers provenaient des quatre coins du royaume. Il est probable que son intonation corse qui suscitait la raillerie s'est peu à peu modifiée pendant son séjour de cinq années pour acquérir une expression indéfinie qui n'appartenait qu'à lui. Eugène Tarlé, l'historien soviétique, est absolument fasciné par sa « manière originale de s'exprimer ».

Andigné décrit la façon inimitable dont il conférait : « Une imagination très vive lui fait enchevêtrer ses phrases les unes dans les autres, en sorte que sa conversation est assez difficile à suivre et laisse beaucoup à deviner. Il passe continuellement d'un sujet à un autre. » Ce qui ne veut pas dire qu'il est confus. Le chef chouan a bien noté sa technique : « Il paraît à peine vous écouter et ne perd néanmoins pas un mot de ce que vous lui dites. » À la fin de l'entretien, Andigné demande un délai de deux jours pour réfléchir. « Deux jours ! Jamais je ne ferai dans deux jours ce que je puis faire dans deux heures, dût-il m'en coûter cent mille hommes », répond le Premier consul avec « un regard de cannibale ». Propos qu'on ne peut s'empêcher de rapprocher du million d'hommes rapporté par Metternich.

Il y a certainement des éléments qui nous échappent. Certes, cet homme à la parole souvent éruptive, surtout lorsqu'il était Premier consul, maltraite la langue française, mais comment expliquer la limpidité et la concision de ses proclamations et de ses lettres ? S'y déploient le sens du trait allant à l'essentiel, l'art de l'antithèse, la science de l'âme qui font parfois penser à des maximes. C'est un homme qui ne parle qu'au premier degré. Il n'a qu'une manière d'envisager le monde et qu'un principe, l'efficacité. Il a horreur de l'irrévérence. On le voit rarement se moquer de lui-même. Mme de Rémusat parle de son « regard sévère ». Sa crainte, relève-t-elle, est qu'« un moment d'épanchement ne diminuât quelque chose de la crainte qu'il veut toujours inspirer ». L'administration de l'Empire, la conduite des hommes exigent gravité et retenue. D'ailleurs il n'a pas le temps.

À Auguste de Staël qui quémande pour sa mère l'autorisation de revenir à Paris, il s'exclamera : « Elle ferait des plaisanteries. Mon gouvernement n'est pas une plaisanterie, et je prends tout au sérieux. »

Cependant la « reine des facultés » chez lui n'est pas seulement l'intelligence mais l'imagination. Qu'eût été une telle intelligence sans cette invention créatrice ? Par moments pourtant, de nombreux témoins ont pris en défaut cette pensée si ferme. Ils ont déjà perçu des hésitations, un affaiblissement de la volonté, un état de torpeur, traits qui vont devenir de plus en plus voyants à partir de 1812. À ces défaillances passagères, ils n'ont pas prêté sur le coup attention. Dans l'art de vaincre, leur héros n'a jusqu'à présent jamais déçu. « Le début des troubles remonte peut-être à 1807 », suggère P. Hillemand dans sa *Pathologie de Napoléon*[38]. Il cite le comte d'Houdetot « frappé du changement dans les manières et la constitution physique même de Napoléon ». Le 8 février 1807 marque une modification radicale dans la complexion de l'homme.

Ce qui fascinait le plus Kubrick, c'est l'échec ultime du personnage, « la chute sans appel dont il fut, en définitive, le seul responsable ». La figure de Barry Lyndon emprunte beaucoup de traits à Napoléon, « il va chuter du fait de ses émotions, de sa vanité, de sa folie ».

La fameuse formule de Bossuet, « Nos vrais ennemis sont en nous-mêmes », s'applique parfaitement au futur reclus de Longwood.

Il reste qu'il n'entre pas dans le moule classique du tyran. L'idée que le pouvoir absolu ne saurait s'exercer sans cruauté et qu'il s'accompagne d'une libido sans entraves ne vaut guère pour Napoléon. Régime despotique, l'Empire a traqué ses opposants avec rigueur mais il n'était pas de nature sanguinaire, ce qui ne l'exonère ni de l'assassinat du duc d'Enghien ni des atrocités qu'a pu commettre la Grande Armée, notamment en Espagne. S'il est vrai qu'il a eu de nombreuses maîtresses, c'était moins par sensualité que pour être conforme à son rang de monarque.

Le message du Roi des Aulnes

Des exercices vont avoir lieu cet après-midi sur le site de la bataille avant la grande reconstitution de demain. Ce matin, quartier libre. Nous quittons notre hôtel à l'architecture indéfinissable, ni franchement kitsch ni vraiment moderne, en vérité très ultraterrienne dans son refus de choisir. Nous en profitons pour partir de bon matin visiter Pravdinsk, l'ancienne Friedland située à une quinzaine de kilomètres d'Eylau.

Le musée consacré à la victoire de Napoléon remportée le 14 juin 1807 est visité au pas de charge. Pour les Russes foudroyés à bout portant par l'artillerie française, on peut parler de « boucherie de Friedland » : près de sept mille morts. Les combats se prolongèrent jusqu'à vingt-deux heures. Le général Paulin a décrit « les épouvantables brèches ouvertes dans les rangs adverses ». Il ajoute : « Cette destruction, au milieu des teintes rouges du crépuscule qui se prolongeait si longtemps, m'a profondément frappé. »

La bataille de Friedland est l'avers de la campagne de 1807, sa face éclatante, Eylau en est le côté sombre, disgracieux. Napoléon pense que l'un fera définitivement oublier l'autre. Il finira par s'en convaincre, mais le spectre reviendra le hanter dans les dernières années de sa vie. Victoire tout aussi complète et magistrale qu'Austerlitz ou Iéna, Friedland s'est fait néanmoins supplanter par Eylau. Mon guide Baedeker signale Eylau mais ignore Friedland. Après Friedland, c'est la paix de Tilsit. La rencontre des deux empereurs sur le radeau au milieu du Niémen. L'Empire au nadir. Jamais Napoléon ne retrouvera un tel sentiment d'euphorie. C'est quand on a gagné que les ennuis commencent. Napoléon ne craint plus personne. Ce sentiment de toute-puissance va le précipiter dans le traquenard espagnol, la première grande faute du règne. Il va sous-estimer la résolution de la population comme il ne saura pas plus tard mesurer l'esprit patriotique du peuple russe. 1807 est une date charnière. Tout semble lui réussir même si Eylau fait tache. Une rature dans le récit fabuleux.

À Sainte-Hélène, il confiera que c'est à Tilsit qu'il a été le plus heureux : « Je venais d'éprouver des vicissitudes, des soucis, à Eylau, entre autres. » Admirons le sens de la litote dont il fait preuve quand il évoque cette bataille : « des vicissitudes », « des soucis », et surtout ce « entre autres » particulièrement fumeux. Ce flou n'est pas dans ses habitudes.

Pravdinsk possède plus de charme que Bagrationovsk – ce n'est pas difficile – mais l'impression de dépaysement est la même. De mon premier voyage, je garde le souvenir d'une route pavée de l'époque allemande avec ses alignements de vieux tilleuls. Il ne manquait plus qu'un de ces troupeaux d'oies traversant la chaussée, un chromo de l'*Ostpreussen*. Une délicieuse impression de flottement, un étirement dans le temps. J'aurais aimé que cet état de suspension durât. J'arrivais à Friedland : une vieille église de briques rouges se mirant dans un étang entouré d'aulnes, un village à la douceur un peu alanguie d'un Corot. Même état d'incertitude qu'à Eylau. Un écart dans l'espace. Comme si le paysage avait perdu son point d'appui.

La première fois, j'étais seul, sans interprète, le chauffeur qui ne parlait que russe attendait dans la voiture. Il connaissait bien le site et m'avait emmené à l'écart du village pour que je puisse avoir une vue d'ensemble du champ de bataille. Je me tenais sur un tertre dominant la rivière à l'emplacement, paraît-il, où Napoléon accouru d'Eylau était apparu.

Commencé sans lui, le combat piétinait depuis plusieurs heures. D'un coup d'œil, saisissant l'enjeu, il allait prendre la bataille en main et tout faire basculer grâce à l'artillerie et à son chef, le général Sénarmont. Pour la première fois, à Friedland, les canons français que Sénarmont saura déplacer au gré de la bataille vont jouer un rôle offensif inédit et créer la panique au sein de l'armée russe.

Quel panorama ! J'avais rarement contemplé un paysage aussi verdoyant, une herbe aussi grasse, plantureuse, vert Véronèse. Je ne pense pas que

Napoléon se soit extasié sur la vue qui s'offrait à lui, ce n'était pas le moment. Mais il y avait de quoi être impressionné par la vallée et les méandres de la rivière qui me rappelaient les *cingles* de la Dordogne. Ces boucles furent fatales à l'armée russe. Celle-ci s'était précipitée en désordre vers le village et fut prise dans la nasse formée par la courbe du cours d'eau.

Je me trouvais à Friedland un 13 juin, la bataille eut lieu le 14. Il faisait un beau temps chaud, un peu lourd comme en 1807. J'appréciais cet ajustement, un nouveau clin d'œil. Se laisser conduire tel un chasseur par la trace. Je n'avais pas changé, cette attitude était toujours la mienne. Cette fois, c'est plus difficile. Le froid, la neige… Ces traces plus que jamais pareilles à des spectres. Ils patientent depuis des années. Ces fantômes sont contents de nous voir arriver. Ils se demandent : va-t-il nous découvrir ? Depuis le temps, ils connaissent le manège. Ils nous voient hésiter, tourner autour d'eux, attendre, attendre encore. Nous sommes tout près du but… Raté ! Nous sommes passés à côté. La prochaine occasion se présentera dans cinquante ans, un siècle. Un jeu de piste où les indices immatériels – la foi, le désir – comptent plus que les signes palpables. La trace n'est pas un signe comme un autre, elle reste la preuve ineffaçable.

De cette visite hivernale à Friedland demeure une photo de la famille prise par Julia dans le centre du village. Sur ce cliché, accroché aujourd'hui dans notre salon, nous sommes cinq. La cinquième personne est Vladimir Oulianov plus connu sous le nom de Lénine. Nous sommes photographiés sous sa statue en pleine tempête de neige. On ne voit que nos regards qui semblent implorer Julia de faire vite. Cadet a l'œil conforme à la température, glacial. Il est ailleurs, sans doute pense-t-il à son Albanaise, à Akhmatova, que sais-je encore, à la volupté.

Comme à son habitude, l'aîné est tout entier tendu dans l'instant présent. Il a faim et très froid. Au-delà des sensations qu'il éprouve, la manière dont il guigne l'objectif, c'est-à-dire Julia, peut nous apprendre qu'elle lui plaît certainement. Mais des travaux d'approche avec pour témoins son frère et ses parents se montrent trop compliqués. « D'ailleurs elle a un fiancé », s'est-il cru bon de préciser ensuite dans le minibus. « Et alors ! », lui a objecté son frère. Coiffée d'un très seyant chapeau anglais doublé de fourrure, Joëlle a chaud. Elle est heureuse. Elle est avec ses trois hommes.

Ce voyage m'apparaît comme un bonheur. Par contraste, la mélancolie de l'ancienne Prusse-Orientale, accentuée par la déglingue soviétique, entretient chez moi un sentiment d'euphorie. Cette tristesse et cette nudité, le ciel gris ardoise rendent encore plus intense la joie d'être ensemble. Dans la campagne désolée, la cellule familiale a la sensation d'exister au plus haut point. Bien que distante, Julia a sa part dans cette allégresse même si le comportement de notre groupe la plonge parfois dans la perplexité. Elle est parfaite. C'est une organisatrice hors pair et elle devient de plus en plus calée sur la campagne de 1807.

L'idée de la photo n'est pas de moi mais de mes deux fils : ils ne s'attendaient pas à trouver en 2007 une statue de Lénine. « Qu'y a-t-il d'extraordinaire ? En Russie, Lénine est partout, surtout dans les campagnes », rigole Julia. Elle ajoute d'un air sérieux :

— Pourquoi n'a-t-on pas conservé aussi les statues de Staline ? C'est grâce à lui que nous sommes ici.

— Staline…, fais-je en balbutiant.

Je suis si interloqué que je ne sais quoi lui répondre. Elle tourne ostensiblement la tête vers la fenêtre savourant, je suppose, l'effet de sa provocation. Mais je ne suis même pas sûr qu'elle a voulu nous défier. D'ailleurs elle n'a fait qu'énoncer une évidence : c'est bien grâce au Petit Père des peuples qu'elle a trouvé, comme le million de Russes qui vit dans l'enclave, un horizon familier, son *Heimat*, mot allemand intraduisible qui désigne le pays affectif que chacun porte en soi.

Peut-être l'enclave de Kaliningrad favorise-t-elle ce genre de vérités incontestables qu'il est déplaisant de formuler, une sorte de *Sonderweg*, une voie singulière qui la rend différente non seulement au regard du monde russe mais aussi de l'ensemble européen. Sans le faire exprès, Kaliningrad, qui s'est construit une identité à part, réussit la synthèse impossible. Cet Orient-Occident, qui tiraille la Russie depuis des siècles, existe : il est niché entre la Lituanie et la Pologne. Un état de suspension comme si le temps s'était arrêté dans les années 70, comme s'il n'y avait pas encore d'aujourd'hui mais une sorte d'*avant-veille* soviéto-prussienne. Un musée vivant, indéterminé, nonchalant, absolument original, créé involontairement par d'ex-déracinés qui n'ont pas envie – ou ne veulent pas faire l'effort – d'effacer une histoire désormais croisée. Ces transplantés ont inventé une pause. Ils semblent décidés à la faire durer.

Hasard ? Mais le hasard ne cesse d'agir avec préméditation : la bataille d'Eylau se trouve dans le même état d'irrésolution deux cents ans après. Elle a une vraie difficulté à se déterminer.

Tandis que notre Gazelle jaune roule dans la campagne à travers les solitudes glacées, je pense au Roi des Aulnes, ce personnage trouble et indéfini lui aussi, que décrit Goethe. L'enfant serré contre son père vient de l'apercevoir avec sa couronne et sa traîne. Le père tente de le rassurer. « Mais non, mon fils, c'est une traînée de brume. » Que de traînées de brume dans cette Prusse-Orientale ! Je comprends pourquoi Michel Tournier a choisi pour cadre à son roman *Le Roi des Aulnes*[39] le paysage que nous découvrons actuellement. Il n'est pas indispensable de visiter un pays pour bien le connaître et le décrire – cela m'avait déjà frappé pour Chateaubriand qui a si bien saisi l'atmosphère de l'île de Sainte-Hélène sans y avoir mis les pieds. De même, je suis à peu près sûr que Tournier – à l'instar de Pierre Benoit – n'est jamais allé dans cette région même s'il a visité l'Allemagne en 1937 – il avait treize ans. Ce qui ne l'empêche pas d'écrire : « Quiconque, même sans y être né, a connu la Prusse-Orientale en a reçu une impression inoubliable et nourrira jusqu'à la fin de ses jours l'inguérissable nostalgie de ces confins hyperboréens. » En 1939, il était âgé de quinze ans ; après la guerre l'enclave était interdite. Son héros, Abel Tiffauges, atterrit dans un baraquement de prisonniers situé non loin d'Eylau. Ce stalag, le I-A, où vécurent trente-cinq mille Français, a réellement existé. Connu sous le nom de Stablack, il était composé d'une centaine de Kommandos agricoles envoyés aux quatre coins de la Prusse-Orientale.

À la différence des autres prisonniers qui s'ennuient mortellement derrière les barbelés – c'est le plus oriental de tous les camps allemands – Abel Tiffauges est totalement envoûté par le pays des ogres, cette terre nourrie de chair humaine. Il a reconnu sa vraie patrie. Astreint à des travaux de drainage, il ressent l'appel formidable de cet espace vierge. « Une constellation d'allégories. » Tiffauges voit partout des symboles et des coïncidences inexplicables. Aux beaux jours, sphaignes, mousses, lichens, champignons composent le monde souterrain de l'Outre-Terre. L'ogre Tiffauges communie avec les tourbières, les étangs mais surtout avec les forêts. Au sujet de son personnage qui éprouve une joie infinie à creuser le sol et à respirer son noir parfum d'humus, Tournier écrit : « Il attendait quelque chose de ce pays – un signe, un présage, il ne savait pas au juste – et à fouiller ainsi la terre, il lui semblait hâter la délivrance d'un message à lui seul destiné. »

Moi aussi, j'attends un signe, un message. C'est sans doute le pays qui veut cela. Tournier suggère une explication : cette terre porte une force singulière qui « aspire ». Une vérité cachée doit y être enfouie. Je pense aux mots de Pantchenko. Comme un volcan mal éteint, le site d'Eylau vomit de plus en plus laves et cendres du passé. Depuis 1807, le sol rumine, il a été peu remué. Peu à peu les reliques se sont extraites du magma pour parvenir jusqu'à nous. Les lois de la physique seraient-elles identiques aux lois de la mémoire ? Tout ce qui est renvoyé dans les profondeurs finit par revenir à la surface. Sous une forme spectrale ou résiduaire.

Pendant que notre valeureuse Gazelle jaune fonce sur la route déserte bordée d'un tas neigeux ininterrompu – on se croirait au milieu d'un tunnel de glace – je regarde Julia et les trois autres, ma famille. Le minibus que Julia s'évertue à appeler micro-autobus – c'est, paraît-il, le nom russe – est devenu un véritable chez-soi. Chacun y a ses habitudes. Mes enfants et Julia sont au fond. Je suis à côté du chauffeur, un Biélorusse mélancolique qui écoute discrètement en fond sonore du Chostakovitch – Julia m'assure qu'il était à la fois timbalier et cymbalier dans un orchestre symphonique. Joëlle occupe à elle seule la première banquette.

Nous nous sommes habitués à l'odeur de l'habitacle, un parfum démodé de sièges de vieux cinéma auquel se mêlent les fragrances poudrées et enivrantes de Julia (Mitsouko de Guerlain, nous a-t-elle précisé fièrement, sans d'ailleurs qu'on le lui ait demandé).

Ma femme et nos deux fils ne se désintéressent pas du passé, bien au contraire, mais ils le considèrent pour ce qu'il est : un temps qui n'est plus, un temps qu'il est vain de faire coexister avec le présent. Ils s'amusent de ma manie à pinceauter comme les archéologues ces empreintes que je découvre pour tenter de les sortir du naufrage du temps. Nous ne voyons pas les choses disparues de la même façon. Sans doute parce que notre rapport à la mort est différent. C'est dans l'attente de la perte totale que j'ai appris à vivre en m'accrochant désespérément aux traces, aux empreintes de la mémoire heureuse. Il avait suffi de peu pour que tout cela soit enseveli. Ainsi suis-je devenu chasseur de traces. Le jeu de piste ou le rébus, ces indices plus ou moins clairs laissés en chemin que je m'applique à reconnaître, ne servent qu'à retarder la vraie conclusion : le grand saut, le vrai voyage.

À part la statue de Lénine, Friedland les a laissés tout à l'heure indifférents. Ils ne comprennent pas l'espoir insensé du chasseur à l'affût d'un gibier invisible. Mon avidité comique à examiner dans le musée les boulets rouillés, les baïonnettes désarticulées, les boucles de ceinturons si oxydées qu'elles ne sont plus que des morceaux de charbon. Ils ne savent pas que ces pauvres restes me *parlent*. Ils s'adressent à moi, personnellement : « Nous sommes là, personne ne nous regarde vraiment. Nous ne voulons pas disparaître. »

Loin du regard du gardien du musée et de mes enfants, j'ai même saisi l'occasion d'une vitrine ouverte pour prendre dans ma main une poignée de biscaïens. Je les ai serrés et malaxés dans ma paume. De petites boules de la taille de billes d'enfant, lourdes, de la couleur de la pierre. Étrangement belles et élégantes. J'ai pensé aux blessures atroces que ces projectiles de fonte, pas plus grands que des grains de raisin, causent aux humains. L'une de ces billes est tombée dans le silence, rebondissant démesurément sur le sol.

Pour me faire plaisir, ma femme et mes enfants sont prêts à battre les buissons, à servir même de rabatteurs. Paradoxalement, hormis le plaisir d'être ensemble, cette histoire d'Eylau à laquelle ils font semblant de croire sert d'alibi solide à ce voyage. Se promener sans but dans l'ancienne Prusse-Orientale n'aurait pas du tout été de leur goût. Ma marotte donne à ce voyage une base sérieuse, une consistance, un sens. La déglingue grise de l'Outre-Terre, si grise qu'elle en est jubilante, le dépouillement de la steppe prussienne qu'ils ne sont pas loin de considérer comme une pure abstraction représentent la meilleure épreuve pour évaluer la cohésion familiale. Là ou ailleurs, peu importe, l'essentiel est d'être réunis, de vérifier qu'on est toujours compatibles. Toutes les familles finissent par se disperser après le départ des enfants devenus des adultes. Pas la nôtre. D'ailleurs nous refusons plus l'éparpillement que la séparation. L'éparpillement, c'est le commencement de la dislocation.

L'affaire se complique un peu avec la présence de Julia qui n'est pas, elle, une abstraction. Grâce à notre guide, je commence à percevoir dans quel pays nous sommes tombés. Julia a changé le cours de ces trois journées. À ses côtés, nous nous écartons peu à peu d'un chemin balisé. Elle a surgi parmi nous de manière imprévue, fière de son appartenance à l'au-delà russe, s'enorgueillissant d'habiter une exclave, racinée jusqu'à l'extrême dans cet artefact de territoire crayonné par Staline devenu pour elle son pays. Il existe ce pays, il m'apparaît même comme un résumé de notre humanité dans son ambiguïté parfaitement assumée, confiante, presque sûre de soi. Dans cette façon aussi de passer en zigzag entre les choses. Julia est l'une des bonnes surprises de l'Outre-Terre. Ultraterrienne, cela lui convient bien, la terre dans sa libre énergie et son intimité matérielle, comme aurait dit Bachelard. Tout à l'opposé d'une Extra-Terrestre.

Julia, figure familière mais distante, définitivement positive, n'ayant pas son pareil pour résoudre dans l'immédiat la moindre difficulté, s'appropriant sans complexe les attributs de la séduction et de la mode, appréciant par-dessus tout que cela se voie, que cela entête. Comme son parfum.

Approchant d'Eylau, nous apercevons au loin des formes évoluer dans la neige. Ce sont des cavaliers.

Sokolov

Nous venons de tomber par hasard sur le champ de bataille que je n'ai pas encore visité depuis mon arrivée. Je l'ai vu de loin, flairé vaguement mais évité. Devant nous, la neige a aplati et durci la moindre ligne comme si le site avait été bétonné. C'est un lieu où on n'a pas envie de faire des boules de neige ! Une croûte blanche et compacte a nivelé le paysage. Je déteste la neige. Elle n'admet aucune opposition, aucune autre existence que la sienne. Elle est despotique, fondamentalement intransigeante. Pour mieux souligner son pouvoir absolu, elle feint de transiger en autorisant la présence de quelques buissons, de clôtures qu'elle se plaît à incliner, de poteaux télégraphiques qu'elle descelle en douce.

La plaine est sillonnée par une centaine de cavaliers. Ils se tiennent par groupes ou en colonnes. C'est la grande répétition avant la reconstitution de demain. Sous le ciel enfin dégagé, les uniformes resplendissent. Deux hussards, coiffés d'un colback en peau d'ours et vêtus d'une longue capote sans manches, escortent le minibus. Notre enthousiasme est si grand que nous ouvrons la porte coulissante pour les saluer – une vague polaire nous submerge ! Mais ils sont impassibles et regardent droit devant eux. C'est du sérieux, ils sont en exercice. Mais où est le chef ? Il vient d'arriver de Moscou. Le fameux Sokolov. C'est lui l'organisateur. Apparemment, tout le monde l'attend.

Ce lieu, je l'ai en principe arpenté jadis lors de mon premier voyage en compagnie du vieux piqué. Impossible aujourd'hui de reconnaître quoi que ce soit. La mémoire se comporte étrangement. Ai-je vraiment découvert le paysage de la bataille en 1991 ? En vérité, non. Je n'avais cessé de l'imaginer, je m'attendais tellement à voir ce que je vis – une étendue certes banale mais remplie d'une vie muette – qu'il n'y eut aucune surprise. Une action de reconnaissance comme si le lieu m'était depuis toujours familier.

Nous étions en juin. Je me souviens d'une maison abandonnée située en pleine campagne. Des vols de corbeaux. Dans le jardin en friche, les lilas venaient seulement d'apparaître alors qu'en France ils étaient fanés depuis longtemps. Le vent habitait cette ruine, un locataire désagréable qui ne cessait de nous vociférer dans les oreilles et de secouer les huisseries – fenêtres et portes avaient disparu. La maison sentait la caverne, une odeur spongieuse de mousse et de terre battue. J'avais l'impression de me trouver dans une champignonnière. Le vieil homme m'avait fait croire que Napoléon avait dormi dans cette masure le soir de la bataille – en fait, je l'appris plus tard, la maison où il s'était reposé la nuit du 8 février se trouvait à deux kilomètres au sud d'Eylau, dans la partie située de l'autre côté de la frontière, aujourd'hui en territoire polonais.

Depuis mon arrivée, j'allais de surprise en surprise. Tout à mon enthousiasme, j'étais alors prêt à gober n'importe quoi. J'avais fini par me convaincre que dans cette maison Napoléon avait dicté à trois heures du matin sa première lettre destinée à Joséphine : « Mon amie, il y a eu hier une grande bataille. La victoire m'est restée, mais j'ai perdu bien du monde. »

« Il y a eu hier une grande bataille. » Ce magnifique alexandrin parfaitement coupé en hémistiche à la sixième syllabe ne cesse de m'épater par sa simplicité et sa force sans apprêts. Le timbre, voilà ce que j'admire chez Napoléon, le sens de la phrase immédiatement compréhensible, bien frappé. Une certaine manière de manifester sa pensée. D'être gouverné involontairement par la langue. On peut appeler cela le style. D'accord, il parlait mal mais savait admirablement exprimer ses intentions par écrit. Et il a mis du temps à mettre au point cette manière lapidaire.

Il a appris aussi à se tenir, à avancer, il ne parviendra jamais dans sa démarche à faire disparaître un dandinement, à se conduire sans craindre le ridicule – la cérémonie du sacre était une mascarade, il le savait mieux que quiconque. Mais il n'était pas homme à s'attarder à cette comédie nécessaire.

À l'intérieur, les murs de brique qui séparaient la

pièce à vivre d'un appentis étaient à moitié démolis. La resserre sentait la souris crevée. Dans ce rez-de-chaussée dévasté, je me figurais Napoléon recevant à l'aube l'envoyé de Soult, Saint-Chamans. Scène saisissante où l'émissaire découvre, près de Caulaincourt et Lauriston affalés sur une couchette de fortune, une personne tout habillée et bottée, étendue sur un matelas, au coin du poêle. L'homme se lève – c'est l'Empereur, « l'air fatigué, inquiet et abattu ». Saint-Chamans[40] lui apprend ce qu'il n'espérait plus : l'ennemi a fait retraite pendant la nuit. Ce visage qui devient soudain radieux…

Il me plaisait de croire à cet instant que l'Histoire soufflait dans la ruine. Le vent qui rugissait apportait à ce moment une note lasse et ravagée du plus bel effet. Je me figurais que le monde impérissable venait une fois de plus de faire une incursion dans le présent. En réalité, tout était factice : les inscriptions en cyrillique sur les murs, la maison construite en briques alors que Napoléon avait probablement trouvé refuge dans une chaumière. Ne parlons pas du site, je suis convaincu que les indications du vieil homme étaient totalement fantaisistes. Je me fiais à lui. Il connaissait *Le Colonel Chabert*. Malin, il avait vite compris à qui il avait affaire : ce Français avait tout l'air d'un névropathe obsédé par les reliques. Il ne fallait pas le décevoir.

On distinguait confusément au loin, derrière la végétation encore clairsemée, les contours de Bagrationovsk. Comment notre accompagnateur aurait-il pu connaître la configuration exacte du champ de bataille ? Encore aujourd'hui la disposition des belligérants reste incertaine.

Le seul point fiable qui subsiste est l'église. La tradition assure que la butte du 14e de ligne appartenant au corps d'Augereau est encore visible. Une petite éminence existe en effet. Elle est située près de la voie de chemin de fer actuelle dont on distingue au loin le trait gris et les stries noires sur la neige. Est-ce le lieu où furent enterrés les soldats morts ? C'est possible. De tous les régiments de la Grande Armée, le 14e de ligne, chargé au début des combats de protéger l'artillerie de la Garde près du cimetière, subira les plus grosses pertes. Il va ensuite se trouver aux premières loges lors de l'épisode décisif de la journée : l'attaque d'Augereau.

Davout, qui est parvenu à temps au grand soulagement de Napoléon, se trouve dans une position délicate. Il fait face, mais risque d'être tourné, la hantise de tout chef d'armée. Il faut soulager Davout. En est-on arrivé au moment qui décide du sort des batailles ? « C'est le résultat d'un instant, d'une pensée. » Ainsi résume-t-il le climax de l'engagement. Cet instant, il ne faut pas le rater. Comme il le dira plus tard : « En politique, comme à la guerre, le moment perdu ne revient plus. »

Alors va survenir le grain imprévu dans l'écoulement régulier du sablier. Cette interruption soudaine, cette guigne qui porte le nom d'Augereau, Napoléon ne l'oubliera jamais. À chaque fois, il l'évoquera avec un profond embarras, essayant de repousser Eylau au plus loin dans sa mémoire. À Sainte-Hélène, il va rejouer interminablement chaque acte, chaque scène de la tragédie de Waterloo. Il s'emploiera à en détecter la pièce manquante, à identifier le détail qui a tout fait capoter. Des fautes, il va découvrir à Longwood qu'il en a fait non pas une mais plusieurs, certaines irréparables.

À Eylau, c'est différent, il n'a commis aucune erreur. Au contraire, il a surmonté brillamment nombre de handicaps : le choix du terrain par l'adversaire, une infériorité numérique, la puissance de l'artillerie russe et surtout l'extraordinaire allant de l'ennemi. « Pour le juger, il faut l'avoir vu comme moi soutenir pendant huit heures une lutte terrible avec toutes les chances contre lui », témoigne Jomini qui, en cette journée, admire tout particulièrement « un à-propos et un calme imperturbables ». Mais un facteur jusqu'alors inconnu va se glisser dans le jeu : la poisse. Cet homme n'a jamais craint de s'exposer, il sait mieux que personne que son extraordinaire aventure doit autant à la force de la volonté et de l'imagination qu'à la veine.

À Eylau entre dix heures et midi, c'est la révélation brutale. Bonaparte est devenu *mala parte*, il n'est plus le favori de la Fortune. Depuis l'histoire de l'officier porteur de dépêches révélant à l'adversaire le plan audacieux qu'il a conçu, tout est allé de travers. Destiné à Bernadotte, ce message intercepté n'est que la première d'une série de coups du sort. C'est ainsi que l'a vu Gros. Le malchanceux. Il a perdu quelque chose. Dans le tableau, il est « ce pâle visage [qui] cherche au ciel une étoile disparue[41] ». Le mauvais sort, le deuil, la perte, l'absence, l'insupportable du manque, tel est le vrai sujet de cette peinture. Au-dessus plane l'image de la catastrophe. Une issue qui ne peut être évitée.

Une maison solitaire dans la neige ne peut que se remarquer, surtout en Outre-Terre où l'habitat est rarement dispersé. J'aimerais tant la montrer à Julia et à ma famille mais je constate que cela suscite la plus totale indifférence. Replonger dans un événement qui a eu lieu il y a deux cents ans passe encore – après tout, nous sommes venus pour cela – mais, en plus, chercher la trace des émotions du premier voyage, non pitié !

Toute l'attention des occupants du minibus est concentrée à présent sur les cavaliers et les fantassins évoluant dans la plaine glacée. Nous descendons du véhicule pour contempler le spectacle. J'aperçois à quelques mètres l'homme à la chapka – il a remplacé la chapka par un bonnet de laine. Puisqu'il ne veut pas apparaître dans mon livre, je fais semblant de l'ignorer mais il vient vers moi sans façons avec son air de grand flandrin et me serre chaleureusement la main.

— Ravi de vous revoir ! Je ne sais comment vous remercier. Hier… J'étais dans le pétrin. Cette fois j'ai pris mes précautions. Vous attendez vous aussi Sokolov, je suppose ? Il devrait être là d'un moment à l'autre pour la répétition. C'est lui le grand ordonnateur. C'est une vraie chorégraphie.

Le champ de neige hérissé de rares touffes d'arbrisseaux est magnifique dans son abstraction. Tout le contraire d'un décor construit. Cavaliers et fantassins manœuvrent dans la pure couleur glacée en vue de la reconstitution de demain. En fait de manœuvres, ils se bornent à aller machinalement d'un groupe à l'autre. Rien que du blanc et du bleu. La couleur des hommes et des chevaux ne parvient pas à s'imprimer sur le bloc monochrome.

Le ciel est bleu, un bleu minéral, pur, tranchant qui a fait chuter encore un peu plus la température. La lumière est aveuglante. Quelques hussards et dragons portent des lunettes de soleil – l'un d'eux est même chaussé de tennis fluo. L'anachronisme passe très bien, il paraît naturel, sans doute à cause de la réverbération extrême. On se dit que c'est un dérapage optique comme un autre. Mais le plus surprenant est le silence aussi pénétrant que le froid.

Combien sont-ils en ce moment à s'entraîner sur le champ de bataille ? Une centaine. Le paysage est insonorisé. Le blanc et le froid, la surface laquée, la nature abstraite soulignent le glissement, un déplacement doux et continu des figurants comme s'ils coulissaient dans le décor. Il y a quelque chose de méditatif dans ce ballet silencieux comme si chaque acteur rêvait. Peut-être confrontent-ils cette réalité qu'ils sont supposés jouer à la fiction qu'ils imaginaient. Une sorte de lâcher-prise. L'étrangeté de la scène réside dans cet effet qui revêt un aspect indiscret : nous ne les regardons pas s'exercer, nous contemplons leurs rêves. À croire qu'ils dorment les yeux ouverts, en tout cas qu'ils sont entre veille et sommeil.

Surgit un groupe de cavaliers qui fait voler la

neige dans son sillage. Cette irruption provoque un coup de tonnerre. « C'est Sokolov ! », s'exclame mon voisin.

Pas besoin d'indiquer qui est Sokolov au milieu de cette compagnie. Vêtu d'une capote sombre, coiffé d'un bicorne au liseré d'or, il monte fièrement un cheval blanc. C'est lui le chef. On sent d'emblée son ascendant sur le détachement qui l'accompagne. Fier, ce qualificatif lui va parfaitement. Ni arrogant ni faraud. Distant. Avec cet air concentré et sombre qui sied à un grand capitaine. Lui aussi semble avoir un vif sentiment de sa dignité. Il a suffi qu'il apparaisse avec son escorte pour que le champ de bataille se réanime. Les figurants se réveillent. Le film muet se remet à parler, gestes et mouvements ne glissent plus, l'image recommence à être saccadée.

— Oui, ça peut ressembler à un film, convient mon voisin. D'ailleurs, c'est lui qui a mis au point le scénario.

— Je suppose qu'il s'est gardé pour lui le rôle de Napoléon.

— Non, non, détrompez-vous. Dans les reconstitutions il tient justement à ne jamais représenter l'Empereur… Il lui arrive d'incarner Soult. Je crois que cette fois il a choisi de jouer le rôle d'Augereau.

— Avec Augereau, il n'a pas choisi le plus beau rôle…

— Augereau… Tout de même. L'homme de la campagne d'Italie, le héros de Castiglione… Simplement il n'a pas eu de chance à Eylau.

En effet, Augereau n'a pas eu de chance. Dans

la matinée du 8 février 1807 va être donné l'ordre qui confère toute sa coloration dramatique au dimanche d'Eylau. L'événement s'est produit entre dix heures et midi. Aucun des témoins ne s'accorde sur l'heure. Napoléon, l'homme du coup d'œil, sait, lui, qu'est venu l'instant où les circonstances exigent la décision qui va déterminer du sort de la bataille. Dans son *Journal*, Stendhal désigne Bonaparte par le sobriquet de Milan, l'homme qui perçoit tout comme cet oiseau rapace. Le coup de force s'impose : il va concentrer toute sa puissance dans la direction où l'adversaire perd de son mordant. Ce dernier est loin de fléchir, mais il semble piétiner, en tout cas il cesse d'avancer.

Napoléon décide alors de lancer le 7e corps du maréchal Augereau dans une attaque de rupture contre le centre russe. Le général Bertrand, l'un des futurs quatre « évangélistes » de Sainte-Hélène, est chargé d'apporter l'ordre à Augereau. Les instructions de l'Empereur sont claires. Pas de temps à perdre, Augereau doit attaquer tout de suite. Perclus de rhumatismes, le héros de Castiglione ne tient pas debout. Il a les yeux gonflés et peine à parler. Dans la matinée, il avait déjà envoyé son chef d'état-major auprès de Napoléon pour le supplier de lui retirer son commandement, ce que ce dernier avait refusé d'un ton cassant. La bataille est engagée, il va avoir besoin de lui d'un instant à l'autre, il n'a d'ailleurs pas le temps de trouver un remplaçant.

Augereau a compris. Il fait dire à Napoléon : « J'ai entendu le canon. Quand on se bat, Augereau doit y être. Retournez vers l'Empereur et dites-lui que dans dix minutes il me verra sur le champ de bataille, dussé-je m'y faire conduire en traîneau » (il n'ira pas en traîneau mais au moment de partir il se fait attacher avec des courroies à son cheval).

Comme toute tragédie, Eylau exige des mots héroïques sans doute inventés après coup – il y en a d'ailleurs très peu, deux ou trois, aucun n'est vraiment mémorable. Augereau est le héros malheureux qui parle de lui à la troisième personne. Il a beau être malade, il va se sacrifier au nom de l'honneur, conforme à sa gloire passée et au prestige de son nom. Cette renommée, il l'a chèrement acquise. Il vient de loin, ce fils d'un domestique et d'une humble marchande de fruits du faubourg Saint-Marceau. Augereau, l'exécuteur des basses œuvres, l'homme à tout faire du coup d'État du 18 fructidor, celui qu'on surnomme le Brigand. De tous les maréchaux d'Empire, il peut se targuer de provenir de la classe sociale la plus basse. S'il est incontestablement brave, il passe pour un homme mal embouché, il parle et se comporte comme un charretier.

La première fois qu'ils se rencontrèrent pendant la campagne d'Italie, Augereau, chef déjà auréolé d'un vrai prestige militaire, peu disposé à l'égard de ce petit général corse mal fichu, qu'il prenait pour un rêveur, pensait le remettre à sa place. Il est introduit, Bonaparte le fait longuement attendre. Il arrive enfin, explique ses dispositions, donne froidement des ordres et s'éclipse. Interdit, Augereau, qui a subi cet affront, retrouve plus tard la parole pour confier que « ce petit b… de général lui a fait peur ».

Lorsqu'en 1814 il croisera plus tard un Napoléon vaincu en route pour l'île d'Elbe, il l'injuriera grossièrement. C'est une faiblesse de Napoléon : dans de telles situations, il laisse tomber. Évoquant tous ces maréchaux de l'Empire, Stendhal aura des mots très durs : « La postérité ne saura jamais la grossièreté et la bêtise de ces gens-là hors de leur champ de bataille. C'étaient des gens comme l'amiral Nelson, le héros de Naples, songeant toujours à ce que chaque blessure leur rapporterait en dotations et en croix[42]. »

Augereau se sacrifie, mais il ne se prend pas pour autant pour une victime. C'est peut-être ce trait qui a guidé le choix de Sokolov. Il a préféré Augereau et non pas Davout ou Murat. Augereau explique Eylau. Il en constitue la clé. Il se met en scène. A-t-il pressenti la catastrophe ?

Se mettre en scène. Il y en a un qui a compris qu'une bataille est un théâtre et qu'une reconstitution n'est pas très éloignée d'un happening, c'est Oleg Sokolov. Avec son équipage, il va, vient d'un groupe à l'autre. J'imagine qu'il installe le dispositif pour demain dans ce décor vide. Le site ressemble à n'importe quelle étendue plate. À l'exception de quelques maigres haies et de pieux de bois servant à entourer les clôtures, tout y est visible, exposé. Rien n'a véritablement changé depuis le 8 février 1807 : une plaine nue. Sokolov n'a pas la tâche facile, c'est un metteur en scène qui doit écrire sur le blanc. Il faut du doigté pour diriger tous ces figurants qui sont des bénévoles. L'uniforme est grisant. Ceux qui le portent ont parfois tendance à en faire trop. Entouré de son escorte à cheval, il est actuellement en grande discussion avec une troupe de fantassins.

— Je crois que c'est le 7e corps d'Augereau, s'exclame l'homme à la chapka. Ils répètent le grand moment.

À quelle distance nous trouvons-nous de l'église d'Eylau ? À vol d'oiseau, pas plus d'un kilomètre. Nous l'apercevons au loin dans la brume mais mon voisin corrige :

— Au risque de vous décevoir. Ce n'est pas l'église, mais le château d'eau.

Dommage ! Sa façon de se détacher comme un point de repère s'ajustait bien dans le décor.

Comment, demain, Sokolov va-t-il dérouler son scénario ?

Les bottes jaunes d'Augereau

Les deux divisions du 7e corps commandées par Augereau s'ébranlent. L'ennemi ne soupçonne pas leur existence. Dissimulées derrière un repli de terrain, elles ont attendu des heures le moment d'attaquer. Le 14e de ligne ouvre la marche. Les troupes d'Augereau apparaissent peu à peu dans la plaine d'Eylau. Elles avancent.

Normalement, elles doivent obliquer vers la droite. À cet instant, une soudaine tempête de neige surprend la progression des fantassins. Les flocons de neige leur arrivent droit sur le visage. C'est comme s'ils étaient harcelés par des milliers d'insectes. La visibilité était déjà exécrable, cette tourmente va les rendre quasi aveugles ! Ils se dirigent à tâtons, désorientés, se déportent de plus en plus vers la gauche. Incrédules, les artilleurs russes, qui n'en espéraient pas tant, voient se présenter devant eux le flanc de l'infanterie adverse. Les hommes d'Augereau approchent, inconscients du danger. Soixante-douze pièces russes déclenchent alors un déluge de feu visant à bout portant la masse française. Un carnage. Le blizzard durera à peine une demi-heure mais il a totalement retourné la situation.

Thucydide a décrit ce mouvement machinal propre à toutes les armées qui les porte à dévier vers la droite, chaque combattant voulant sans doute placer son côté vulnérable sous la protection du bouclier de son voisin[43]. À Eylau, c'est l'inverse, la météorologie a irrésistiblement poussé le 7e corps vers la gauche. À l'avant, le 14e de ligne reçoit stoïquement le feu des canons ennemis et les coups assénés par les charges répétées de la cavalerie. Il va même parvenir à entamer la première ligne ennemie. Mais les Russes répliquent avec une telle violence que les attaquants assaillis de toutes parts doivent se replier. Une tuerie. Les rescapés parviennent à se regrouper en carré sur un monticule. Impossible de leur porter secours, ils savent qu'ils vont mourir.

Un peu en arrière, le général Paulin assiste aux côtés d'Augereau à l'hécatombe.

Nous arrivons au moment le plus dramatique du 8 février. Il y aura d'autres séquences, critiques, mais c'est de loin, du côté français, le plus grave, le plus poignant de cette journée. Le massacre va tout faire basculer. Un trou béant s'ouvre mais personne ne le voit vraiment, la visibilité est nulle. Paulin sent dans l'air l'odeur de la catastrophe. Il veut prévenir Augereau du danger qu'il court. Augereau est au milieu de ses hommes qui, sans céder à la panique, tentent de battre en retraite. Quoique mal en point, le maréchal se tient impassible au milieu de la mitraille. « C'était toujours la sévère figure des campagnes d'Italie, cette haute stature, ce coup d'œil incisif et ce nez de grand oiseau de proie », raconte Paulin.

Augereau a la tête drôlement coiffée d'un grand mouchoir blanc à la manière des guérilleros, chapeauté d'un bicorne à plumes blanches posé de travers. Le couvre-chef fantaisiste a son importance à Eylau comme si chaque acteur n'avait cessé d'improviser. Napoléon arbore un bonnet qui cache la bouche et une partie du nez, ce qui est difficile à concevoir à moins de se figurer qu'il conduisait la bataille les yeux bandés – imaginons plutôt une sorte de passe-montagne.

Aucun détail de l'accoutrement d'Augereau n'échappe à Paulin, frappé, on ne sait trop pourquoi, par « des bottes à retroussis jaunes, d'où pendaient deux grands tirants, selon la mode du temps ». En pleine tourmente, ces revers de bottes de couleur jaune constituent la note tragi-comique hors pair qui donne au récit de Paulin sa saveur et son acuité. Comme chez Stendhal, la réalité est une affaire de point de vue. Paulin n'aperçoit que les détails du désastre, cette focalisation interne réduit sa perception. Dans la confusion et la désorganisation qui gagnent les rangs français, il décrit un Augereau « heurté, entraîné, renversé par une multitude effarée ».

La pagaille est telle que le héros de Castiglione tombe avec son cheval qui l'écrase de tout son poids. On parvient à le dégager et à le relever. Augereau est en très mauvais état, « il a reçu, à la hanche gauche, une très forte contusion, causée par la coquille de son épée prise entre le sol et lui, pendant qu'il était sous son cheval ». Cette coquille qui protège la main près de la garde est encore un détail qui ne s'invente pas et donne une justesse, une densité au récit de Paulin. Marbot, lui aussi, assiste à la scène, mais ne s'attarde pas. Il assure à tort qu'Augereau a été blessé par un biscaïen.

Pendant cette demi-heure maléfique, où tout est sens dessus dessous, le dispositif français est frappé au cœur. L'accident d'Eylau, il n'y a pas d'autre mot pour qualifier cet événement imprévisible, est un épisode très court. Napoléon n'a pas vu en direct la catastrophe, mais une fois passée la tempête de neige, il a pu en mesurer l'ampleur. La sensation brutale que tout est fini. L'aventure va se terminer, ici, sur cette plaine glaciale. La désintégration. Ce qu'il a toujours redouté. Un état limite qui finira plus tard par l'emporter à Sainte-Hélène.

Ces « soucis » qu'il évoque de façon alambiquée et même assez piteuse à Longwood, ce sont ces minutes, ce temps d'arrêt, cette sidération : ce bougé qui détermine un avant et un après. Un dessillement. Le voile vient de se lever : quelque chose va être scellé. Tous les aventuriers connaissent ces secondes où le destin est sur le point de basculer. Le vertige de la chute. La sensation en quelques secondes de dévisser. Ils y sont préparés. Napoléon, « le soldat parvenu », l'éternel officier de fortune, a-t-il eu le sentiment qu'il était en train de couler ?

Les dépêches qu'il dictera immédiatement après

la bataille en disent long sur le danger extrême qu'il a couru. Il est passé de très près. Le 58e *Bulletin de la Grande Armée* fait clairement état de « contrariétés », le général en chef avoue avoir été bousculé dans ses combinaisons. Les lettres à Joséphine et aux dignitaires du régime laissent deviner un ébranlement violent, un état de commotion. « La victoire m'est restée. » Il ne cesse de répéter cette phrase comme un homme assommé qui vient de sortir d'une violente collision. Au fond, rien n'a changé depuis Bouvines. La bataille est un oracle : le souverain est-il du bon côté ? Le ciel ne vient-il pas de se déchaîner contre lui ? Cette victoire manquée le met face à la transgression du sacre et à l'illégitimité du régime.

« Jamais l'histoire des guerres n'a présenté d'exemple d'une dislocation aussi instantanée », assure Paulin. Dislocation : une séparation violente, un démembrement, le début du désastre. « Tout avait disparu, comme anéanti. » Anéanti, que dire de plus ?

Par la suite, Napoléon va s'employer de toutes ses forces à faire oublier cet instant. Il y aura le concours de peinture. Il faut aussi rectifier l'impression déplorable laissée par le 58e *Bulletin de la Grande Armée*. Sans doute, pour les besoins de la propagande, tous ces comptes rendus exagèrent-ils ou pèchent-ils par omission, mais ils sont assez conformes à la réalité. Thiers relève avec raison que ces « bulletins menteurs sont plus vrais cependant qu'aucune des publications européennes de cette époque ». Stendhal note que Napoléon « a souvent dit la vérité dans le petit nombre de récits de bataille qu'il nous a laissés[44] ».

Cette fois, il en a trop dit. Il s'en aperçoit vite par les « retours » de Paris. Le 8 février 1807 passe mal. « L'on dira beaucoup de bêtises sur la bataille d'Eylau », s'agace-t-il. À Cambacérès, il écrit, irrité, le 13 mars : « Vous êtes de drôles de gens à Paris. »

Pour arrêter la rumeur qui croît, il va se faire l'auteur d'une mystification. Ce n'est pas dans ses habitudes. Ce repeint est la *Relation de la bataille d'Eylau par un témoin oculaire.* Ce témoin, c'est lui. Oculaire. Celui qui voit de ses propres yeux. Toujours chez Milan, comme le surnomme Stendhal, l'obsession optique. Le regard à l'œuvre surplombant le monde qui lui résiste. Il a dicté ce récit au général Bertrand. Pour faire bonne mesure, il est mentionné que cette relation est « traduite de l'allemand ». En fait, c'est un replâtrage. Certes, la retouche donne un tour plus positif aux événements et tente de réparer l'image désastreuse. Mais, curieusement, en filigrane, la réalité l'emporte, comme si la puissance de l'événement balayait la moindre falsification, rendant impossible tout détournement.

Sur de petits monticules se regroupent les survivants du 14e de ligne. Retranchés dans cette position défensive, ils résisteront avec vaillance aux attaques des cosaques. Leur situation est désespérée mais ils tiennent bon, se cramponnent au terrain.

Paulin est saisi par le spectacle d'un de ses combattants « petit, nerveux, sec comme une allumette, avec des jambes de cerf, serrées dans ses guêtres noires à boutons plats en cuivre jaune, montant jusqu'aux jarrets, me criant, dans son exaltation : "Capitaine, ils n'iront pas plus loin ! Ils n'iront pas plus loin, capitaine !" et du bout de son briquet, il traçait une barre sur la neige ».

Bien vues, ces jambes de cerf qu'on imagine fines, nerveuses et surtout arquées. On le voit très nettement cet homme, il a les genoux cagneux, il est juché sur une butte enneigée avec quelques rescapés, rayant rageusement le sol glacé de la pointe de son sabre. De telles notations, Paulin nous en donne à profusion : guêtres noires, boutons plats et cette couleur jaune qui visiblement l'obsède. Cette abondance va pour le coup à l'encontre des préceptes stendhaliens qui veulent que « plus on multiplie les détails, plus on appauvrit l'imagination ».

De son côté, Marbot a raconté la fin du 14e de ligne mais en se donnant le beau rôle. Marbot, alors âgé de vingt-quatre ans, donne souvent l'impression de se promener sur le champ de bataille d'Eylau. C'est un soldat courageux, excellent cavalier, sabreur sans pareil mais qui a tendance à tout rapporter à sa personne. Augereau l'a envoyé pour convaincre les derniers combattants du 14e de ligne de tenir bon jusqu'à l'arrivée de la cavalerie. Marbot réussit à échapper aux cosaques grâce à la rapidité de sa jument Lisette. Il constate que rien ne peut plus sauver la poignée de combattants. Protégés par un rempart de cadavres de chevaux, ces braves sont décidés à vendre chèrement leur vie. Une seule chose les chagrine : que l'aigle du régiment tombe aux mains de l'ennemi.

Surmontée d'une aigle de bronze doré au lieu d'un fer de lance, cette enseigne sur laquelle flotte le drapeau tricolore est l'honneur du régiment. Malheur à qui s'en laisse déposséder par l'adversaire, c'est pour la troupe et les chefs une marque infamante. Sur le point de succomber, le commandant du bataillon décide de confier l'emblème à Marbot qui a réussi à rejoindre à cheval le dernier carré. Marbot le supplie de se replier mais la canonnade empêche toute retraite. Les Russes s'acharnent sur cette grappe d'hommes et ajustent tous leurs coups dans cette direction.

À l'évidence, le cadeau que reçoit Marbot ne l'enthousiasme guère. Il le trouve embarrassant et trop lourd – une aigle pèse environ deux kilos – et décide de se défaire de la hampe. C'est en essayant de la briser qu'il reçoit un boulet qui traverse la corne arrière de son chapeau. Le choc est terrible mais il ne tombe pas de sa monture, la fidèle Lisette. « Le sang me coulait par le nez, les oreilles et même par les yeux, néanmoins j'entendais encore. » En fait, Marbot est conscient mais totalement paralysé.

Comment est-il parvenu à rester à cheval ? C'est une des invraisemblances – ou exagérations – de son récit. Il est assailli de toutes parts. Un officier russe essaie de le percer de son épée, il représente une cible de choix car il est à cheval et on le prend pour le chef. Les balles sifflent à ses oreilles. Il reçoit un coup de baïonnette qui traverse son bras gauche dont il sent « avec un plaisir affreux couler le sang tout chaud ». Cette sensation douloureuse et euphorique du sang tiédi qui le réchauffe dans ce froid est un trait qui ne s'invente pas. Ce n'est pas qu'il fabule d'ailleurs, il est plutôt victime de la *bravura*, ce mélange de hardiesse et d'habileté qui incite à aller au-delà de la vérité. L'épisode de Lisette mérite de ce point de vue d'être qualifié de morceau de bravoure. Parant les coups de l'ennemi, il fait trébucher l'un de ses agresseurs qui enfonce sa baïonnette dans la cuisse de sa jument. Enragée par la douleur, Lisette se précipite sur le Russe « et d'une seule bouchée lui arrache avec ses dents le nez, les lèvres, les paupières ainsi que la peau du visage ». Elle a totalement scalpé le grenadier. Vision horrible d'une « tête de mort vivante » et toute rouge.

Loin de se calmer, Lisette rue, mord et renverse tout sur son passage. L'officier ennemi qui essayait d'embrocher Marbot veut s'interposer pour arrêter la jument déchaînée. Il se saisit de la bride mais Lisette l'attrape par le ventre et « l'enlevant avec facilité, elle l'emporte, hors de la mêlée où, après lui avoir arraché les entrailles à coups de dents et broyé le corps sous ses pieds, elle le laisse mourant sur la neige ». Cette fois, Marbot semble dépasser la mesure. Cette description d'une Lisette aussi féroce qu'un grand fauve, déchiquetant ses victimes, est invraisemblable. Mais ce n'est pas fini. Après cet exploit, loin de se calmer, la voilà qui repart au triple galop vers le cimetière d'Eylau. Dans toute cette affaire, il est bon de préciser que Marbot se tient toujours vaillamment sur sa jument.

Tenir et se tenir, deux mots qui résument assez bien la journée d'Eylau. Non seulement une question de résistance mais aussi de maintien et de conduite. Tandis que le 14e de ligne tient, que Marbot en héros de rodéo se cramponne à sa jument, Napoléon reste debout dans le cimetière la tête droite, siège de la raison, le regard dirigé vers la plaine. Demeurer dans cette position est de plus en plus périlleux. « Le mont est foudroyé plus souvent que la plaine », affirme le poète[45]. Les boulets pleuvent autour de lui et éciment les arbres du cimetière. Regarder et être regardé. Voir, c'est accepter d'être vu. Pendant la tempête de neige, il n'a pu rien distinguer, c'est à cet instant précis qu'il a trébuché. À présent, il a plus que jamais besoin de son champ visuel.

A-t-il vu de loin la scène, sans doute la plus étrange de ce 8 février ? Elle semble avoir eu lieu après l'échec d'Augereau. La séquence fait partie de ces violents accès de fièvre, de ces poussées furieuses qui fixent pendant un instant cette bataille souvent incohérente. Homérique, c'est le qualificatif qu'utilise l'homme qui en a été spectateur, Denis Davidov[46], soldat et poète, aide de camp de Bagration, l'un des rares témoignages russes de cette journée : « Vingt mille hommes et deux armées plongeaient leurs lames à trois faces les uns dans les autres. Ils tombaient en masse. »

Mais le plus incroyable dans cette mêlée, note Davidov, est l'arrêt total de l'artillerie. Aucune canonnade, aucun coup de fusil, « seulement l'indescriptible hurlement de milliers de braves soldats qui se taillaient en pièces dans ce corps-à-corps ». D'après Davidov, la lutte n'a pas duré plus d'une demi-heure. Dans pareil enchevêtrement des corps, impossible de faire parler la poudre, seule la baïonnette est opérante. La lame triangulaire qui crève le ventre de l'adversaire est très meurtrière (la convention de Genève en interdira plus tard l'usage) car elle cause des hémorragies qui se cicatrisent difficilement. La baïonnette en usage dans la Grande Armée pouvait atteindre jusqu'à quarante-trois centimètres de longueur. Ajustée à un fusil de deux mètres, elle était comparable à une lance. Davidov décrit une hécatombe. Les cadavres s'empilent les uns sur les autres, « à tel point que ce coin de champ de bataille ressemblait à un haut parapet ». Il souligne : « Au cours de ses seize années de campagne et tout au long des campagnes napoléoniennes, je n'ai jamais rien vu de comparable ! »

Du côté français, nulle mention de cette scène. Il fallait sans doute être poète comme Davidov pour saisir la folie de ce moment, un immense acharnement et surtout cet îlot, ce point incandescent au milieu de la bataille, un *autre* combat, un affrontement qui s'administre lui-même, sans tirs d'armes à feu, un intervalle, un entracte exécuté avec une violence inouïe.

Les débris du 7e corps refluent vers le cimetière. C'est devenu le point de ralliement, « le seul noyau qui pût favoriser le rassemblement de l'armée », précise Jomini. Au pied de l'église, furieux et déconfit, Augereau se plaint amèrement auprès de Napoléon. Celui-ci ne répondra que par un geste dédaigneux.

Ce mutisme et ce mouvement, à la limite du mépris, donnent la mesure des voix intérieures et des ruminations qui travaillent à cet instant le général en chef. C'est le silence du fait accompli et de l'indicible. Pourquoi parler ? Les faits en disent assez long. Le tumulte de la bataille a repris. À quoi bon ajouter au bourdonnement général ? Il me semble que ce silence n'accable pas Augereau. Napoléon dira que le nom du vainqueur de Castiglione était « une propriété nationale » et qu'« il fallait le respecter ». Sans doute n'a-t-il pas eu de chance, c'est une faute très grave, Augereau appartient désormais à une séquence maléfique. Il a infecté le champ de bataille, mais c'est du passé. Napoléon a tourné la page. Il n'a plus besoin de lui. La seule vue de ce *looser* le perturbe sans doute, il est toxique, cela empêche le stratège de calculer la suite. Augereau est l'empoisonneur. Il le renvoie, souligne Ségur, « sous prétexte de blessures et de mauvaise santé ».

Significative est la lettre protocolaire que Napoléon lui enverra quinze jours plus tard. Il ne lui parle que de sa santé, de repos à prendre et consent à une allusion sur son échec : « Les efforts que vous avez voulu faire et dont je vous sais gré. » On ne saurait être plus *inaffectueux*.

Jamais Augereau n'endossera la responsabilité du

désastre. C'était un homme usé. Sans doute avait-il perdu aussi la foi et ses réflexes d'autrefois. Après tout, il n'avait fait qu'obéir. Il n'a jamais essayé par la suite de comprendre ce qui s'était passé. Qu'y avait-il à comprendre, d'ailleurs ? Un phénomène atmosphérique comme il s'en produit souvent pendant l'hiver dans ces pays : des bourrasques frontales qui rendent la visibilité nulle. Ce genre de perturbation ne dure pas plus de trente minutes. Il aurait pu, c'est vrai, être davantage épaulé lors du drame, mais c'est lui que le ciel avait choisi comme victime expiatoire. Il n'a commis ni erreur ni faute. Mais pour Napoléon, c'est bien pire, il a été malchanceux. Par la suite, on ne trouvera même pas chez Augereau de tours de passe-passe, un de ces escamotages si fréquents qu'on peut lire dans les souvenirs. Il s'est tu. Mort en 1816, il est l'un des rares maréchaux d'Empire à ne pas avoir écrit de Mémoires. S'il fut l'un des premiers à se rallier à Louis XVIII en 1814, il refusera néanmoins de siéger comme juge au procès de Ney, autre acteur d'Eylau.

Exit Augereau ! Tandis que Sokolov et sa suite caracolent dans la neige – les chevaux ont une allure très relevée comme lorsqu'ils traversent un cours d'eau –, je suis pris d'un doute : il n'est pas Augereau. Officiellement, il interprète ce personnage mais c'est à un autre qu'il pense. J'ai apporté avec moi la reproduction du baron Gros format carte postale, je la garde dans mon portefeuille. Pendant ces trois jours, il m'est arrivé à plusieurs reprises de l'extraire de ma poche intérieure pour la confronter avec des vues d'Eylau.

Ce tableau, je pense le connaître par cœur. Je ne dirais pas que je suis familiarisé avec le moindre détail car je ne cesse de découvrir un élément nouveau, un signe imprévu. Étrangement, cette toile qui représente la mélancolie, le mal de Saturne, me stimule. Que de fois suis-je allé au Louvre uniquement pour voir ce paysage de deuil, constater qu'il agissait en moi comme un excitant. Gros m'a dopé. Il a engendré une dépendance. La grande peinture officielle comme drogue euphorisante ? J'ai frôlé la surdose. Je connais en effet peu d'œuvres de cette époque qui attisent à ce point l'imagination. « Ce que nous voyons nous regarde. » Je me retrouve parfaitement dans la formule de Merleau-Ponty. Cette peinture me dévisage et m'interroge. Je me sens sous le pouvoir de ce regard.

Quelque chose qui vous absorbe et vous perd. *Grisant*.

La scène ne serait-elle que le fruit de l'imagination de l'artiste ? Certainement pas. Napoléon tenait beaucoup au réalisme de la scène. Seul le premier plan fut laissé « à la volonté du peintre » – il s'est bien rattrapé sur le reste. Gros a scrupuleusement respecté le cahier des charges. Le clocher est orienté dans le bon sens et la bourgade d'Eylau qu'on aperçoit sur la droite est alignée comme il convient. Des fumées noires s'élèvent du village violemment bombardé la veille. De toutes les vues, elle paraît être celle qui se rapproche le plus de la réalité. Il est difficile d'identifier chaque élément qui nécessiterait de dresser un échafaudage pour avoir le nez sur la toile. À force de scruter, on fait de nouvelles trouvailles comme ces arbres sectionnés près du clocher. Ils ressemblent aux croix dégarnies du Golgotha.

Pour le champ de bataille, Gros n'a pas eu besoin de faire preuve d'inventivité. Toutes les plaines couvertes de neige sont pareilles comme celle qui s'étend devant moi. Mais sa façon de traiter le blanc ne ressemble à aucune autre. Soyons clair : aucune reproduction de cette peinture ne parviendra à la restituer. Les photos ne savent pas rendre compte de cette machine incroyable. C'est seulement dans la salle Mollien, numéro 77 au Louvre, que l'on peut admirer le gris insurpassable du baron Gros. Insurpassable car il a fait en sorte que la neige garde l'empreinte du mauvais temps et des incendies de la veille. Ce n'est pas pour autant un gris cendré. Mon ami le peintre Trémeau a raison : finalement, c'est un gris qui n'en est pas un. Au lieu de composer une couleur intermédiaire entre le blanc et le noir, un gris tourterelle, ardoise, souris, perle ou anthracite, Gros en a inventé une autre, le *gris Eylau*, couleur intermédiaire qui n'est ni le froid ni le feu. Camaïeu du désastre à venir. *Grisante*, elle aussi.

Il existe une première version du tableau acquise en 1988 au cours d'une vente aux enchères à Toulouse par le musée de Toledo (Ohio). Elle fut exposée dans la galerie d'Apollon au Louvre en mai 1807 avec une vingtaine d'autres esquisses sur Eylau*. Toutes anonymes.

La peinture frappe par son caractère d'étrangeté. Napoléon a le regard d'un dément, Murat le toise avec une expression qui hésite entre la perplexité et l'effarement. Le baron Percy est absent. Les maisons d'Eylau sont plus nettes, la ville est la proie des flammes.

Gros n'a pas encore placé le mystérieux homme noir devant la façade de l'église.

Un esprit aussi perçant que Fouché, ministre de la Police, ne s'y était pas trompé. Il ne comprenait pas l'utilité d'un tel concours, choqué de voir que « les artistes y ont accumulé tous les genres de mutilations, les variétés d'une vaste boucherie ».

Très vite, Gros a eu sur le sujet une idée bien arrêtée. Dans la version Toledo, tout est déjà en place. Ce premier mouvement communique à l'ensemble une atmosphère très curieuse, un côté bref et intense, détraqué, quasi halluciné. Une sorte de flash. Il va atténuer cet éclair. Le tableau du Louvre présenté en octobre 1808 adoucit la lumière trop vive.

Aujourd'hui le ciel est d'un bleu resplendissant, nettoyé de toute impureté, aseptisé. La neige vibre

* Vingt-six artistes avaient déposé leurs esquisses parmi lesquels Charles Meynier, Adolphe Roehn, J.-B. Debret, A.-F. Callet, Charles Thévenin. Réuni le 13 juin 1807, le jury désigna Gros. Meynier reçut le premier accessit, Thévenin le second, Roehn dut se contenter des « encouragements ». La plupart des esquisses et études ont disparu. Rudimentaire, l'ébauche de Benjamin Zix passe pour avoir un caractère d'authenticité.

d'une lumière froide, elle réfléchit comme un miroir la pureté de l'azur mais avec un effet filtrant pareil à un phénomène de polarisation qui assombrit le blanc.

Sokolov le fait-il exprès ? Non, je crois que c'est involontaire. Si la scène qu'il joue échappe à sa conscience, il met beaucoup d'application à l'interpréter.

— Regarde ces cavaliers, dis-je à Joëlle, ça ne te fait penser à rien ?

— Peut-être à la reproduction que tu tiens à la main. Je me dis que si l'on s'avançait un peu plus, on pourrait presque s'introduire dans le tableau de Gros.

S'introduire dans un tableau. S'il y en a un qui a compris cela, c'est Napoléon. Lorsque David lui soumet sa toile du *Sacre*, il s'écrie : « Quel relief, quelle vérité, ce n'est pas de la peinture, on marche dans ce tableau. » Monarque laïc qui s'est couronné lui-même, il est *chez lui* dans ce dispositif. Marcher dans le tableau : avant la cérémonie à Notre-Dame de Paris, Talma, le tragédien, lui a appris à se tenir, à avancer avec majesté sans se dandiner.

À Eylau, on marche aussi dans le tableau. Rien n'est clairement affirmé. Bien sûr, la dizaine de cavaliers emmenés par Sokolov – à peu près le même nombre que sur la toile – ne s'amusent pas à mimer la scène de Gros. C'est à peine allusif, comprenne qui pourra. Sokolov, qui ne veut pas interpréter l'Empereur, monte néanmoins un cheval blanc. Comme Napoléon, il porte une culotte blanche. Comme lui, il est coiffé du bicorne. Sans doute n'est-il pas vêtu du manteau bordé de zibeline, sans doute ses gestes ne sont-ils pas *consolateurs* comme dans la peinture. Et il n'y a ni blessés ni cadavres au premier plan. Nous n'en sommes pas encore là, la vraie représentation aura lieu demain. Mais le groupe de cavaliers instille déjà subtilement une atmosphère à la Gros. On la sent dans le sillage qu'ils laissent en même temps que la poussière blanche soulevée par le sabot des chevaux et la fumée qui sort de leurs naseaux.

Rien que pour ce moment, je ne pouvais manquer cet anniversaire. Comme tous les instants de grâce, il est fugitif, presque invisible. L'homme qui porte un bonnet à fourrure ressemble à Berthier, le chef d'état-major de Napoléon – sur le tableau, il est immédiatement à la droite de l'Empereur, admirant la main gantée de son héros, quoiqu'un peu renfrogné. Le seul avec Murat à ne pas arborer une coiffure militaire. Le faux Berthier regarde Sokolov avec une expression reconnaissante. À ce moment, un long hennissement parcourt l'espace glacé, un cri déchirant.

Oui, Joëlle a raison, nous touchons presque la scène peinte par Gros même si la disposition et l'expression des personnages ne sont pas les mêmes. Et pourtant, tout concorde, tout s'harmonise, tout s'accomplit parfaitement alors que nous n'attendions rien. Ce surgissement porte tout ce que je suis venu confusément chercher dans ce pays lointain. Non pas le frisson, l'ivresse ou l'illusion d'un passé impossible à reconstituer, mais tout simplement un ajustement. Ces instants sont probablement régis par des règles d'apparition, un cérémonial secret qui nous dépasse. Ce hennissement, qui vient à l'instant de briser le silence, a sans doute déclenché cet état. Rien de plus banal pourtant que le cri d'un cheval, mais celui-ci ressemblait à un gémissement, presque une indignation.

Malgré la vivacité et l'allure des cavaliers qui n'ont d'autre souci que de préparer et d'organiser, j'ai l'impression d'assister à une revue funèbre. La parade de l'Empereur, qui a eu réellement lieu le 9 février à midi, a été comparée « au souffle de la vision d'Ézéchiel ». Sur le passage de Napoléon, « les moribonds se soulèvent pour l'acclamer une dernière fois ».

L'allusion au prophète qui promet la chute d'Israël n'est pas anodine. Le 9 février 1807 annonce la fin, l'Empire tombera, l'espérance sera détruite : « Ruine ! Ruine ! J'en ferai une ruine », promet Yahvé à Ézéchiel. C'est le même avertissement que lance le peintre.

Les cadavres et les mutilés de Gros, le ciel lourd de menaces, le monarque refusant de regarder le champ de bataille, l'énigmatique personnage en noir devant l'église prophétisent la faillite, la défaite, le renversement même si la réalisation de ces calamités est encore lointaine. La neige, acteur nouveau que Bonaparte expérimente quotidiennement depuis le début de cette campagne, causera sa perte en Russie cinq ans plus tard. Tout est déjà présent dans le tableau de Gros : le froid, les flocons, l'impuissance du monarque levant les yeux au ciel, les maréchaux chaudement vêtus, la troupe mutilée et grelottante.

Mais le plus extraordinaire dans cette toile est le silence. L'absence d'écho que Gros est parvenu à imposer à la scène. Une sorte de black-out. Un mouvement perpétuel que la jambe du cheval de Napoléon suspend : il va passer, il passe, il est passé. Gros a peint l'indifférence face au désastre à venir.

« As-tu vu ? », demande Yahvé à Ézéchiel qui n'a sans doute pas compris totalement le sens de ce qu'il voyait. Gros a-t-il eu conscience de la vision d'Eylau ?

Dans la lumière crue de cet après-midi d'hiver où j'arpente le champ de neige, les pieds gelés, un décrochage, une interruption dans le temps viennent d'avoir lieu. Rien à voir avec ce que j'ai ressenti il y a plus de quinze ans en compagnie du vieux cinglé. C'était un moment puissant, il nous avait mis sous pression alors que ce qui m'arrive ressemble plutôt à une décompression. Depuis que je suis en Outre-Terre, j'ai peut-être trop serré, trop compacté tous ces faits, ces images, ces impressions. Trop d'impédimenta peut-être… La chevauchée de Sokolov et ce hennissement ont relâché d'un seul coup cette contrainte que je m'étais imposée. La crainte de rater le moindre événement, la moindre péripétie a été trop forte. Peut-être avais-je trop verrouillé. À présent je me sens allégé.

Sokolov, qui est aussi un historien réputé, publiera plus tard un ouvrage sur la rivalité entre

Napoléon et le tsar Alexandre Ier. La couverture de son livre reproduit le tableau du baron Gros. Sur Eylau, il écrit : « Napoléon ne réussit à remporter qu'une victoire à la Pyrrhus[47]. » Une victoire tout de même, contrairement à l'opinion de nombreux Russes – l'historien Eugène Tarlé admet, lui aussi, que la Grande Armée a gagné. Sur cette période, Sokolov fait parfois figure d'iconoclaste. Par exemple, il s'insurge contre la comparaison entre la guerre patriotique de 1812 et la Seconde Guerre mondiale : « C'est comme si l'on essayait d'entendre les sons lointains d'un clavecin à travers le fracas d'un concert de rock. »

La « luisance de la trace »

Le soleil étincelant d'hiver s'est couché d'un seul coup. La température a aussitôt chuté. Une sorte d'*outre-gris* est tombé sur la plaine. Auparavant, un gris bleu éclatant s'est allumé sur la surface neigeuse pendant un quart d'heure, il a vacillé puis s'est éteint. Toujours ailleurs et plus loin, *au-delà*, telle est la marque de l'Outre-Terre : ni la démesure ni le dérèglement mais une position d'écart.

Dans la nuit, les sons se sont réveillés : des sifflements et des grondements ressemblant à des tubulures d'échappement – peut-être l'usine-église –, des voix, des airs de musique.

La fête au château se prépare. Nous ne sommes plus que deux à arpenter le champ de bataille. Julia, ma femme et nos fils ont préféré regagner Kaliningrad. Je les rejoindrai un peu plus tard. Nous sommes convenus que je profiterai du taxi de l'homme à la chapka. Nous sommes devenus inséparables. Il a opté définitivement pour le bonnet. Pourquoi ne l'appellerais-je pas le cormoran triste ou le cuirassier dépressif ? Il en a la taille et verse souvent dans un état d'anxiété et de tristesse intense. Il regrette de n'avoir pas apporté son uniforme de colonel pour déplorer la seconde d'après qu'« un cuirassier sans monture est comme un cul-de-jatte ». J'y songe, *Le Cuirassier blessé*, mais c'est lui. Pourtant il ne ressemble pas au personnage du tableau de Géricault. Peut-être le même regard inquiet… Lui aussi a perdu quelque chose. Ou il va le perdre ! Mais quoi ?

Une fois le jour disparu, la neige a changé de consistance. Elle croustille à présent sous les pas. Il paraît que les Inuits disposent d'au moins vingt-cinq mots pour désigner les différentes nuances de neige : la neige qui tombe, la neige qui a gelé, la neige fraîche, la neige pourrissante, la neige impolluée destinée à faire de l'eau, la neige adhérente qui sert de colle pour construire les igloos.

La ville d'Eylau – j'hésite toujours à la qualifier de ville mais ce n'est pas non plus un gros village – semble très proche, sans doute à cause des lumières qui tremblent au loin.

Enfermé dans un dôme de silence pendant la journée, le champ de bataille s'ouvre peu à peu aux bruits et aux formes éclairées par le premier quartier de la lune semblable à un D. La plaine d'Eylau se réanime, les morts veillent, je perçois leur présence invisible.

— Je ne sens rien, relève mon compagnon qui me regarde avec un air inquiet.

— Le temps détruit mais la nuit ressuscite, dis-je.

J'essaie de garder mon sérieux et ajoute :

— Les revenants, on ne soupçonne leur compagnie qu'à la chute du jour.

— Vous y croyez, vous, à ces sornettes ? interroge-t-il, mal à l'aise alors que nous remontons vers Eylau.

L'église-usine a beau scintiller faiblement, nous la voyons de plus en plus nettement, la limpidité de l'air en découpe les contours. À cet instant, elle ressemble de manière hallucinante à la peinture du colonel Langlois qui, dans son panorama, a réalisé une série de scènes autour de l'église.

L'antenne-relais qui surmonte le clocher évoque plus que jamais une corne au milieu du front. « Une licorne ! Alors là, vous ! », s'est-il exclamé. Mes observations parfois le dérident, il trouve cela « énorme ». Je suis sûr qu'il s'est accroché à moi uniquement pour cette raison. Il ne sait si je plaisante ou si je suis sérieux. En tout cas, je le divertis, pas longtemps, il est vrai, il n'a pas son pareil pour retomber dans son vague à l'âme.

Cette nature dure et aride qui nous apparaît plus nettement dans la nuit glacée annonce la proximité de tombes et de fosses communes. Je signale à mon compagnon que nous marchons probablement sur les morts. Il sursaute et se met soudain à avancer avec précaution, sur la pointe des pieds. Il a lu comme moi le récit du capitaine Coignet qui, au lendemain des combats, décrit les énormes buttes de terre et les excavations creusées par les prisonniers russes, les cadavres déversés pêle-mêle.

Ces morts sont toujours enfouis dans le sol que nous foulons. Je suppose que la terre, elle aussi, possède une mémoire. Elle stocke et restitue objets et informations. Puis, peu à peu, cette vie des profondeurs s'épuise et redevient inerte, frappée d'amnésie. Pendant combien de temps les tréfonds d'Eylau vont-ils encore travailler ? Régulièrement des ossements remontent à la surface, expulsés par une force tellurique mystérieuse, elle ne veut plus de ces dépouilles et les rend aux vivants qui en sont bien embarrassés.

Je raconte à mon acolyte une curieuse requête. Sachant que j'allais à Eylau, un homme m'a demandé de lui rapporter de la terre du champ de bataille. Il faut dire qu'il entretient avec ce lieu un rapport particulier, étant l'auteur d'un dictionnaire des soldats tués ou mortellement blessés durant les combats, paru en 2006[48]. Cette démarche m'a saisi d'admiration. Sauver de l'oubli ces combattants morts, surtout les sans-grade, les obscurs, tel est le but qu'il s'est fixé. Il a établi la liste nominative de tous les hommes tués pendant et après la grande bataille. Chacun a droit à une notice biographique établie à partir des archives du Service historique de la Défense.

Après une enquête minutieuse portant sur les contrôles individuels, il a estimé le total des morts à 4 200 – le 58e *Bulletin de la Grande Armée* donne le chiffre de 1 900. Eylau se distingue des autres batailles par le chiffre très élevé de victimes parmi les officiers généraux et les colonels : quinze tués au nombre desquels figurent deux généraux de division (d'Hautpoul et Desjardin).

Les deux départements qui ont payé le plus lourd tribut en hommes sont la Haute-Saône et la Haute-Marne.

Grâce à cet ouvrage, j'ai appris que deux fantassins issus de mon village natal, Saint-Pierre-la-Cour (Mayenne), furent tués à Eylau. L'un, François Blot, né en 1785, qui faisait partie du 3e corps de Davout, fut emporté par un boulet. Il était entré à l'armée en novembre 1805. L'autre, Jean-Louis Jamin, né lui aussi en 1785, faisait partie du même 3e corps. Il décédera trois mois plus tard à Posen des suites d'une blessure à la cuisse droite. Lui avait été enrôlé en février 1806. Il est probable que les conscrits, tous deux fusiliers, se connaissaient. Ils appartenaient au 17e de ligne, servant dans la division du général Morand, qui commanda l'un des derniers carrés à Waterloo.

Le 8 février, à trois heures du matin, ils avaient été tirés brutalement de leur sommeil pour se porter sur Eylau. Les Anciens pensaient qu'il suffisait qu'on évoquât leur nom pour que les morts reprennent vie. François Blot, Jean-Louis Jamin : ceux qui ne reviendront jamais, à la différence d'Hyacinthe Chabert, le mort-vivant.

Vingt-deux ans... Si jeunes pour mourir ! Tous les deux fusiliers, les soldats de base de l'infanterie de ligne. La piétaille de la Grande Armée, le troupeau ordinaire qui devait rester massé et se faisait massacrer. « Serrez les rangs ! Serrez les rangs ! », ainsi leur hurlaient aux oreilles les chefs de bataillon. La multitude sans laquelle il est impossible de vaincre. « Le bétail de l'Éternité », dirait Léon Bloy. Rien n'a changé depuis Bouvines. La troupe paie le plus lourd tribut. Cependant tous les espoirs étaient permis pour mes deux compatriotes. Sous l'Empire comme pendant la Révolution, on grimpait facilement dans la hiérarchie.

J'imagine quel aurait pu être leur retour à Saint-Pierre-la-Cour, le village où est née ma mère et où sont enterrés mes quatre grands-parents. Les campagnes qu'on raconte, les souffrances qu'on passe sous silence : marcher, toujours marcher, rebrousser chemin, repartir, crever de faim, piller.

Enfant, je passais mes vacances d'été à Saint-Pierre-la-Cour dans la ferme où ma mère est venue au monde, la Grande Brillet. Le domaine avait été repris par l'une de mes tantes. Je nageais dans un pur bonheur. Il y avait des coffres remplis de livres et de revues. Mes cousines, musiciennes, rivalisaient de charme. Je passais mon temps à lire, à attraper des grenouilles, à mener les vaches au pré, à chanter avec mes cousines. Saint-Pierre-la-Cour et ses bocages ombragés du pays chouan si éloignés d'Eylau !

François Blot, tu es là tout près, emprisonné pour l'éternité sous des tonnes de terre glacée. Tu n'as pas laissé de traces. Qu'as-tu fait de celui que tu aurais pu être ? Qui, à l'annonce de ta disparition, a porté le deuil ? Tes parents ? Qui étaient-ils ? J'ai essayé d'en savoir plus. Des paysans. Le père était *closier*, un modeste métayer cultivant un clos. Ils ont appris la nouvelle. Ils ont plaint leur fils plus qu'ils ne se sont plaints, puis, dans la succession naturelle des vivants et des morts, ils ont repris le cours de leur existence. Je n'ai pas retrouvé la trace de Jean-Louis Jamin, l'autre fantassin, dans les registres*.

Faire son deuil. Cette expression, devenue un lieu commun, n'existait pas – le tableau de Gros ne fait le deuil de rien du tout, il est *jour de deuil*. Sans doute ces gens n'avaient-ils pas l'habitude d'un deuil sans cadavre et sans rite. La matérialisation de la perte n'était pas leur obsession. Leur chagrin n'en devait pas moins être aussi profond.

Tandis que nous approchons du village, je me demande : vais-je pouvoir rapporter de la terre ? Le sachet que je tiens dans ma poche est désespérément vide. J'ai beau chercher : pas le moindre affleurement à la surface du sol couvert d'une couche de neige d'au moins cinquante centimètres. Quelque part au milieu de cette rase campagne où nous cheminons sont ensevelis les restes de François Blot. Comme des milliers de combattants, il n'a pas été enterré selon les rites. « La belle mort », la trace laissée dans le monde des vivants que recherchent les guerriers depuis l'Antiquité, lui a été refusée. Il a été précipité dans l'une des immenses tranchées. Jeté, brassé dans cet agrégat de viande humaine. Mélangé à tous les corps tronqués, démembrés, fendus, mais non pas semblables.

Réveiller les corps disparus, telle est l'une des missions de ce dictionnaire d'Eylau. Le plus beau monument érigé en l'honneur des oubliés et des anonymes. Chaque mort possède une substance

* Le département de la Mayenne comptait alors deux villages portant le nom de Saint-Pierre-la-Cour.

différente. Tous ces sans-traces se distinguent de cette masse qui prétend les fondre. Nantis d'une chair, de muscles distincts, riches d'une voix propre, pourvus d'une âme unique jugée par Dieu. Ces fosses ont beau être communes, les cadavres qui y ont été envoyés ne sont pas des déchets. Enfermés dans les profondeurs glacées, certains parviennent pourtant à s'échapper du monde souterrain et remontent à la surface. Pour les vivants, qui ont peur d'en prendre livraison, ils sont source de tourments.

La plaine d'Eylau n'a rien à voir avec le doux séjour que représentaient les Champs Élysées de la mythologie, ce paradis où régnait un printemps éternel, où un bienveillant zéphyr répandait le parfum des fleurs. Ici nous sommes dans le Tartare sans vie avec ses étangs gelés. La foule des ombres, les cadavres mutilés et outragés tentent en vain de forcer la prison. Ce friselis imperceptible sur la neige, ces frôlements seraient-ils l'écho de ces impulsions venues des entrailles de la terre ?

— On a l'impression d'être suivis et d'être observés, chuchote mon compagnon. Si ça continue, on va se perdre.

Pourquoi m'associe-t-il à son anxiété ? Peut-être a-t-il trop vu de films d'horreur, il redoute l'irruption de zombies qui vont contaminer les vivants. Je me sens au contraire en confiance sur ce chemin. Nos pas crissent sur une neige boueuse où se mêlent des graviers. J'ai affreusement mal aux pieds, cela ne m'empêche pas de savourer la pureté de cette soirée, le vent qui pince et gémit m'apaise.

Par bouffées, nous arrivent de la petite ville des émanations de lignite, ce charbon bon marché en usage dans les pays de l'Est, mélange de bitume et de pyrite qui peut rappeler l'œuf pourri. L'odeur des ex-pays communistes.

Mon compagnon a raison : on sent une présence, des forces qui sommeillent, un lointain mouvement. J'en suis sûr, c'est ainsi que Chabert est remonté du royaume des morts, dans ce frémissement feutré de la neige.

Voilà, nous y sommes : Chabert s'est relevé. Il a été dépouillé de ses vêtements, il est nu comme un enfant qui vient de naître. Il s'éveille. Les ennuis vont commencer.

Une expression de Levinas que je trouve très belle, quoique énigmatique, parle de la « luisance de la trace ». Qu'entend-il par là ? Que la trace n'a de sens que si elle est imperceptible, qu'elle est d'autant plus indiscutable et lumineuse qu'elle est invisible ? La plaine d'Eylau rayonne, mais cela ne se voit pas.

Nous voyons l'église-licorne disparaître puis resurgir avec sa guirlande de lampes mourantes. Parfois un éclat un peu plus ardent envoie sur le tertre un léger pinceau lumineux. Comme pour nous narguer. Elle nous observe, elle voit tout. Selon la légende, capturer une licorne, créature sauvage et rebelle, est impossible sinon par un stratagème.

Le plissement de terrain sur lequel l'édifice est construit émerge plus qu'il ne surplombe, nous le voyons se rapprocher de nous. En plein jour,

Napoléon aurait pu distinguer parfaitement notre progression.

Nous marchons sur une petite route glacée et poudrée de neige qui monte doucement vers Bagrationovsk. Dans cet espace où nous nous trouvons devait se tenir, au début de la bataille, l'aile droite de l'armée russe face au 4e corps du maréchal Soult.

C'est dans l'obscurité, sur ce chemin des morts, que l'on visualise le mieux non seulement l'emplacement de Napoléon adossé au cimetière mais aussi l'exiguïté du terrain. La géographie du lieu étant balisée aujourd'hui par l'éclairage des maisons et de quelques lampadaires, on comprend aisément que le site n'était guère propice aux grandes mises en scène stratégiques qu'affectionnait l'Empereur. La manœuvre ne pouvait qu'être étroite. Il a dû se sentir engoncé dans un tel périmètre. Du cimetière, il voyait à peu près tout. Il était aux premières loges : la scène plus bas en arc de cercle ; derrière lui, en coulisses, la Garde ; à sa droite, tapis au revers d'un mamelon, les cavaliers de Murat avec Bessières et d'Hautpoul. Le champ de bataille est simple à imaginer : une arène avec une légère surélévation de terrain permettant de jouir d'une vue étendue sur une campagne nue où se dessinent d'imperceptibles reliefs isolés.

Un phare émettant faiblement dans la nuit, telle nous apparaît, à travers les toits des premières maisons d'Eylau, la tour carrée de l'église au pied de laquelle se trouvait l'Empereur.

La flèche tronquée de l'antenne paraît encore plus monstrueuse. La corne unique au milieu du front… La licorne émet le même ronronnement toujours aussi insupportable, traversé de râles et de soupirs. La perturbation ressemble à un brouillage sonore qui parasite la nuit.

Il y a deux cents ans, au pied même de ce clocher, Napoléon recevait lui aussi une multitude de signaux sonores, autrement plus perturbants. Il est l'homme qui se tient droit dans le cimetière, il affronte le tourment des événements. Les sommets des deux chênes sous lesquels il se tient ont été décapités. Son visage reçoit le vent glacial, il n'est plus « l'âme du monde » entrevue par Hegel quatre mois plus tôt à Iéna. Où est passé le Grand Prestidigitateur ? comme l'appelait Michelet.

L'âme du monde. Expression saisissante, mais qu'a voulu signifier Hegel ? Le degré le plus élevé de l'être ? L'incarnation parfaite de la force vitale ? L'homme d'action à la pointe de l'événement ? L'individualité agissante dont le regard s'étend sur le monde et le domine ? Peut-être, plus simplement, l'homme résumant son époque, *Zeitgeist* (l'esprit du temps).

À Eylau, les âmes sont mises à contribution. Dans le canon, l'âme reçoit la charge. C'est la partie évidée du tube, le diamètre intérieur.

À présent, il est l'être seul, debout dans la neige. Berthier est à ses côtés, mais il est seul. Il entend le vacarme, c'est pour lui un bruit périphérique, il ne doit pas se laisser submerger par ce tumulte. Il s'essaie, à l'aide de sa lunette, à avoir une vue circulaire sur la plaine en contrebas. À travers l'épaisse fumée chargée de particules solides que dégage la poudre noire, il tente de voir clair au milieu de la confusion et de l'obscurité. Parmi les multiples combinatoires, une vague clarté le guide intérieurement qui va peut-être le conduire vers la vérité. Tout le problème, explique Clausewitz, est d'avoir le courage « de suivre cette faible lueur ». Son cerveau assure la collecte des informations que ses yeux tentent de déchiffrer à travers la fumée. Comment faire le tri ?

En pareil cas, « la plupart des informations sont fausses », relève l'auteur de *De la guerre*. Selon lui, les décisions à prendre sont si compliquées que Bonaparte lui-même les comparait à « des problèmes mathématiques ». Pour les résoudre, affirmait-il, il fallait le génie d'un Newton.

Nous entrons dans Bagrationovsk. Sans être très fréquentées, quelques rues sont un peu plus animées que d'ordinaire. De petits groupes se hèlent et se congratulent. Ce sont pour la plupart des figurants. On les désigne sous le nom de reconstitueurs. Une bande de grenadiers russes coiffés de la mitre en laiton paraît bien éméchée. Certains ont déjà leur compte. Tout le monde se dirige vers le château situé à l'entrée de la localité. C'est une lourde bâtisse teutonique en brique dont la base est composée d'énormes moellons bruts. Un bivouac y a été établi, destiné à accueillir les acteurs de la reconstitution. Le cuirassier dépressif a retrouvé le moral en même temps que quelques compatriotes qu'il connaît et tient à me présenter. On sent qu'il est venu pour ce moment-là, il est soulagé, cette rencontre le récompense enfin de son odyssée à travers la Pologne. Avec moi, c'était différent. Il s'est accroché à ma personne faute de mieux.

— Vous avez sur moi le droit de vie ou de mort, m'a-t-il déclaré tout à l'heure avec grandiloquence. Sauf que si vous me faites exister vous me poignardez.

Ses grands airs ont quelque chose de touchant. Il n'est pas affecté, tout au plus solennel. Solennel et blessé. C'est avec une gravité douloureuse qu'il me présente à ses amis du 10e escadron de chasseurs à cheval venus en voiture comme lui. Un voyage mouvementé : trente heures sans pratiquement s'arrêter, ils se relayaient, l'un conduisait pendant que les autres dormaient.

C'est à la frontière, tout près du monument prussien, qu'ils ont été à deux doigts de rebrousser chemin. Pendant quatre heures, il a fallu parlementer. Les gardes-frontières russes exigeaient qu'ils souscrivent à une assurance apparemment infondée. Les bagages ont été fouillés. Les douaniers ont trouvé un casque de cuirassier qu'ils se repassaient de mains en mains. À cet instant, tout a basculé : rien de plus impressionnant qu'un casque de cuirassier avec la tête de Gorgone en haut du cimier destiné à frapper d'effroi. Peut-être les Russes se sont-ils sentis intimidés par une telle pièce ou admiratifs devant ces Français venus des confins de l'Europe pour célébrer une « défaite ». En tout cas, tout s'est aplani d'un seul coup, la frontière s'est ouverte.

Ils sont au nombre de sept. Ils racontent leur aventure avec modestie et bonne humeur. Qui dit que les Français sont toujours râleurs ou mécontents ? Quand ils sont en groupe, ils aiment aussi à se comporter à contre-pied de l'image traditionnelle, prenant plaisir à surprendre, sans doute par esprit de contradiction. Ils sont confiants et étonnés. L'hébergement qu'on leur a attribué est qualifié de « dégoûtant ». Loin d'en être offusqués, la situation excite leur faconde. À voyager ensemble depuis des années, ils ont sans doute appris à apprécier la réalité telle qu'elle est.

Malgré le froid, il règne une atmosphère ardente et même volcanique dans la cour du château, mélange d'ambiance militaire et de fiesta qui me rappelle les retraites aux flambeaux de mon enfance. Un mouton cuit à la broche et les gobelets en plastique ne contiennent pas tous de l'orangeade. Des vivandières vont d'un groupe à l'autre. Les Français ont beaucoup de succès et les Russes – surtout les femmes – se font photographier avec ces étrangers si élégants dans leur uniforme.

Sokolov a fait tout à l'heure un discours que j'ai malheureusement raté. Il y a salué, paraît-il, la présence de soldats venant de Sibérie, ils ont fait plus de six mille kilomètres pour rejoindre Eylau – en comparaison les Français font figure de voisins. Il n'a pas manqué aussi d'exalter la fraternité d'armes entre belligérants. Il est vrai qu'on n'a guère l'habitude de voir des adversaires fraterniser la veille du combat.

« Où est Sokolov ? », « Vous n'avez pas vu Sokolov ? », tel le furet de la chanson, on ne sait où il est passé. Peut-être s'est-il éclipsé avec ses généraux. On ne commande pas sans un certain mystère. Ne jamais révéler ses intentions, surprendre l'adversaire autant que son propre camp, notre Napoléon-Augereau n'a pas oublié la leçon. Comme le note Baltasar Gracián, « la présence diminue la représentation, l'absence l'augmente ». Tantôt empereur, tantôt maréchal d'Empire, il est l'homme insaisissable. Je viens peut-être à l'instant de le croiser dans la nuit.

Visible et invisible, tel fut Napoléon à Eylau. L'*Infaillible* adossé au cimetière, se dévoilant à travers la fumée, s'évanouissant pour réapparaître : le flux et le reflux d'une apparition. Ou d'un courant alternatif. Il y a une sorte de *fréquence* qu'il émet, pareille à une onde magnétique, une vibration ou un battement qui oscille, s'éteint puis revient avec une intensité accrue.

Cette fête dans la cour du château, qui fut enlevé la veille de la bataille par la 2e division du général Leval, me plonge dans un état divagant. Mêlés aux tenues hivernales d'aujourd'hui, parkas matelassées, polaires, anoraks, treillis militaires de camouflage à motifs pixélisés, les shakos, bonnets de poil et autres colbacks laissent errer l'imagination sous le ciel vif et étoilé.

Sous une autre latitude, ce raout aurait tout d'une kermesse ou d'un carnaval. Ici, il fait étrangement penser à la nuit de Noël. La neige, les guirlandes, les photophores, le fantasmagorique château médiéval tout en longueur… Un signe dans le ciel, une vérité intérieure ne vont pas tarder à apparaître.

Nous sommes dans l'attente. Un privilège va nous être octroyé. Mais ce don, nous pressentons qu'il ne dépend pas de nous. Ce bienfait, cette grâce, nous allons les recevoir des mains d'un autre. Peut-être du voisin déguisé en cosaque, de ce groupe de grenadiers, des civils aussi. La réussite d'une reconstitution dépend autant du public que des acteurs.

Nous avons même droit avant l'heure aux douze coups de minuit : un feu d'artifice. Un avant-goût sans doute de la faveur qui nous sera concédée. J'ai vu des illuminations bien plus spectaculaires, jamais de plus grisantes. Les explosions dans le ciel si pur, les sifflements, la fumée, le crépitement sec des fusées, le barrage roulant, l'odeur de soufre et de charbon de bois que répand la poudre noire – elle n'est plus utilisée qu'en pyrotechnie : pendant un quart d'heure je me suis trouvé au cœur de la bataille. L'illusion était parfaite. Ce n'est pas toujours le cas.

Reporter, j'ai assisté de près à des combats. Au début, la sensation auditive qu'ils produisaient m'apparaissait factice. Jusqu'alors, je n'avais entendu la guerre qu'à travers les effets sonores du cinéma. Les grondements, les détonations, le claquement des armes à feu y ont quelque chose d'outré et de démonstratif afin de faire vrai, alors que, la première fois, le bruit d'une véritable conflagration ne *cadre* pas : les sons y sont racornis, sans relief, presque étriqués.

Pendant la bataille de Waterloo, c'est l'étrangeté du vacarme qui étonne le plus Fabrice. Stendhal nous dit même que son héros est « scandalisé » par le bruit. Fabrice voit par exemple deux hussards touchés à mort qui tombent de cheval « avec un cri sec ». L'acoustique ne s'accorde pas. Clausewitz évoque de son côté ce « son bref et aigu des balles qui frôle l'oreille et l'âme » – c'est sur l'âme évidemment que ce claquement sans résonance fait le plus d'effet.

Je me souviens des notes étranges qu'émettait l'artillerie de marine américaine au Liban pendant la guerre du Chouf en 1983 : un énorme bruit de chambre à air qui éclate, une sorte d'éructation brève, apparemment inoffensive. Elle n'avait rien à voir avec l'ambiance de tonnerre qu'aime à répandre le cinéma, à l'opposé du principe selon lequel le réel *fait* d'autant plus juste qu'il est sans éclat et sans épaisseur. Et le crépitement des balles ! Dans la réalité, il est en effet singulièrement sec, bref, maigre, la stridulation fugitive d'un insecte dangereux.

Fortuit et pour tout dire quelconque, le feu d'artifice a fait surgir un instant l'illusion du 8 février 1807. Quand les déflagrations ont cessé, l'air est resté longtemps imprégné des effluves entêtants de la poudre noire. Une erreur de perception, un mirage que nous avons voulu tous gober sans exception. Même le cuirassier dépressif a marché. Je le trouve pour le coup exalté : « On y a vraiment cru, n'est-ce pas ! D'autant qu'ils ne l'ont pas fait exprès. » Chagrin, il ajoute : « Difficile demain de surpasser un tel moment. »

La fête est finie. Le feu d'artifice l'a tuée. Nous regagnons le véhicule de mon compagnon, qui doit nous ramener à Kaliningrad.

Une bise glaciale nous prend à la gorge. Comme

toute chose ici-bas, le froid possède une empreinte olfactive. Il exhale une odeur opaque et crissante où prévalent des senteurs métalliques, des notes d'oxydation qui rappellent la rouille, quelque chose d'astringent. Cette sensation resserre anxieusement l'odorat.

Dans la voiture, il me signale incidemment qu'il est originaire du Tarn où est né le général d'Hautpoul, chef de la 2e division de cuirassiers, mort six jours après Eylau des suites de ses blessures. Je suis content de lui préciser que ce grand cavalier a servi en partie de modèle au colonel Chabert, même si Balzac a fait une confusion avec un autre membre de la famille, Alphonse-Henri d'Hautpoul, grièvement blessé aux Arapiles en 1812, dépouillé et laissé pour mort : « Par son père, Bernard-Pierre Balssa, Tarnais lui aussi, Balzac était lointainement apparenté à la famille d'Hautpoul. » Mais ces liens, qui me passionnent, laissent indifférent le grand échalas. « *Chabert*, ce n'est que de la littérature. J'ai essayé de le lire : ça m'est tombé des mains ! Vous vous rendez compte, il revient neuf ans après. Ça ne tient pas debout ! Moi, je ne lis que de l'histoire et des bios. »

Le Colonel Chabert n'est que de la littérature. Ce mépris contemporain pour tout ce qui se rapporte à la faculté de comprendre, de connaître, d'aimer que procurent l'œuvre écrite et un usage particulier du langage ! Inutilité de tout cela. Ainsi, *Le Colonel Chabert* lui tombe des mains !

Qui est d'Hautpoul ?

Le Château de Salettes rouge est un vin de Gaillac, sans doute le plus ancien vignoble de France. On peut dire qu'il est saisissant par son attaque. Coloré, charpenté, massif, il se signale par ses notes épicées. Sa puissance n'empêche pas un fond élégant et une vraie complexité qui lui confèrent beaucoup de charme.

Au milieu du vignoble, dressé sur un éperon rocheux, l'ancien château médiéval a belle allure. Le paysage et ses douces collines rappellent l'Ombrie. Depuis longtemps Salettes menaçait ruine, la bâtisse vient d'être restaurée de fond en comble. L'œnotourisme est à la mode. La gentilhommière s'est transformée en un hôtel de charme au goût du jour : chambres à la décoration contemporaine, pierres brutes, lignes épurées, aménagement minimaliste. Le restaurant, qui joue lui aussi sur le dépouillement, s'enorgueillit d'un macaron Michelin.

Dans la tour ronde coiffée d'un toit en éteignoir est né en 1754 Jean-Joseph d'Hautpoul, issu d'une des plus anciennes familles nobles de France.

Dans toutes les nuances de sa typicité, les mérites du vin de Salettes peuvent s'appliquer exactement au futur commandant des cuirassiers, mélange de solidité et de finesse. Il appartient avec Lasalle, Colbert, Nansouty et Caulaincourt à cette poignée de grands cavaliers de l'Empire. Fonceur, remarquable meneur d'hommes, tous ces qualificatifs ne suffisent pas à rendre compte de la personnalité de ce guerrier que l'on a fait passer pour un sabreur voire un soudard. Il n'avait pas la parole facile, répugnait au discours mais n'avait pas son pareil pour emmener ses hommes et les pousser à fond.

On connaît ses capacités militaires, en revanche on sait très peu de choses sur l'homme. Noble, il était déjà officier de chasseurs au moment de la Révolution et refusa de s'exiler. On sait qu'il aimait le métier des armes, c'est peut-être ce qui l'incita à accompagner les péripéties de la Révolution. Adhérer à ses principes ? Il n'a pas fait de confidences à ce sujet.

D'Hautpoul fut à Valmy. Lorsque, pendant la Terreur, la Convention décrétera la radiation de l'armée de tous les aristocrates et leur arrestation, le régiment qu'il commandait n'hésitera pas à se rebeller et, cas unique, parviendra à le maintenir à sa tête. À Fleurus, il est à la tête de la charge qui permet de franchir la rivière sous le feu de l'ennemi. Ce coup audacieux sème la panique chez les Autrichiens. Affecté à la légendaire armée de Sambre-et-Meuse, blessé à Altenkirchen, il combat sous les ordres de Hoche, lequel va réformer la cavalerie et créer une division indépendante commandée par d'Hautpoul devenu général. L'affaire de Stockach en 1799, où Jourdan, repoussé sur le Rhin, tentera de faire rejeter l'échec de cette bataille sur d'Hautpoul aurait pu marquer un temps d'arrêt dans sa carrière mais il est blanchi et rétabli dans son grade. Nommé inspecteur général de cavalerie par Bonaparte en 1801, il fait partie de ces officiers supérieurs de l'Empire dont l'existence ne semble composée que d'une suite de batailles et de promotions[49].

D'Hautpoul n'est pourtant pas un militaire comme les autres. Ainsi, il présidera le collège électoral du Tarn et sera élevé au rang de sénateur. À la tête de quatre mille cavaliers, c'est lui qui va culbuter le centre russe à Austerlitz. La phrase de Chabert : « J'ai été pour beaucoup dans le succès de la charge qui décida le gain de la bataille », d'Hautpoul, qui va jouer un rôle décisif à Iéna, aurait pu la prendre à son compte. Dans une des rares lettres parvenues à notre connaissance, d'Hautpoul termine néanmoins le récit de ses combats à un ami par ces mots désabusés : « Oh ! Peut-on éprouver autant de peine au milieu de la gloire et de la fortune ? »

Le hasard m'avait mené ce printemps dans le Tarn – je revenais tout juste d'un séjour à Moscou où j'avais fait une découverte étonnante. J'ai voulu m'arrêter à Gaillac, délicieuse petite ville que la globalisation n'a pas trop endommagée. À l'ombre de ses hôtels particuliers en briques roses, de ses jardins, de ses ruelles étroites, de ses placettes à l'italienne, une douceur de vivre y est encore visible.

Sur la place principale se dresse le monument dédié au général d'Hautpoul. Cette statue est, si l'on ose dire, *édifiante*.

À la terrasse d'un café, je me suis placé devant le piédestal sur lequel est inscrit : « Jean-Joseph d'Hautpoul, sénateur, général de division, grand-croix de l'ordre de la Légion d'honneur né à Salettes, arrondissement de Gaillac-Tarn, le XIII mai MDCCLIV, blessé mortellement à Eylau, le 8 février MDCCCVII. »

Pourquoi les mots « blessé mortellement à Eylau » m'ont-ils ému à ce point ? Nous étions au début du printemps, le soleil caressait doucement les façades de la place. Comment ne pas être sensible au télescopage : cette ville rayonnante dans la délicate lumière rouge orange d'avril et l'aridité glaçante d'Eylau ?

Je n'éprouve pas un amour immodéré pour les guerriers. Les hommes sont toujours les mêmes, ils adorent s'étriper. « Depuis six mille ans, la guerre. Les carnages, les victoires, voilà notre grand amour » (Victor Hugo). Ce sport rudimentaire libère et ravit leur âme barbare. « On jouit en faisant la guerre. On est dans le bruit, dans la fumée, dans le mouvement », se plaisait à dire un autre cavalier de l'Empire, le général Lasalle. Dans l'argot de la Grande Armée, le combat, c'est « la fête » ou « la noce ».

Et les lendemains de « fête » ? D'après le chirurgien Percy dont le témoignage sur Eylau est de loin le plus cru, ce n'était pas beau à voir : « Rien n'égale l'égoïsme, la fureur rapace et l'inhumanité des soldats : on marche sur les cadavres ; on foule aux pieds les membres coupés. […] On ose même enlever aux pauvres blessés la paille que nous leur avons procurée. […] Point de pitié aux armées ; nulle sensibilité. […] Tout est barbare de sang-froid. » Et Percy d'ajouter : « Si j'osais le dire, je sais bien le nom qu'il faudrait donner aux individus dont la masse compose une armée. »

Me revenait à l'esprit la phrase : « Oh ! Peut-on éprouver autant de peine… » Dans la même lettre, d'Hautpoul évoque « l'affreux combat de Lübeck », ville neutre où les débris de l'armée prussienne se réfugièrent après Iéna. Elle fut prise d'assaut par la division d'Hautpoul au terme d'une opération qui, à l'en croire, n'avait rien de glorieux. Le général de cuirassiers, alors âgé de cinquante-deux ans, n'a plus que trois mois à vivre. J'ai songé à « ce beau ciel de France » et à ce sentiment de dépaysement et d'exil si bien décrit par le commandant Parquin soumis à l'épreuve du froid et de la faim.

Sur deux lignes, en colonne, d'Hautpoul, « l'effrayant cuirassier » comme le nomme Léon Bloy, va charger à la tête de ses deux mille cavaliers. Avait-il le sentiment de sa propre fin ? Il aurait pu être sauvé s'il avait été aussitôt amputé mais, devant la multitude de blessés qui attendaient pour être secourus, il avait refusé tout passe-droit. Interrogé par Napoléon, le baron Percy, chirurgien en chef de la Grande Armée, pensait que d'Hautpoul allait s'en sortir. Mais il était trop tard : la gangrène s'installa. L'agonie dura six jours. À son cousin, jeune sous-lieutenant d'infanterie, qui avait été autorisé à le voir, il déclarera : « Je suis perdu, mais je te laisse un bel exemple à suivre. Je meurs pour la France et pour l'Empereur. »

Il mourut au château de Worienen, près d'Eylau, où il fut enterré. Trois semaines plus tard, Napoléon ordonna qu'avec le bronze des vingt-quatre canons pris à l'ennemi fût érigée une statue équestre d'Hautpoul. Elle devait orner le pont d'Iéna à Paris avec d'autres généraux tués pendant la campagne de Prusse. La chute de l'Empire et la Restauration ne permirent pas la réalisation de ce projet. La dépouille d'Hautpoul fut rapatriée en France en 1808. Il repose aujourd'hui au Père-Lachaise tandis que son cœur est conservé dans le caveau des gouverneurs, aux Invalides.

Fondre le bronze de vingt-quatre canons enlevés à l'ennemi pour en faire une statue, voilà un geste pour le coup *désarmant*. Napoléon en a-t-il eu lui-même l'idée ? En tout cas, le procédé est bien dans la manière d'un homme qui, connaissant la force des symboles, se couronne lui-même le jour du sacre et fait élever la colonne Vendôme avec les canons russes et autrichiens saisis à Austerlitz. Cette fois, la décision qu'il a prise se rapporte à un homme auquel il tenait. Elle était destinée surtout à frapper les esprits. Ainsi montrait-il qu'il n'était pas un ingrat et savait reconnaître le mérite de ses généraux. Cependant Napoléon n'était pas homme à s'appesantir sur la disparition d'un de ses paladins. Il pouvait s'apitoyer quelques instants, le disparu ne lui était plus utile, il tournait vite la page – excepté, plus tard, pour Duroc, son homme de confiance. Dans sa décision, la personne même d'Hautpoul est accessoire, seuls comptent les vingt-quatre canons soustraits aux Russes.

Une manière de bien faire comprendre à ceux qui doutent à Paris qu'Eylau est une victoire.

Sous la monarchie de Juillet, une fois le proscrit de Sainte-Hélène revenu en odeur de sainteté, le fils d'Hautpoul, Alphonse-Napoléon, se souviendra des fameux canons d'Eylau. Il reprendra l'idée. La statue sera érigée cette fois non pas à Paris mais à Gaillac. Elle fut inaugurée solennellement en 1851. Le sculpteur, Nicolas Jaley, s'était efforcé de reconstituer un d'Hautpoul ressemblant car on ne dispose d'aucun portrait exécuté de son vivant. Le bronze, qui faisait la fierté des Gaillacois, fut déboulonné en 1942 et, malgré de vives protestations, envoyé à la fonte pour être utilisé par l'industrie de guerre allemande.

La nouvelle statue que je contemple a été inaugurée en 1949. Elle ne ressemble en rien à la précédente. D'Hautpoul a de grosses cuisses et il appuie coquettement sa main droite sur la hanche comme un mirliflore de défilé de mode. La municipalité de l'époque n'était pas très enthousiaste et faillit refuser la nouvelle statue : « La figure campe mal et le mouvement est faux[50]. » Le socle est couvert de plaques qui résument bien les vicissitudes de notre histoire. La dernière en date apposée en 1999 par l'ancienne municipalité de gauche se veut un « rectificatif historique ». Elle stipule que la statue déboulonnée en 1942 est un « acte dont la responsabilité incombe aux autorités de Vichy » et qu'il

« a contribué à soutenir l'effort de guerre nazi ». Mais enfin, malgré cette abondance d'inscriptions, le valeureux général de cuirassiers est là au beau milieu de sa bonne ville de Gaillac. La statue a beau être en pierre, beaucoup de Gaillacois sont persuadés qu'elle est faite des canons pris à Eylau.

Que peuvent bien représenter aujourd'hui un personnage comme d'Hautpoul et un affrontement comme Eylau ? Pendant mon séjour à Gaillac, j'ai pu constater que rares étaient ceux qui étaient au fait et de l'un et de l'autre. Ne sommes-nous pas arrivés à un épuisement de la geste nationale et des grands événements historiques, comme une sorte d'assèchement de la mémoire ? Néanmoins, dans cette lente mise à sec, n'en déplaise à nos pleurnicheurs d'une France à jamais disparue, un fond subsiste, une marque en creux laissée par la trace de quelques moments et de quelques figures, une sorte de fierté.

Sur la terrasse de la place alors que je prenais des notes, j'ai fait la connaissance d'un couple de brocanteurs-antiquaires qui prétendit me connaître.

— On s'est déjà vus ? Vous travaillez à l'inspection des Monuments historiques, n'est-ce pas !

Ai-je une tête à travailler aux Monuments historiques ? C'est possible, d'ailleurs, à y regarder de près, ce n'est pas loin de la vérité. Les monuments, les mémoriaux et autres reliques, c'est ma spécialité. Cependant, je suis sûr de n'avoir jamais vu ces deux-là. Ce genre de méprise m'arrive fréquemment. Je suis interpellé par des inconnus qui sont persuadés de m'avoir rencontré aux sports d'hiver

– je hais les sports d'hiver – ou dans je ne sais quel dîner à Autun – cité que je ne connais pas encore, à mon grand regret. Presque toujours, je me sens obligé de démentir avec mollesse : « Je ne crois pas, mais vous savez, j'ai une très mauvaise mémoire. » Les gens n'aiment pas qu'on mette en doute ce qu'ils croient être des souvenirs, ils prennent cela pour un reniement.

C'est étrange : mes deux marchands d'antiquités faisaient commerce d'objets anciens mais le passé ne les intéressait pas, seule leur importait la chasse. Ou l'argent. Je n'arrive pas à savoir. Peut-être la chasse et l'argent. Tous les deux ont la quarantaine. Lui, mise de néo-dandy, chaussé de boots soigneusement usés. Elle, belle plante, cigarillo au bec, blouson de cuir, robe chic et style minutieusement décontracté. Ils relient l'histoire d'Hautpoul au présent. Comme beaucoup d'individus de leur génération, leurs références sont exclusivement cinématographiques, si possible récentes. La littérature, l'histoire n'existent pas ou alors il faut qu'elles soient légitimées par un film. Ils parlent du *Seigneur des anneaux*. Pour eux, Eylau est une péripétie de même nature que la charge des Rohirrim lors de la bataille des champs du Pelennor, épisode que je me suis empressé ensuite de visionner sur Internet. L'événement n'a aucun rapport historique avec la charge d'Eylau, mais la chevauchée des cinq mille cavaliers emmenés par le roi Théoden contre les Orques repoussants est un moment magnifique pour qui aime les films à grand spectacle. Les lances brandies que touche une à une le monarque, l'immense clameur avant le signal, l'attaque impétueuse des chevaliers étendards au vent : à l'évidence, les dieux de la guerre n'étaient pas loin lorsque le réalisateur, Peter Jackson, a filmé la scène. Le mot « épique » vient naturellement à l'esprit mais toute charge de cavalerie convenablement filmée peut être qualifiée d'épique.

Puisqu'ils ont l'air féru de cinéma, j'évoque avec eux *Le Colonel Chabert* d'Yves Angelo sorti en 1994. Séquence assez brève, la charge des cuirassiers que le réalisateur décida d'ajouter *in extremis* est le traceur du film dont l'action se déroule pour l'essentiel dans les salons de la Restauration. Il étalonne le récit. Une lumière sépulcrale baigne le champ de bataille. La pénombre funèbre, annonciatrice du carnage… La beauté de la scène réside dans le contraste : la brutalité de la charge et l'air doux et mélodieux qui l'accompagne (la sonate D 959 pour piano de Schubert).

« Obligatoirement. » L'antiquaire ponctue chaque phrase de ce mot. C'est la génération sans doute des quarantenaires qui veut cela : dans la conversation, il importe que tout propos soit frappé d'un caractère évident et nécessaire, à plus forte raison quand il est douteux. Au-delà de ce tic, il est charmant et drôle comme on sait l'être à cet âge, les deux qualificatifs allant de pair, sa drôlerie semble surtout destinée à assouvir un besoin vital de plaire.

Je leur raconte que je me trouvais à Eylau il y a deux mois. Comme beaucoup de gens, ils sont étonnés de découvrir que le lieu est situé en Russie.

Ils sont encore plus surpris d'apprendre que j'ai fait ce voyage en famille accompagné de mes deux fils, légèrement plus jeunes qu'eux. Comment leur expliquer ma passion pour *Le Colonel Chabert* ?

— Connaissez-vous le village de Montirat ?

— Vous nous prenez pour qui ? persifle l'antiquaire. On a écumé tout le département et bien au-delà. Montirat se trouve dans la vallée du Viaur, un coin complètement perdu. L'église est intéressante, gothique, je crois.

Je leur raconte que le père de Balzac, Bernard-François Balssa, est né dans ce trou, à la ferme de la Nougayrié.

— La Nougayrié, ça me dit quelque chose. Il y a une stèle. Balzac, vous savez, c'est loin pour moi. J'ai essayé de lire *Le Cousin Pons*, cette histoire de collectionneur… Normalement, ça aurait dû m'intéresser. Je n'ai pas terminé.

Décidément, encore un qui se barbe à la lecture de Balzac ! À croire que la littérature est de plus en plus mal considérée et que ses représentations ont cessé d'agir, comme si ces deux-là se trouvaient pris dans une modernité rassasiée, indifférente, revenue de tout.

Il se trouve que l'arrière-grand-oncle de Bernard-François Balssa contracta mariage avec une demoiselle d'Hautpoul, alliance que ne pouvait ignorer Honoré de Balzac. Mais l'auteur de *La Comédie humaine* n'aimait pas faire allusion à ses racines tarnaises. Aucun roman ne se situe dans cette région qu'il a soigneusement évitée toute sa vie[51]. C'est qu'un drame est attaché à la famille Balzac.

L'oncle de l'écrivain, Louis Balssa, fut guillotiné en 1819 pour l'assassinat d'une servante enceinte de six mois[52]. Il apparaît aujourd'hui qu'il était innocent. La figure de Louis Balssa n'est pas très éloignée du personnage de Chabert. Il est l'Absent. Le père de Balzac et Balzac lui-même se sont évertués à le faire disparaître du roman familial. Il ne reviendra jamais d'entre les morts. Physiquement, symboliquement, il n'est plus rien.

Le Colonel Chabert n'est pas tendre à l'égard de la justice : « J'ai été enterré sous des morts, s'écrie l'ancien cavalier de la Garde, mais maintenant je suis enterré sous des vivants, sous des actes, sous des faits, sous la société tout entière qui veut me faire entrer sous terre. »

— Vous avez finalement retrouvé sa tombe ? a demandé la fille.

— Quelle tombe ?

— Celle de ce Chabert. Vous êtes allé là-bas pour cela, je suppose.

Je me suis retenu de lui répliquer d'un ton ironique que Chabert était un personnage de fiction mais à quoi bon ! Sa question était pardonnable. Je n'ai cessé de leur parler de ce personnage comme s'il avait existé. J'ai rattaché son histoire à celle du général d'Hautpoul. Elle a écouté d'une oreille et tout mélangé. Cependant elle n'est pas dénuée de flair et demande :

— Que cherchez-vous à la fin ? Ce n'est pas clair.

Si je le savais moi-même ! Je ne peux me permettre de leur répondre ainsi. « Je cherche ce que je ne puis trouver. » C'est une phrase que j'aime beaucoup. Je l'ai dénichée dans un livre de Chrétien de Troyes, *Yvain ou le Chevalier au lion*[53]. Le héros se moque du but. C'est l'aventure et elle seule qui l'intéresse. Aller au-devant du danger. Accomplir des prouesses. Il cherche l'affrontement, n'importe lequel, pourvu qu'il mette à l'épreuve son courage. Je pense que le seul fait de chercher a sa propre justification. Est-ce que cette quête a besoin d'être légitimée par un objectif ? C'est dans cet esprit que je suis venu à Gaillac. Besoin sans doute de visualiser ce d'Hautpoul, ne serait-ce que par une statue.

J'ai de plus en plus la conviction que c'est un personnage central, il est exactement au point d'intersection de la bataille d'Eylau et du récit de Balzac. Ce qui me plaît c'est qu'on ne sait pas grand-chose sur lui. Sa vie se résume à des états de service, à une extrême bravoure au combat, mais c'est tout.

La fille considérait intensément la statue en inhalant son cigarillo.

— On ne peut pas en tirer grand-chose. Il a le regard vide.

— C'est le cas de la plupart des statues, a relevé son compagnon. Ce n'est pas un chef-d'œuvre, c'est clair. Mais les Gaillacois y sont attachés.

À l'armée, on appelait d'Hautpoul le Meunier. Paraît-il à cause de son teint blême comme passé dans la farine. Je crois plutôt que le surnom évoque le sabreur, celui qui broie et réduit en poudre ses adversaires. Il suffisait que d'Hautpoul apparaisse avec ses cuirassiers pour qu'il écrase tout sur son passage. D'où l'expression « piler un carreau ». Ce terme provient, semble-t-il, d'Eylau : les cavaliers d'Hautpoul mirent les carrés russes dans un tel état qu'il n'en resta plus rien.

La fille au cigarillo montait à cheval. Ce n'est pas d'Hautpoul, l'enfant du pays, qui l'intéressait mais le destrier. Les cuirassiers montaient de grands et gros chevaux de la stature des percherons. Cependant leur taille ne devait pas dépasser 1,60 mètre. Au-delà, il était moins facile de les enfourcher même si les cavaliers faisaient figure de géants – ils devaient mesurer plus de 1,73 mètre.

— 1,73 mètre, ce n'est pas une taille de géant !

— Pour l'époque, si. La taille moyenne des conscrits était d'environ 1,63 mètre. Ce qui est étonnant, c'est que, dans l'ensemble, la cavalerie française avait la réputation d'être mal montée. Et pourtant elle terrifiait ses adversaires car elle chargeait à fond.

Wellington disait : « Quand je vois un cuirassier français à côté de sa rosse, je ris ; quand il est dessus, je l'admire ; quand il charge, j'ai peur. »

La conversation languit. Je sens que l'antiquaire se met en quatre pour m'être agréable. Il pose des questions dont il n'écoute pas les réponses. Elle, appartient à une autre planète avec un code vestimentaire au second degré certainement très intéressant mais qu'il m'est impossible de déchiffrer. Comme beaucoup de jeunes bourgeois de son âge, elle cultive évidemment l'autodérision et doit déplorer que je pratique peu ce sport – elle ne me connaît pas, je sais rire de mes faiblesses, laborieusement il est vrai ; « ça sent trop l'effort », assurent mes deux fistons.

— En fin de compte, cette histoire d'Eylau, c'est très *camp*.

Je réponds imprudemment :

— Oui, si l'on veut, un lieu de rassemblement pour l'armée…

Néanmoins je soupçonne une autre signification car elle prononce le *p*. Je l'apprendrai plus tard, le *camp*, terme américain qui fleure bon les seventies, désigne un certain style décalé et outré, un goût pour le kitsch qui va de pair avec une attirance pour la laideur, étape préalable au bon goût. Pourquoi pas ! Eylau est un sujet kitsch. Par son exotisme à la fois proche et lointain. Le décor prusso-soviétique est kitsch. Cette accumulation de faits et d'impressions n'est-elle pas kitsch ! Je devine à peu près ce qu'elle pense : ma démarche est ringarde. Tellement démodée ! Cependant nous aurions pu trouver un terrain d'entente.

J'aimerais leur parler de la leçon d'*Yvain* : on finit toujours par trouver ce que l'on ne cherchait pas. Les archéologues savent rarement ce qu'ils vont déterrer. Un jour, par surprise, survient un fait capital dont on ne connaissait ni l'importance ni même l'existence : la *sérendipité*, c'est un mot à la mode. Yvain est dans l'impatience, il ne sait pas attendre, il ne tient pas en place et veut brûler les étapes. Il arrive toujours en retard ou ric-rac.

Son véritable adversaire qu'il n'arrivera jamais à identifier, c'est le temps. « Je puis tout vous donner sauf du temps », répondait Napoléon à ceux qui le sollicitaient.

Au fond, tout cela est très *camp*.

TROISIÈME PARTIE

« Murat vient de passer comme un torrent, écrasant toute l'Europe, en une demi-heure, sur quatre kilomètres carrés. »

LÉON BLOY, *L'Âme de Napoléon*.

L'homme seul

De ma soirée au château d'Eylau, je suis rentré harassé à Kaliningrad. Ma femme et nos enfants m'attendent au restaurant de l'hôtel. J'ai failli inviter le cuirassier blessé que je sentais seul. Au dernier moment, je me suis dégonflé, j'appréhendais une nouvelle phase de spleen. Je la voyais monter dans la voiture… sa tête d'éteignoir de plus en plus endolorie. Je me suis dit que Joëlle et nos deux fils qui supportent mal les gens ennuyeux et les figures de carême allaient me reprocher d'avoir plombé la soirée. Mais il n'est pas assommant. C'est juste son anxiété qui le rend fatigant. Cependant j'ai appris à apprécier sa compagnie. Sur le premier Empire, il est imbattable. J'aime son enthousiasme quand il parle des cuirassiers, c'est le seul moment où il vibre et où son visage s'illumine.

— Je parie que tu vas nous annoncer qu'on a raté quelque chose, s'exclame Cadet.

— C'est la vérité. Un tel feu d'artifice ! Honnêtement, je n'en ai jamais vu de pareil. Je me suis cru dans la bataille. Ça crépitait de partout.

— La campagne électorale se corse en France,

dit l'aîné qui vient de regarder TV5. Ségolène propose des centres d'éducation renforcés avec encadrement militaire.

L'information tombe à plat. Nous ne sommes pas intéressés. Pire encore, nous prenons plaisir à notre manque de curiosité. Nous sommes déconnectés. Ici le téléphone portable est inopérant. Nous savourons la pause dans cette enclave cachée entre la Pologne et la Lituanie. Elle m'apparaît comme une île, un arrière-monde, un fragment bien détaché. Il y fait un froid du diable mais je me sens bien dans cette encoignure russo-prussienne.

Je prends de plus en plus goût à la cuisine russe. Elle se joue du contraste et même de la discordance : l'aigre-doux, la crème fermentée, la saumure et le velouté. Sous le piquant, le mordant ou l'épicé perce la suavité. Une préparation à l'aspect mastoc et indigeste se révèle un prodige de légèreté, presque immatériel. Une tension perpétuelle règne entre la texture et le goût. Elle surprend toujours. La saveur réside pour une large part dans son caractère élémentaire, peu transformé en même temps qu'imprévu. Il y a quelque chose d'increvable, voire de jusqu'au-boutiste dans ce corps-à-corps culinaire. En apparence rudimentaire, ce goût n'a jamais dit son dernier mot et se plaît à renverser les apparences. Rien ne lui résiste – excepté peut-être la vodka. Seul défaut de ces préparations : elles s'accordent difficilement au vin qui ne parvient pas à s'introduire au cœur de ces nourritures. Le vin est un trouble-fête, il est indésirable. Malgré sa puissance, le vin de Géorgie que nous dégustons est exterminé promptement par cette cuisine invulnérable.

Une fois de plus je suis frappé par l'analogie entre cuisine et territoire. Cet art culinaire est indéniablement russe mais on y perçoit des inflexions subtilement baltes et germaniques, un penchant pour le pané, un côté schnitzel qui du coup me plaît beaucoup moins et atténue la sincérité et la vigueur de cette cuisine. Kaliningrad est un territoire russe, c'est entendu, mais enclave au sein de l'Union européenne.

La conversation porte sur les exercices auxquels nous avons assisté cet après-midi en attendant la reconstitution de demain. Nous faisons le point. Ils ont été témoins de manœuvres de cavaliers mais ce n'était pas la charge de Murat. À se demander d'ailleurs si elle a eu lieu pour les Russes. Je leur raconte la flamboyante arrivée de Sokolov et de sa suite. Inévitablement, l'histoire de Fabrice del Dongo qui ne voit rien de la bataille de Waterloo est évoquée.

— « Comme Fabrice à Waterloo », il faudrait que tu sortes de ce lieu commun, intime Cadet.

Il ajoute :

— Bon, pas besoin de faire un dessin : individuellement on ne voit rien, on ne sait rien d'une bataille. Vous avez remarqué, au cinéma, les affrontements entre deux armées sont presque toujours ratés. Alors que les préparatifs sont clairs. Avant la rencontre, on perçoit l'enjeu mais, dès que le choc a lieu, on n'y comprend plus rien, c'est la confusion. On ne voit qu'une série de duels mais il manque la vue d'ensemble. Aucun cinéaste ne peut reconstituer le mouvement.

— Si, dis-je, dans le *Waterloo* de Bondartchouk. C'est l'un des seuls films où l'on saisit le panorama de la bataille. Notamment les carrés que la cavalerie française essaie d'entamer. C'est très spectaculaire ! Il a tourné ces scènes depuis un hélicoptère. S'il n'avait eu qu'un nombre limité de figurants, il aurait renoncé à ces vues aériennes. Mais il disposait de plus de quinze mille soldats de l'Armée rouge sans compter deux à trois mille cavaliers.

À Paris, avant le départ, nous avons visionné la scène de la charge tournée par Yves Angelo, sans doute le moment le plus envoûtant du *Colonel Chabert*. Avant le choc, il a filmé l'attente, le silence menaçant, la plaine d'un blanc mortuaire et surtout l'horizon sur lequel un trait commence à noircir. La forme incertaine s'épaissit. On distingue alors la ligne des cuirassiers qui avance au galop tandis qu'un bruit confus rompt doucement le silence. Un bourdonnement qui croît et qu'on ne reconnaît pas sur le moment : le martèlement des sabots qui grossit jusqu'à ressembler à un séisme. Dans les représentations d'Eylau, c'est le moment qu'il ne faut surtout pas rater.

Le colonel Langlois, l'homme des panoramas, mettra un soin particulier à reproduire l'instant où l'on voit arriver le général d'Hautpoul à la tête de ses cuirassiers. Le réalisme de la scène, l'effet de surgissement étaient si troublants que le public, instinctivement, s'écartait en voyant les centaures foncer sur eux.

Avec presque rien, on peut évoquer presque tout. C'est l'ambition de Sokolov demain. Il dispose de maigres troupes, mais avec des figurants inspirés et de l'imagination, il peut donner l'illusion d'un grand déploiement. Pendant la Seconde Guerre mondiale, plusieurs charges de cavalerie se sont déroulées en Russie. Elles terrifiaient les soldats de la Wehrmacht. Un millier de cosaques suffisait à donner l'impression que toute la ligne d'horizon était couverte par un nuage noir[54].

Avec seulement deux cents cavaliers, Yves Angelo est parvenu non pas à ressusciter mais à transposer ce qui sera la cause du malheur de Chabert. Il n'a pas tout à fait évité le piège du morceau de bravoure mais il serait malvenu de le lui reprocher. La scène de la charge qui ne dure pas plus de quatre minutes m'a à ce point intrigué que j'ai voulu rencontrer le cinéaste. Lui aussi s'est trouvé confronté à la question : comment raconter la bataille différemment ? « Ce n'est pas le nombre qui compte mais l'étalement et surtout la qualité des cavaliers », m'a-t-il confié. Il avait déjà essayé de filmer la séquence dans un paysage du Jura, à mille mètres d'altitude, pour avoir de la neige, mais le résultat s'était révélé décevant. Il a fini par trouver des cavaliers polonais d'une dextérité remarquable à la frontière biélorusse.

— Le tournage du film était terminé. Je n'avais plus d'équipe. Je suis parti seul et j'ai filmé seul, m'avait expliqué cet ancien chef opérateur passé à la réalisation. Tout se présentait bien, excepté pour un acteur important qui refusait d'apparaître, la neige. Pourtant, de ce côté-là, j'étais sûr de moi. En Pologne, on a en principe de la neige en hiver ou alors on n'est plus en Pologne. La catastrophe ! Ça n'était pas arrivé depuis 1895. J'avais devant moi une plaine presque verdoyante. Au bout d'une semaine d'angoisse, la neige est enfin venue. Pas suffisamment toutefois, elle tombait par intermittence. Il a fallu faire vite. Sans le professionnalisme de ces cavaliers, je n'y serais jamais arrivé.

Nous avons longuement discuté de la toile de Gros. Pour qui s'intéresse à cette bataille, *Chabert* et cette peinture sont intimement liés. Mais il était nécessaire pour lui d'oublier le tableau. Néanmoins, il l'a interprété à sa façon dans la scène d'ouverture du film qui reproduit la vision *médusée* du lendemain : le vide, la neige, les chevaux errants, les rescapés somnambules. Un état d'automatisme inconscient dont Gros est parvenu à se sortir même si persiste un état de torpeur que le geste de l'Empereur et la pose de Murat ne parviennent pas à dissiper.

— L'exactitude historique ne m'intéressait pas. Le drapeau que brandit l'officier à la tête des cavaliers sur lequel est inscrit : « Le Premier consul » et « Régiment de cuirassiers » est inventé. Je voulais représenter la puissance et le choc. L'instant où les cavaliers se heurtent aux fantassins est le plus difficile. Comment rendre aussi les fosses où l'on déverse les cadavres ? J'ai employé des mannequins. Je n'ai pas lésiné, plus de mille mannequins. Dans cette charge, le thème lancinant de Schubert joue un rôle capital : il se développe sans vraiment avancer, on a l'impression qu'on revient toujours au même point. L'effroi dans la douceur.

Sur la personnalité de Napoléon, Angelo reconnaît qu'il n'est pas parvenu à résoudre l'éternelle contradiction : « Objectivement, je rejette cette épopée. Mais je succombe à une partie du mythe. Il faut croire que, dans cette aventure, quelque chose nous dépasse. »

Qu'est-ce qui nous dépasse exactement chez Napoléon ? Selon moi : sa conduite dans la chute. C'est là, de loin, où il est le meilleur. Lorsque après la bataille de Leipzig en 1813 commence la débâcle, sa vraie nature apparaît. Il a déjà tout compris. Pendant la campagne de France, il a retrouvé l'allant des débuts et pourtant il n'espère plus rien : rarement dans sa carrière il n'a été aussi peu démoralisé. Depuis le début de son aventure incroyable il savait que la chute allait advenir. « Je voyais arriver l'heure décisive. L'étoile pâlissait, je sentais les rênes m'échapper, et je n'y pouvais rien. » Il faut toujours revenir à l'inéluctable catastrophe qu'il pressentait depuis le début. Où, comment ? Il l'ignorait, mais il avait présent à l'esprit que rien ne pourrait empêcher le désastre final.

Jacques Bainville, l'homme de *L'Action française*, auteur d'une remarquable biographie de Napoléon[55], l'a saisi mieux que personne. Au moment du reflux, « Bonaparte est l'homme qui comprend sa propre histoire, qui la domine. [...] Il sait que tout cela était éphémère et devait périr ». Dans ce dénouement tragique, Bainville décrit un homme qui va à l'encontre de l'image du personnage irritable, sourd aux avertissements de ses proches, essayant désespérément de ralentir sa ruine. C'est au contraire un joueur soudainement pacifié, libre d'esprit, « presque détaché de ces choses qu'il prépare avec le dernier soin [...] et portant sur sa propre situation un regard aussi froid que s'il jugeait celle d'un autre ».

Tarlé dit à peu près la même chose : « Il n'avait plus de certitudes dans le succès final, il sentait que son temps était passé. »

À Eylau, il donne déjà un aperçu de son sang-froid, presque de son abandon face à l'adversité même si, à l'intérieur, il est profondément troublé.

« Napoléon a refait le moral du peuple français, c'est là sa gloire la plus vraie. » J'adhère totalement à ce jugement de Stendhal. Redonner le moral à un pays profondément traumatisé et ruiné, ce n'est pas rien. Mais ensuite ?

— Napoléon, Napoléon ! Mais que valent l'attitude et les sentiments de ce personnage au regard de la vie des peuples ? demande mon fils aîné. Tout ce que tu nous racontes n'est que de la psychologie, une agitation de surface, l'écume de l'histoire, la surface éphémère du cours profond des choses.

Pendant que mon fils parle, j'aperçois à l'entrée du restaurant un homme seul en discussion – plutôt en différend – avec le maître d'hôtel. Il bat de l'aile avec sa cape noire. Le cuirassier dépressif... Toutes les tables sont occupées. J'imagine qu'on lui fait comprendre qu'il n'y a pas de place pour lui, un homme seul.

Je me lève et l'invite à se joindre à nous. Il me jette un regard éperdu de reconnaissance. Alors que nous traversons la salle, je comprends dans un éclair la nature de son angoisse. Il donne le sentiment d'un être pourchassé. Je sens que mes deux fils font intérieurement la grimace : le fâcheux, l'homme qui n'a cessé de s'accrocher à nos basques. Il va falloir lui faire la conversation.

L'homme solitaire, l'homme dépareillé au milieu du groupe, l'esseulé qui essaie désespérément de s'amalgamer : cette figure m'émeut toujours. Au cours de reportages, j'ai connu le journaliste ostracisé, celui dont personne ne veut le soir à sa table (« Désolé, on attend quelqu'un ! »). Trop timide ou trop orgueilleux, non conforme, refusant de se couler dans le moule. Représentation souffrante qui très vite par son isolement et sa singularité, alors qu'il n'a rien dit ou fait, essuie le mépris ou l'hostilité de la bande, cette lâcheté de camarilla. Arrogance du clan, impunité d'une petite coterie, qui se croit importante et protégée.

Nous nous serrons, Joëlle et moi, sur la banquette qui sent le Skaï neuf pour lui faire une place. Il ne sait quelle contenance adopter. Oui, pourchassé, mais par qui ? Par lui, bien sûr. Il porte son mal en lui-même. Comme *Le Cuirassier blessé quittant le feu*. Finalement, il lui ressemble de plus en plus. Le personnage de Géricault est supposé jeter un dernier regard sur le champ de bataille qu'il a dû abandonner. Il souffre. Étrangement, on ne voit aucune meurtrissure sur son corps. Sa culotte blanche est immaculée. La blessure est inguérissable. Il est touché de l'intérieur.

Je crois que la meilleure attitude est de continuer la discussion comme si de rien n'était. Lui donner le sentiment qu'il s'est naturellement fondu à la cellule familiale.

La conversation a du mal à redémarrer. Mes deux fils se sont tus. Heureusement, Joëlle met à l'aise le nouveau venu. Elle a compris qu'il n'était pas opportun de l'interroger. Elle lui raconte ses missions humanitaires en tant que médecin gynécologue dans les ex-républiques soviétiques.

— Ici, c'est différent. Les femmes, les jeunes femmes, s'occidentalisent apparemment. Elles sont très fortes car elles jouent sur les deux tableaux. Très actives, très soignées, très maquillées aussi. Il y a quelque chose d'incassable chez elles…

— Comme votre interprète ? suggère-t-il.

— Vous voulez parler de Julia ?

— Oui, elle est très sympathique.

— Elle est sympathique et belle. Mes enfants ne s'entendent pas sur ce dernier point.

— Disons que c'est une beauté, comment dire… imposante. C'est vrai qu'elles sont impressionnantes avec leurs talons hauts dans la neige.

Dépressif mais très attentif à la féminité des Ultraterriennes. Il se tourne vers moi.

— Alors, l'église ? Où en êtes-vous ? Vous avez toujours l'intention de pénétrer dans le clocher ?

— Oui, plus que jamais. J'ai un plan. Je vais profiter demain de la reconstitution pour m'introduire dans le périmètre de l'usine.

— Vous avez entendu le bruit qu'elle fait ? Je n'arrive pas à l'identifier. Comme un effet de bourdon. Un compresseur, une turbine… Peut-être une entrée d'air. Ça peut ressembler aussi à un glas.

— Un glas ! Je n'y avais pas pensé. Au fond, c'est logique pour un clocher. Mais ce n'est pas un tintement, plutôt un son permanent grave. Je trouve ça angoissant.

— On a le bourdon, c'est tout à fait cela, approuve-t-il. Cette usine et la plaine en bas donnent le bourdon. Peut-être à cause de ce fond sonore, on dirait qu'il masque d'autres bruits.

— Vous pensez qu'ils cachent quelque chose ?

— Je ne crois pas, répond notre nouveau commensal. Mais j'ai remarqué qu'ici, ils sont tous un peu paranos. La culture du secret… Ça ne disparaît pas du jour au lendemain.

— En tout cas, c'est très fliqué. J'imagine que demain tout Bagrationovsk assistera à la reconstitution. Je table sur un relâchement dans la surveillance. Je vous demande de ne pas en parler à Julia, elle y est très opposée.

— Rassurez-vous, d'ailleurs je ne lui ai jamais adressé la parole…

Il ajoute, peiné :

— C'est dommage, vous allez rater le spectacle.

— Je suppose qu'il va durer plusieurs heures. Je pourrai m'éclipser quelques instants. De toute façon, je n'ai pas le choix, c'est demain ou jamais. Nous quittons Kaliningrad lundi.

— Entre nous, je ne saisis pas bien l'utilité d'une telle entreprise. Une fois que vous serez parvenu au sommet, à supposer que vous puissiez y arriver, je dis bien à supposer, vous ne serez pas plus avancé. Vous allez dominer le champ de bataille. Et après ?

Soudain je comprends : c'est de lui qu'il est question et non de l'église. Traduire : à quoi cela sert-il de parler de moi ? À rien, de fait, comme il peut paraître inutile de réveiller un événement tel qu'Eylau. Comment lui expliquer que cette église est plus qu'une trace, un trophée ? La seule marque tangible de la journée du 8 février 1807.

Ce monument en a vu depuis deux cents ans ! La renaissance de la Prusse, le IIe puis le IIIe Reich, les prisonniers de guerre français, l'escadrille Normandie-Niemen, l'invasion de l'Armée rouge, les plans quinquennaux. Il a résisté à la pluie, au vent, à la neige, au matérialisme dialectique, à l'indifférence des hommes. Dépositaire de la vision. L'œil d'Eylau.

Un trophée, il ne faut pas se contenter de le regarder, il importe aussi de le toucher par ce qu'il confère : une énergie magique, un pouvoir invisible et souverain. Ce contact est le seul moyen de *mettre la main* sur une image vieille de deux cents ans.

Monter dans le clocher. Gravir l'escalier vermoulu, s'arrêter sur la plate-forme, reprendre souffle, sentir sur mes cheveux les fils d'araignées qui s'accrochent, respirer les flocons de poussière, sentir l'odeur caprine et parcheminée de la licorne, marquer un temps d'arrêt avant d'arriver au sommet. Être sidéré ! Retenir sa respiration.

En avoir le souffle coupé comme Paulin. Ou le héros de *Vertigo* qui a réussi enfin à surmonter sa peur de tomber dans le vide : enfin je vais savoir.

Exulter. Se dire : c'est fini. J'ai réussi. Maintenant je peux remballer tout le matériel historique et fantomal que j'ai apporté avec moi.

Impossible de lui dire cela, il me prendrait pour un fou. D'ailleurs il me prend pour un fou.

Nos garçons se sont remis à discuter entre eux. J'apprécie leur état d'excitation, signe d'un appétit intellectuel joint à une capacité d'étonnement, leur joie de vivre, leur façon confiante d'embrasser l'existence avec avidité, ce qui n'exclut pas une certaine dose de raillerie – qualité ou défaut dont je me sens un peu responsable. Je vois notre nouveau convive les observer. Il doit se demander s'ils sont aussi fêlés que leur père. La mère, c'est différent. On sent qu'elle a les pieds sur terre celle-là, pas difficile de s'apercevoir qu'elle a du bon sens. Il est nécessaire qu'elle en ait pour deux. Ou pour trois… Ses deux garçons ? Ils ont l'air contrarié. Je les ai dérangés. Une chose m'étonne : pourquoi ont-ils accepté, surtout elle, de le suivre dans cette aventure – qui n'en est d'ailleurs pas une ? Il n'y a rien d'imprévu, rien de surprenant dans cette célébration – attendons demain tout de même ! Ils acceptent ses divagations comme une affaire normale. Surtout ne pas l'éveiller, le laisser dans son rêve. Pourquoi ferais-je partie de ses fantasmes ? Dieu sait ce qu'il va raconter sur moi. Il va me décrire comme un vrai pot de colle. J'avoue que j'ai été bien content de le rencontrer dans ce restaurant avec sa famille. La deuxième fois qu'il me tire d'embarras !

— Quand vous êtes arrivé, dis-je, nous parlions

de Napoléon, cela ne vous étonnera pas. Nous discutions de l'empreinte laissée par lui sur la vie des peuples. On se demandait si la biographie d'un tel personnage n'était pas un démenti aux thèses défendues par les *Annales*.

— Je vous l'ai déjà dit, je ne lis que les biographies même si c'est inventé.

— Vous aimez les biographies romancées ?

— Ah, non, surtout pas ! N'est-ce pas Stendhal qui affirmait la nécessité d'écrire une biographie de Napoléon tous les cinquante ans ?

— Un historien des *Annales* estimerait certainement, intervient l'aîné, que l'invention de la locomotive à vapeur par les Anglais est beaucoup plus importante que la vie de Napoléon.

— Pourquoi les opposer ? On peut concilier les deux, non ?

— Tout à fait d'accord, répond l'aîné. Je rêve d'une histoire politique renouvelée, elle articulerait le temps individuel et le temps collectif, le temps court et le temps long. De toute façon, l'épopée de Napoléon n'est pas bien vue par les historiens. Pourtant elle a fait surgir les forces profondes d'une société. C'est un accélérateur d'histoire. Il révèle l'alchimie entre un homme et les mentalités.

Le cuirassier dépressif écoute, hoche la tête, parfois son visage s'éclaire. Je ne l'ai jamais vu ainsi. Son œil riboulant de cormoran… Il rigole :

— Dites donc ! Vous devez avoir fort à faire avec eux.

Porter le chapeau

Au musée de l'Armée à Paris, non loin de la redingote grise en drap de Louviers dont était revêtu Napoléon, on peut admirer le bicorne porté par Marbot à Eylau. Dans ses *Mémoires*, il a raconté qu'au moment d'emporter l'aigle du 14e de ligne un boulet traversa la corne de son couvre-chef et lui frôla la tête : « La commotion fut d'autant plus terrible que mon chapeau, étant retenu par une forte courroie de cuir fixée sous le menton, offrait plus de résistance au coup. »

S'il est authentique, ce chapeau de feutre représente avec l'église d'Eylau et les gants de Murat l'une des trois dernières reliques de la bataille. La cocarde tricolore est parfaitement visible de même que les deux glands aux extrémités. La doublure est en soie et la bande intérieure enserrant la tête en cuir. La mentonnière a disparu. Le couvre-chef ressemble aux bicornes de Napoléon, notamment à celui qu'il porte dans la peinture de Gros. Le peintre, par souci de vérité, avait demandé à Joséphine la permission d'emprunter le chapeau ainsi que la pelisse que Napoléon portait ce 8 février.

« Qu'il les garde tout le temps qu'il voudra », fit répondre ce dernier. Gros ne les rendit jamais.

J'ai pu examiner ce chapeau qui fut vendu lors de la succession du peintre. Le plus notable est la soie du galon intérieur taché par endroits et comme marqué par la sueur. Ce détail confirme, si besoin est, qu'il a eu très chaud ce jour-là. Cependant un témoin, le général Petiet, nous a assuré qu'il était coiffé d'une sorte de capuche qui pourrait ressembler à un passe-montagne – imaginons-le, un instant, arborant une cagoule dans la toile de Gros !

Je sais. Cette histoire de couvre-chef ressemble à un vrai casse-tête. Qui portait quoi ? La question est d'importance. Au cours de cette journée, la coiffure y joue un rôle non négligeable. La peinture dc Gros offre un contraste saisissant entre les dignitaires, les soldats les appelaient « les grands chapeaux », et les morts tous décoiffés – en principe ils sont russes. Rester couvert, c'est la garantie d'être vivant – seul le jeune hussard lituanien dont la main s'apprête à toucher l'épaule du cheval impérial est découvert.

Le plus splendidement chapeauté est bien entendu Murat, coiffé de la *confederatka*, toque en fourrure ornée d'une aigrette. Ce déguisement, il l'a emprunté aux Polonais.

Pour les cuirassiers, le casque est capital. Lorsqu'ils chargent tout est dans « le masque de cimier » qui sème la terreur dans les rangs ennemis. Imaginons les fantassins russes en lignes ou groupés en carrés, ils voient arriver ces cavaliers qui vont les percuter violemment dans quelques secondes. Rien ne résiste à une telle apparition. Hommes et chevaux sont des géants, le sol plie sous les sabots. Tout dans l'équipement est conçu pour provoquer la panique, principalement le casque, accessoire destiné autant à protéger qu'à méduser l'adversaire. Le cimier, la partie supérieure, est en effet orné d'une tête de Méduse en cuivre qui étincelle ou pâlit au gré de la lumière et de l'avance. Ce cimier est surmonté d'une houppette de crin nommée le marmouset. La jugulaire est décorée elle aussi d'une tête de lion. Ou de Méduse – imposer la panique à tout prix. Accrochée au sommet de la bombe, la crinière sert à la fois d'ornement et de protection, le crin ayant pour but d'amortir les coups de sabre. L'objectif de la charge est de sectionner le principe vital de l'adversaire. Lui trancher la tête. Le méduser.

D'ordinaire, les charges commencent au pas, continuent au trot pour terminer au galop à cent cinquante mètres de l'obstacle. À Eylau, à cause de la neige épaisse et du verglas, la plupart des assauts furent donnés au trot. Au trot ou au galop, les crinières échevelées, le premier rang sabre tendu en avant, le second croisé au-dessus de la tête : le spectacle de ces centaures devait être irrésistible. Il y avait surtout ce moment effroyable avant le choc où les cavaliers s'élevaient sur leurs étriers, ce redressement rehaussait leur stature. Difficile pour un fantassin doté de sang-froid de supporter la menace d'un tel abordage.

Dans ce genre d'attaque, le sabre n'est pas d'une nécessité absolue. En plus, un cavalier qui pique l'adversaire doit ralentir l'allure pour retirer la lame. La cohésion et la vitesse, deux qualités d'ailleurs contradictoires, assurent le succès d'une charge. C'est au retour que le sabre devient utile pour se dégager. L'objectif avant tout, c'est la puissance du choc, la force brutale qui percute et renverse l'adversaire. Dans toutes les armées, on accoutume l'infanterie à recevoir cette terrible collision, on la dresse à ne pas céder à l'affolement qui devient vite contagieux. À cet instant, il faut resserrer les rangs, dresser de toute urgence les baïonnettes sur lesquelles doivent s'empaler les chevaux. Peu de troupes, même aguerries, y parviennent car il est presque impossible de faire front à cette arme de terreur. Le succès anglais à Waterloo doit beaucoup à la présence d'esprit des carrés que les assauts répétés de Ney ne réussiront pas à crever – « Ney s'est comporté comme un fou ; il m'a fait massacrer toute ma cavalerie », s'exaspérera Napoléon.

Lorsque, nanti de son aigle, Marbot revient au triple galop vers le cimetière d'Eylau, il n'est pas au bout de ses peines. La neige s'est remise à tomber et les gros flocons gênent à ce point la visibilité qu'un bataillon de la Garde prend Marbot pour un officier ennemi conduisant une charge de cavalerie. Il essuie une fusillade nourrie mais n'est pas touché. Si l'on en croit son maître, la fidèle Lisette continue sa course et franchit les trois rangs du bataillon « avec la même facilité qu'une couleuvre traverse une haie ». Mais Lisette est épuisée, elle perd beaucoup de sang. Tout à coup, elle s'affaisse.

En tombant, elle fait violemment rouler son cavalier sur le sol, lequel perd connaissance.

À ce moment du récit, Marbot écrit : « Enfin, je m'évanouis complètement sans être ranimé par le grand fracas que les quatre-vingt-dix escadrons de Murat allant à la charge firent en passant auprès de moi et peut-être sur moi. » Il laisse entendre qu'il a *peut-être* supporté le piétinement des quatre-vingt-dix escadrons, ce qui est impossible – à noter une fois de plus l'exagération chiffrée de Marbot. Cependant un tel détail n'a pas échappé à Balzac qui connaissait cette histoire car elle était répétée dans tous les salons, les gazettes et les cabinets de lecture – les *Mémoires* de Marbot furent publiés en 1891, bien après la parution du *Colonel Chabert* (1832). L'auteur de *La Comédie humaine* a dû estimer que le passage de quinze cents cuirassiers sur son héros inconscient était amplement suffisant.

Le réveil de Marbot ressemble beaucoup à celui de Chabert : constatation qu'il est complètement nu. Il n'a plus que son chapeau et sa botte droite. Un soldat français le croyant mort l'a dévêtu. Pendant que le maraudeur appuyait sur le ventre de Marbot pour lui retirer sa botte, les mouvements brusques réussissent à réanimer le blessé. Effrayé, le soldat abandonne aussitôt sa prise. Au milieu des moribonds, Marbot s'apprête donc à passer la nuit par un froid glacial. Il est persuadé qu'il n'en réchappera pas, mais un miracle survient en la présence du valet de chambre du maréchal Augereau, qui se trouve là par hasard après la bataille. Il le reconnaît et le sauve. Vraie ou exagérée, l'histoire de Marbot, qui fera par la suite une belle carrière – à Sainte-Hélène Napoléon le couchera sur son testament –, a visiblement inspiré Balzac.

La coiffure est capitale dans toute cette histoire. N'oublions pas que la tragédie de Chabert est dissimulée sous son chapeau, « fort gras », nous précise Balzac. Lorsqu'il l'ôte pour saluer la première fois l'avoué Derville, « il laisse voir à nu son crâne horriblement mutilé par une cicatrice transversale qui prenait à l'occiput et venait mourir à l'œil droit, en formant partout une grosse couture saillante ». Les gens sont médusés par la tête de Chabert. L'ancien colonel de cuirassiers n'est pas seulement une présence inopportune, il est aussi monstrueux à voir même lorsqu'il est couvert car « un sillon noir » barre le haut de son visage « cadavérique ».

« Cadavérique » est un mot qui appartient à Eylau. Dans la peinture de Gros, le visage de l'Empereur est d'une lividité cadavérique. Ce n'est pas la mort qui fait d'Eylau une bataille hors norme, un affrontement difficile à identifier, mais le cadavre : le corps parmi le charnier. Face au spectacle d'une des batailles les plus sanglantes des temps modernes, comment traiter les vivants et les morts ? Comment les faire cohabiter ?

Chacun à sa façon, Gros et Balzac s'y sont employés. Les deux œuvres se font écho. L'auteur de *La Comédie humaine* connaissait *Le Cimetière d'Eylau*. L'a-t-elle inspiré ? C'est probable. « La toile de Gros n'a peut-être pas suggéré à Balzac *ex nihilo* le thème de la résurrection de Chabert, mais elle en a ravivé le souvenir et l'a situé dans sa lumière et dans sa perspective dramatique », écrit Olivier Bonard[56].

Cette histoire de l'absence-présence, ils l'ont traitée de façon diamétralement opposée. Alors que Gros, tout en ambiguïté, glisse et impose le silence, Balzac, lui, est assourdissant, il occupe tout l'espace et nous agrippe du début à la fin sans nous laisser de répit. Peu d'oxygène dans *Le Colonel Chabert*. N'est-ce pas l'histoire d'un homme asphyxié ? Depuis qu'il est sorti de terre, il étouffe. Gros, en revanche, donne de l'air, trop d'air à la plaine désolée. Le haut du tableau – le monde du dessus –, à la différence de sa partie inférieure – le monde du dessous – où sont entassés vivants et morts, est flottant avec ses chariots funèbres, ses artilleurs méditatifs, la file de prisonniers russes serpentant entre les alignements de soldats. Le peintre laisse un silence, non un vide car le silence est un moyen d'expression alors que le vide, dénué de sens, ne parle pas.

Tout le contraire de Balzac qui joue sur le *compact*.

« Es ist gut »

Notre avant-dernier jour en Outre-Terre. Ce midi, le coup d'envoi va être donné à la reconstitution de la bataille. Ou plus exactement à des fragments, comme l'a précisé le programme. Preuve que cet affrontement est, plus qu'un autre, difficile à restituer totalement. Il fonctionne par épisodes sans être vraiment rattaché à un mouvement d'ensemble : arrivée de Davout, attaque d'Augereau, percée des grenadiers russes sur le cimetière, charge de Murat, irruption des Prussiens, apparition finale de Ney.

Une note du chef d'escadron Bastard, auteur de la recension certainement la plus complète de la bataille, affirme qu'« il est malaisé de reconstituer avec certitude les événements de cette journée ».

Il ajoute : « Les rapports sont souvent si contradictoires, surtout au point de vue des heures, qu'ils semblent viser deux batailles différentes. »

Deux batailles différentes, c'est un expert qui l'affirme. Rédigés au lendemain des combats, ces rapports ou journaux d'opérations, conservés à Vincennes, émanent des chefs de corps. Ces comptes rendus reposent sur des éléments fournis notamment par les généraux et les officiers supérieurs sous leurs ordres.

Ce matin, impatient de la journée qui s'annonce, je me suis levé de bonne heure. Il fait encore nuit. Je suis seul dans la salle du petit déjeuner où je me bourre de crumpets et de *kacha*, une bouillie à base de sarrasin. J'ai besoin d'énergie pour affronter les événements et les péripéties que ce dimanche ne va pas manquer, j'en suis sûr, de me réserver. Les rares voitures que j'aperçois derrière la vitre avancent précautionneusement sur la chaussée de peur sans doute de déraper sur le verglas. La température promet d'être encore plus polaire que les autres jours.

Je commence à m'attacher à cet hôtel de style indécis. J'ai l'impression parfois de jouer dans un film expressionniste allemand. Contraste entre le blanc de l'hôtel et la part nocturne de la ville. Lignes bizarres de l'architecture. En même temps, un aspect feutré, une forme de retrait ou de refuge, sensation d'être bien au chaud, que, pour le coup, j'imagine russe.

Je relis mes notes. Toutes ces impressions que j'ai cru sur le moment originales me désolent à présent par leur banalité. Parfois, j'ai envie de tordre ce carnet, de l'étrangler. À la longue il a acquis le statut d'être vivant. Je le soupçonne de m'avoir trahi en reproduisant des platitudes ou en refusant de consigner des pensées inattendues que j'étais certain d'avoir éprouvé. Ces pulsions meurtrières ne durent pas. Ce carnet, hélas ! c'est moi. Il a beau être décevant, j'ai la frousse de le perdre.

Où en sommes-nous en ce 11 février 2007 ? Il y a cette histoire de clocher. Je dois à tout prix entrer dans le périmètre de l'usine. Je vois à peu près où se trouve l'emplacement du cimetière. Un terre-plein d'où émergent des tronçons de ciment et de béton concassés. J'ignore si l'usine fonctionne le dimanche. La surveillance va peut-être s'adoucir aujourd'hui.

Cette église est une bénédiction. Une merveille. Endommagée, méconnaissable, oui. On peut même dire vandalisée. Normalement, elle aurait dû disparaître. Pourquoi l'avoir conservée lorsqu'on a décidé d'en faire une usine ? Sans doute à cause de l'espace qui permet de stocker des équipements ou d'installer des machines.

Je ne sais toujours pas ce qu'on y produit. En 1991, c'était, paraît-il, du matériel pour ordinateurs. Je n'y ai jamais cru. Depuis que je suis arrivé, je ne cesse de me heurter à cet édifice. De n'importe quel endroit où je me suis trouvé, l'église n'a cessé de s'offrir à ma vue. J'ai l'impression qu'elle jette le gant dans ma direction : « Attrape-moi si tu peux. » Je le peux. Ce n'est pas une question d'audace mais d'astuce. Et de chance. Savoir manœuvrer… Son air buté, cette manière tranquille de se savoir inabordable, ce bruit sourd et continu m'exaspèrent. J'ai conscience aujourd'hui d'engager avec elle une partie délicate.

Je dois avoir un problème avec les églises fermées. Il suffit qu'un sanctuaire soit interdit à la visite pour qu'il me faille, toutes affaires cessantes, m'y introduire. À Venise, je me sens dépossédé par le nombre d'édifices cadenassés. À chacun de mes séjours, je constate qu'ils n'ouvriront plus. Je ne verrai jamais les tableaux indiqués sadiquement à l'entrée.

Dans sa confusion entre passé et présent, *Vertigo* me poursuit. L'escalier, la plate-forme… Il faut me calmer. Cette histoire du héros qui glisse au début et revient d'entre les morts est troublante. *D'entre les morts*. C'est le titre du roman de Boileau-Narcejac qui a inspiré Hitchcock. Balzac aurait pu tout aussi bien l'utiliser à la place du *Colonel Chabert*. En tout cas, le message d'Hitchcock est clair. Le héros s'est lui-même pris au piège : on ne ressuscite pas le passé, on ne doit pas regarder en arrière.

Regarder en arrière, cette mise en garde, je crois l'avoir comprise. Dans la Bible, depuis la femme de Loth, tout regard qui se retourne est puni – dans la mythologie aussi, souvenons-nous d'Orphée qui perd son Eurydice pour l'avoir guignée.

Le cuirassier blessé de Géricault, descendu de cheval, scrute le ciel, la tête tournée vers la bataille qu'il a dû abandonner. Il ne peut s'empêcher de regarder en arrière. C'est la fin.

Le colonel Chabert, lui, ne cesse de vouloir dévisager son passé. Que peut-il faire d'autre ? Revenir à tout prix à l'homme qu'il fut. Ce sera son châtiment.

Quel tableau au Louvre voisine avec *Le Cimetière d'Eylau* ? Un seul, *Le Cuirassier blessé*. Tout est dit.

Depuis la salle déserte, je regarde le soleil se lever sur la ville. Kaliningrad s'allume peu à peu, laborieusement, sous l'effet d'une clarté blanche. Rien n'est véritablement beau dans la capitale de l'Outre-Terre, la beauté ici est un luxe inutile. L'émotion qu'elle fait naître réside peut-être dans une sorte d'intrépidité, une façon somnambulique d'affronter le passé.

Après m'être habillé chaudement, l'envie me prend de faire un tour dans la ville avant notre départ en fin de matinée pour Eylau. Les rues sont désertes, des stalactites bavent sur les façades. J'ai l'impression de me trouver pris dans un freezer et laisse dans mon sillage une buée épaisse. Seule activité : un vieux tramway qui grince et se traîne. Julia m'a assuré que les lignes n'ont pas changé depuis l'époque allemande. La trace secrète de l'ancienne ville, c'est peut-être ce tramway qui la dessine. Un âge ne parvient pas à supplanter l'autre. La question de l'origine est toujours là.

Kaliningrad serait-il l'exemple d'une de ces « villes invisibles » chères à Italo Calvino : la dimension intemporelle d'une cité chargée de mémoire, de désirs et de peurs, de gestes et d'histoires. Comme un livre disparu. Mais qui continue d'exister dans le cœur des humains.

Dans les années 80, j'ai passé un après-midi à Rome en compagnie d'Italo Calvino, en vue d'un portrait dans *Le Matin de Paris*. Il avait réalisé l'idéal de l'écrivain invisible. Pas insaisissable, invisible. À l'Italo Calvino réel s'était superposé un Italo qui n'était plus là. Pourtant, il répondait de bonne grâce à mes questions, prolixe même, bienveillant. Mais absent. Ce fut un moment confortable, harmonieux, dans la douceur de son immense terrasse d'où l'on dominait Rome. Je ne détestais pas cette invisibilité et ce refus empathique de le signifier. Je ne me privai pas de l'exprimer par la suite dans mon article.

J'avais compris son attitude. Il ne croyait pas à ces rencontres. Il l'a signifié dans un livre récemment : « Plus l'image de l'auteur envahit le terrain, plus le monde qu'il représente se vide ; puis, l'auteur aussi se vide, et de tous les côtés ne reste plus que le vide[57]. »

Le corps de Kaliningrad a presque totalement disparu, demeure l'âme, cette partie impalpable que les Russes, depuis quelques années, laissent remonter à la surface.

« Il faut aller des choses visibles et qui n'existent pas aux choses invisibles et qui existent » (Jean de la Croix).

Tout naturellement, je me dirige vers le tombeau de Kant, à proximité de l'île de Kneiphof, autrefois le cœur de Königsberg. À méditer la réflexion de ce célibataire endurci : « Si je devais prendre une femme, j'en choisirais une qui n'ait pas beaucoup d'esprit mais qui sache l'apprécier. » Sa pensée me fait l'effet d'un chemin ingrat qui sans doute mène aux félicités de l'esprit humain, mais je ne suis pas parvenu jusqu'à présent à l'emprunter. « La grande chance de Kant, c'est son obscurité », a affirmé son disciple Fichte. Il n'empêche que, de cette ville dont il n'est jamais sorti, il a pensé le monde. Pendant cinquante ans, il a mené une vie parfaitement réglée. Les gens l'appelaient « l'homme à la montre ».

On ne peut s'empêcher de comparer son existence à celle de Napoléon. L'un, le sédentaire, a accompli, assis sur sa chaise, le plus étonnant voyage de conquête intérieure, l'autre, toujours à cheval, hyperactif, sur le point de soumettre l'Europe, persuadé de réaliser l'absolu sur le théâtre du monde, finalement mordant la poussière.

« Il n'y a que deux puissances au monde, le sabre et l'esprit. À la longue, le sabre est toujours battu par l'esprit », confiera Napoléon à Las Cases.

Une phrase comme celle-ci, qui résume la philosophie de Kant : « Si cela existe, cela doit être intelligible », me donne le vertige. Je dois m'en souvenir lorsque je serai au haut du clocher d'Eylau. Tout ce qui existe a une cause. C'est dommage : il a méprisé l'odorat. Ce sens le dégoûtait. Je constate d'ailleurs que sa ville natale n'exhale rien. Aucune haleine. Dans un congélateur, c'est certain on ne sent pas grand-chose. Il y a néanmoins l'arrière-fond olfactif du froid, à la fois imperceptible et pénétrant, cette saveur âpre de fer-blanc, qui vous saisit la gorge. La seule odeur que j'ai captée est, tout à l'heure, celle, très fugitive, des freins du tramway, un effluve de patin ripant sur le rail, légèrement roussi, évoquant la pierre à fusil.

Dans ma poche se trouve mon guide Baedeker de l'époque allemande. Il a été inventé pour cela, pour qu'on le porte avec soi dans la poche. Une trouvaille à l'époque. Jusqu'à présent, je n'avais pas remarqué qu'il portait en épigraphe les vers suivants :

Qui songe à voyager
Doit soucis oublier,
Dès l'aube se lever,
Ne pas trop se charger
D'un pas égal marcher
Et savoir écouter.

Je crois ce matin avoir respecté à la lettre les recommandations de Karl Baedeker, excepté peut-être la dernière. « Savoir écouter ». Je voudrais bien, mais aucun humain ne se présente à l'horizon. Aucun bruit si ce n'est le crissement lointain des roues du tramway.

Parmi les curiosités que signale le « manuel du voyageur », c'est son appellation officielle, figure la statue de Kant érigée en 1857 face à l'Albertina, l'université de Königsberg. Disparu après la guerre, le bronze a pu être reconstitué à l'identique grâce à des dons en provenance d'Allemagne. L'université de Kaliningrad a été rebâtie sur le même emplacement que l'Albertina. Kant a retrouvé tout naturellement sa place après une inauguration mémorable en 1992. La statue est érigée non loin d'un monument dédié au char soviétique T34 qui trône à côté du Foyer universitaire. On dirait qu'ils se répondent : Kant interroge le char qui supplanta le Panzer V, le meilleur blindé allemand. Tout le charme, si l'on peut dire, de Kaliningrad est résumé dans ces deux symboles. Le T34, sans doute le char le plus performant de la Seconde Guerre mondiale, Kant, le philosophe qui a ouvert l'histoire de l'imagination. Comment les concilier ? C'est difficile. À défaut de les réunir, on les fait cohabiter. Peur de l'Histoire, crainte du passé. Kaliningrad est une ville plus anxieuse qu'angoissée. Elle redoute l'imminence de la synthèse tout en sachant qu'elle est inéluctable. À présent, elle ne la voit plus comme un danger. D'où ce côté incohérent, décousu.

L'inauguration de la statue de Kant, qui marque l'appropriation, fut certainement un tournant. La personnalité d'une femme originaire de Prusse-Orientale y est pour beaucoup, la comtesse Marion Dönhoff, devenue après la guerre une figure allemande de premier plan, directrice du quotidien *Die Zeit*. Au moment de l'arrivée des Soviétiques en 1945, assiégée dans son château de Friedrichstein, elle s'était enfuie à cheval, parvenant à l'ouest après une course d'obstacles de deux mille kilomètres. L'avancée de l'Armée rouge provoqua parmi la population allemande un exode qui passe pour « la plus grande migration des Temps modernes[58] ». Le sort de Königsberg pris d'assaut le 6 avril 1945 dépassa les sommets de l'horreur.

Revenue pour la première fois à Kaliningrad pour le dévoilement de la statue, Marion Dönhoff avait déclaré : « Si je tombais en parachute au milieu de cette ville et que l'on me demande où je suis, je répondrai : peut-être à Irkoutsk. »

Alors que je me dirige vers la cathédrale, je pense à ma conversation, après mon premier voyage, avec Marion Dönhoff. Lors de son retour dans les années 90, elle avait fait un pèlerinage au château familial de Friedrichstein, célèbre pour ses stucs de style rococo. Il avait disparu entièrement, « avalé par la terre », selon ses propres mots. Je m'y étais arrêté, moi aussi, et j'avais pu constater que des traces subsistaient – les inégalités du sol par exemple qui suggéraient l'emplacement du château, les lignes de certaines allées du parc. Marion Dönhoff admettait avoir aperçu elle-même ces empreintes fugitives mais elle se refusait à les prendre en compte. La trace pour elle était insupportable. Il ne pouvait y avoir de vestiges. L'ordre ancien avait à jamais disparu. Cependant elle acceptait la nouvelle ère qu'avait imposée la mainmise russe sur son pays natal. De toute façon, m'avait-elle expliqué, certaines choses sont ineffaçables : « Les lacs, les forêts, la lumière sont les mêmes qu'au temps de ma jeunesse. Les Soviétiques n'ont pu les changer. » Dans son livre de souvenirs[59], elle pose la vraie question : « Peut-être le plus grand amour réside-t-il en cela : pouvoir aimer sans posséder. »

Se souvenir ne consiste pas à battre le rappel incessant du passé, mais à éliminer, en tout cas à opérer un choix, pour que la trace affective soit plus nette. Telle était la leçon que j'avais pu retenir de cette conversation avec Marion Dönhoff sans qu'elle l'ait d'ailleurs formulée explicitement ainsi. À présent elle n'est plus de ce monde mais je pense souvent à ses mots exempts de nostalgie. Elle n'était ni dans le regret ni dans la mélancolie. On en revient toujours à la femme de Loth. Ne pas regarder en arrière. Oui, le passé n'existe que dans le souvenir, il ne se ranimera pas, il fera bien mieux : il réapparaîtra métamorphosé, sous un autre nom.

Pour les Allemands, Königsberg et la Prusse-Orientale sont comparables, sentimentalement, à ce que représentent pour nous, Français, Strasbourg et l'Alsace. Sauf que les habitants d'outre-Rhin ont fait non sans douleur une croix définitive sur le berceau de leur État. Le chancelier Schroeder se trouvait en 2005 dans l'enclave pour célébrer, en compagnie de Vladimir Poutine et de Jacques Chirac, les sept cent cinquante ans de Kaliningrad. « Kaliningrad, certes, est une ville russe, a-t-il déclaré, mais dans le cœur de beaucoup d'Allemands, elle reste Königsberg. Cela se comprend même si cela ne traduit pas la moindre réserve quant à l'intégrité territoriale de Kaliningrad. » Notons les deux négations (« ne traduit pas » et « moindre ») qui donnent à penser que cette reconnaissance n'est pas si évidente. Le retour des *Vertriebene* (populations déplacées) est impossible mais l'effacement de la patrie perdue demeure une source de souffrance même chez les enfants des bannis[60].

Sur le trottoir, les flaques verglacées craquent

sous mes pas. Il a neigé abondamment cette nuit et je suis le premier à imprimer mes pas sur le sol immaculé. Au fait, il y a longtemps que je n'ai pas donné de nouvelles de mes chaussures achetées ici. Elles sont hideuses mais efficaces contre le froid. Sur la neige elles laissent une empreinte compliquée et bizarre qui ressemble à un motif précolombien.

J'ai franchi plusieurs passerelles. Quand je pense que je suis venu à Kaliningrad la première fois attiré par cette énigme des sept ponts, me voilà quinze ans plus tard engagé dans l'affaire d'Eylau. Morale de l'histoire : on finit toujours par trouver ce que l'on ne cherchait pas.

Plus j'y réfléchis, plus je m'aperçois qu'en fait je suis venu ici pour un nom, Königsberg, un toponyme devenu forclos. Pour savoir ce qu'il cachait.

Faute de mieux, Alexandre Vialatte a intitulé son recueil d'articles sur l'Allemagne *Bananes de Königsberg*. Il cherchait un titre « nerveux ».

Les sept ponts ! Combien y en a-t-il aujourd'hui ? Aucun n'est digne d'intérêt excepté celui qui donne accès à la petite île de Kneiphof. Il est enserré sous une draperie de glace qui épouse parfaitement le tablier et le garde-corps. Kneiphof fut pendant sept siècles le centre historique de Königsberg. Seuls subsistent le mausolée de Kant et la cathédrale. Je constate que le tombeau est bien entretenu. Encore plus net qu'il y a quinze ans, en bien meilleur état que lors de mon premier voyage. Conditionné pour la visite. Je n'oublie pas le mot de Julia : « Kant est notre seul produit touristique. » La cathédrale, elle, est méconnaissable. C'était une ruine totalement hermétique. Plus que rénovée, elle a fait peau neuve. Si j'en crois la pancarte à l'entrée, elle accueille à présent le musée Kant. On y donne aussi régulièrement des concerts d'orgue.

Vladimir Poutine – dont l'épouse est originaire de Kaliningrad – a célébré en 2005 « cet immense humaniste qu'était Kant ».

Les derniers mots prononcés par le philosophe avant de mourir sont : « *Es ist gut* » (c'est bien). J'aime cette paix de l'âme et cette simplicité en conclusion d'une vie apparemment casanière mais si aventureuse. Elle est à l'image de cette île silencieuse et dépouillée. Un parc à l'écart de la ville. À dessein, les Russes ont déplacé l'axe de la cité plus au nord. Le centre, le principe vital de Kaliningrad, est désormais la place de la Victoire adossée à la cathédrale orthodoxe du Christ-Sauveur[61]. L'église luthérienne de Kneiphof n'est plus qu'une curiosité.

En revenant vers l'hôtel, j'entrevois une silhouette humaine. J'en reconnais l'allure. Elle marche rapidement dans la neige avec ses hauts talons. Julia est vêtue d'un manteau en cachemire et coiffée d'une toque de fourrure au poil sombre – zibeline, précise-t-elle. Elle tient absolument à ce que j'en admire la douceur : « La neige n'accroche pas. » Elle m'assure que la pelisse portée par Murat dans le tableau de Gros est de la zibeline.

La Gazelle nous attend devant l'hôtel, moteur allumé. Le chauffeur, qui fume sur le trottoir et piétine pour se réchauffer, me salue joyeusement. Quand je pense qu'il faisait partie d'un orchestre philharmonique, je l'imagine avec sa cymbale guettant le signal du maestro, bref et intense moment, qu'il ne s'agit pas de rater. Il a le même air concentré et songeur quand il conduit. Je sens la Gazelle piaffante, impatiente comme une fusée avant la mise à feu.

Personne n'est prêt. Accompagné de Julia, je rejoins Joëlle dans la salle du petit déjeuner.

— Où sont les enfants ?

— Dans leur chambre. Impossible de les réveiller.

J'ignore ce qu'ils ont fait cette nuit. Sont-ils retournés dans cette boîte de nuit dont l'aîné m'a déjà parlé ? Leur vie nocturne ne me regarde pas. Ils ont dû rentrer à l'aube. « Ce sont des adultes », me rappelle Joëlle. J'ai tendance parfois à l'oublier. Il m'arrive de me comporter comme s'ils avaient l'âge *d'avant*. Avant que je les quitte, avant que je n'entende plus parler d'eux pendant trois années. Ils n'auraient donc pas vieilli ? Le temps se serait alors pour eux arrêté ? Partir c'est facile. Revenir, est-ce possible ? Chabert a raison de se demander si c'est bien le même qui revient.

Revenir à soi, c'est impossible. Revenir chez soi ? On ne reviendra jamais à l'ancien temps. Ne pas en revenir. S'il y a quelqu'un qui a compris l'expression, c'est encore Chabert : l'homme médusé par les vilenies que provoque son retour. Moralité : rien ne revient.

— Nous avons encore un peu de temps, inutile de se presser, plaide Julia d'une voix exagérément rassurante !

Cette façon qu'elle a de les excuser… Elle retient un bâillement. Soudain je comprends tout. Elle était avec eux cette nuit. Je lui trouve une petite mine. Elle porte un chemisier à col rond et de grosses boucles d'oreilles. Cette fois le mascara a été inopérant. Quelqu'un a parfaitement deviné avant moi le raid nocturne de Julia et des enfants : Joëlle.

Nous disposons d'au moins un quart d'heure. Je reviens avec Joëlle dans notre chambre en tambourinant sur la porte des deux garçons.

— Où étais-tu passé ? J'étais inquiète, dit-elle.

— Je suis allé revoir le tombeau de Kant. « *Es ist gut.* »

Une découverte

Comment les Russes ont-ils jugé un événement comme Eylau ? On ne peut pas dire que, depuis deux siècles, l'historiographie française se soit beaucoup intéressée à cette question. Les Russes non plus d'ailleurs, tout à la représentation du soulèvement de 1812 contre l'envahisseur. La plupart des archives militaires de cette époque ont disparu pendant la Révolution bolchevique. Des milliers de liasses de la campagne de 1807 furent chargées dans une péniche qui sombra en 1918.

Les premières dépêches envoyées par Bennigsen à Saint-Pétersbourg persuadèrent Alexandre et la cour que la Russie avait remporté sur Napoléon une victoire éclatante. Ce sentiment de triomphe fut vite tempéré par des informations moins favorables. Bennigsen avait dû se replier sur Königsberg avec quinze mille blessés et ses troupes étaient au moins aussi sonnées que la Grande Armée – Bennigsen admettait lui-même la perte de neuf mille hommes.

Un mois après les célébrations d'Eylau, je me suis rendu à Moscou. J'y ai fait une découverte d'importance grâce à un historien russe, Alexei Vassiliev. C'est une relation détaillée de la bataille écrite dans les années 1830 par un officier de haut rang, Alexandre Benckendorf. Aide de camp du tsar, officier d'ordonnance auprès du comte Tolstoï, il deviendra par la suite un personnage très puissant et redouté, persécuteur des décabristes, homme de confiance de Nicolas Ier, chef de la « troisième section », les Archanges bleus, en fait la police secrète du tsar[62]. Comme toutes les archives impériales, ce manuscrit de treize pages est conservé au GARF (Archives nationales de la Fédération de Russie).

Le texte est rédigé en français. Après la paix de Tilsit, Benckendorf fut envoyé à Paris à la mission diplomatique russe dirigée par le comte Tolstoï. Il y mena joyeuse vie et devint l'amant de Mlle George, une ancienne maîtresse de Bonaparte, une des plus grandes comédiennes de l'époque.

Le document donne une tout autre version de la bataille. Tellement différente qu'on se demande parfois s'il est bien question d'Eylau. A priori, Benckendorf est un observateur aussi plausible que les témoins français. Simplement, placé du côté russe, il n'a pas *vu* la même chose. D'où ses observations et ses interprétations qui contredisent notablement la version de l'autre camp.

Ainsi, d'après lui, la prise du cimetière, le 7 février au soir, n'est pas le résultat de l'assaut des Français qu'il décrit mal en point et « las de leur perte », mais de la volonté des Russes d'abandonner le terrain à un moment où la Grande Armée songeait à décrocher.

Pourquoi alors ce repli russe ? Benckendorf l'explique par la blessure du principal acteur, le général Barclay de Tolly. Ce coup du sort permit à l'adversaire d'entrer dans Eylau et de s'y installer « sans trouver de résistance ».

Au matin du 8 février, il décrit le dispositif russe. Dans ce rapport, un seul élément n'est pas contesté, la météorologie. Benckendorf précise que le sol était couvert de plus d'un pied de neige (environ trente-cinq centimètres). Il révèle qu'avant l'assaut d'Augereau, les Russes ont connu la même malchance. D'abord « un chasse-neige effrayant », un vent qui va les prendre de face et les empêcher de voir les lignes ennemies. À cette tempête succédera « une neige épaisse tombant à gros flocons ». Elle va obscurcir si parfaitement l'air « qu'on ne voyait plus ses propres troupes ». Un point important que les Français, toujours prompts à se défausser sur cette tourmente, ignoraient. Ils n'ont jamais su que les Russes se sont trouvés eux aussi dans une position périlleuse.

C'est à cet instant, selon notre témoin, que Napoléon va déclencher l'attaque d'Augereau. En un premier temps, les Russes plongés dans l'obscurité ne voient pas que l'infanterie adverse se dirige sur leur centre. Alors, « le ciel qui paraissait si miraculeusement protéger les Français nous découvrit à temps le danger dans lequel nous nous trouvions ; la neige cessa, et les colonnes ennemies furent foudroyées de quatre cents pièces de position ; le feu fut si bien et si vivement dirigé que tout ce corps du maréchal Augeros *(sic)* fut écrasé en un instant ».

Détail intéressant : l'armée du tsar utilisait des licornes. Elles surprenaient l'adversaire par leur mobilité. C'étaient des obusiers au canon court, d'une excellente précision.

Après ce massacre, Napoléon fut à deux doigts de la catastrophe, ce que personne ne conteste. Si l'on en croit Benckendorf, « Eylau aurait été emporté dans ce moment et toute la position de l'armée française prise au flanc si le général Toutchkov qui commandait l'aile droite avait eu l'ordre de se porter en avant, mais il fit demander des ordres au général Bennigsen, on le chercha et on ne le trouva plus ».

Ce témoignage confirme l'incroyable fait de ce 8 février : la disparition du général en chef russe au moment le plus critique de la bataille. Cette absence de Bennigsen, qui s'était perdu dans la forêt après s'être mis en tête d'aller à la rencontre des renforts prussiens, a probablement sauvé Napoléon. Benckendorf reconnaît cependant que l'adversaire est coriace : les colonnes françaises « tenaient comme des murs ». Il admet aussi que l'artillerie adverse, très mobile, « ripostant vivement » aux canons russes, faisait des dégâts. Il décrit ensuite une phase de la bataille, où les troupes françaises sont « mises en déroute après un massacre opiniâtre ». L'artillerie est « abandonnée ».

Ce moment semble correspondre à l'irruption inattendue des grenadiers russes dans le cimetière. Cette incursion d'une audace inouïe, à quelques mètres du poste d'observation où se tenait Napoléon, est l'autre événement dramatique de cette journée. Ce dernier est interloqué, il n'en croit pas ses yeux. Les proches sont effarés. On n'est pas loin de l'affolement.

Ce que raconte ensuite Benckendorf représente l'un des seuls épisodes qui concorde vraiment avec la version de l'autre camp : « Napoléon dut son salut, et celui de son armée, à l'admirable contenance d'un régiment de sa garde. Au lieu de tirer, ce régiment attendit de pied ferme nos premiers coureurs *(sic)*. » On sait que l'affrontement se fit à la baïonnette et que beaucoup de Russes furent massacrés.

Nous en arrivons au moment le plus spectaculaire de la bataille, la charge de Murat. Là encore, le témoignage de Benckendorf est très éloigné de la version française. L'officier d'état-major évoque bien la cavalerie « en colonnes serrées » et protégée par l'artillerie, envoyée pour rompre la ligne russe, mais il affirme que l'assaut français a conduit à un échec : « Cette masse de cavalerie fut reçue par une canonnade si bien dirigée, qu'elle perdit sa direction, et après avoir erré sur le champ de bataille, environnée de fumée et de tirailleurs qu'elle prenait pour nos lignes, elle fit une perte immense sans avoir atteint son but. » Il concède que deux régiments de cavalerie parvinrent à ouvrir une brèche, mais qu'ils furent ensuite entièrement exterminés.

Cet épisode se rapporte probablement au moment où les dragons et les cuirassiers d'Hautpoul, culbutant la deuxième ligne russe, voient surgir une troisième ligne soutenue par une forte artillerie qui va causer de terribles ravages dans les rangs français.

Dans ses *Mémoires*, Bennigsen ne fait pas plus cas de l'exploit de Murat, qui passe pourtant pour la plus formidable charge de cavalerie de l'Histoire, surpassant, dit-on, Tannenberg (1410) et Vienne (1683). Le général en chef russe reconnaît tout au plus la percée de quelques escadrons de la Garde ayant réussi à se faufiler entre la première et la deuxième ligne. Pris au piège, ils ne purent jamais, selon lui, revenir. « On leur cria à différentes reprises de se rendre » mais ils refusèrent, « ce qui leur coûta à la fin la vie à presque tous ». Cette action est conforme à la prouesse du colonel Lepic, commandant des grenadiers à cheval de la Garde, qui enfonçant les deux défenses russes parvint à regagner les lignes françaises avec ses hommes.

L'absence incompréhensible de Bennigsen ne cesse d'être soulignée par Benckendorf. « Nous le crûmes pris dans une des charges de cavalerie. » Cette phrase mérite qu'on s'y arrête. Elle fait implicitement ressortir l'effet des charges dans cette bataille, importance que Benckendorf ne met guère en évidence même s'il insiste sur la « supériorité » de la cavalerie russe. Bennigsen finira par réapparaître, mais il est à bout de forces et va décider de suspendre l'attaque. Commentaire de Benckendorf : « Ainsi la fin du jour nous laissa maître du champ de bataille ; l'ennemi avait été repoussé sur tous les points avec une perte énorme, nous étions sur le point de l'emporter et d'achever notre victoire. » L'ordre de retraite de Bennigsen l'indigne :

« Ce moment de faiblesse sauva une seconde fois la fortune de Bonaparte, comme elle avait été sauvée la première fois à Pultusk par la folie du comte Kamensky. »

Ainsi, Bennigsen est responsable de tout. Il n'était pas là pour donner des ordres et, quand il est réapparu, il était très fatigué, pusillanime, et ne sut pas tirer parti de la victoire.

On a tout lieu de penser que Benckendorf est de bonne foi. Il croit au récit qu'il a écrit. Il l'a consigné une trentaine d'années après les événements. C'est l'exposé d'un homme d'état-major et non pas la description d'un combattant. Il ne se trouvait pas au cœur de la bataille. C'est d'ailleurs ce qui manque à la partie russe : les témoignages des hommes de troupe et des officiers subalternes.

Un tel document laisse à réfléchir. Il est trop facile d'accuser son auteur de partialité ! Le témoignage des acteurs français est-il plus objectif ? Les mêmes incohérences, les mêmes exagérations traversent la plupart de ces récits publiés eux aussi bien longtemps après la bataille. Ils sont souvent faits sur le même moule. Les premières relations induisent les suivantes et alimentent la légende.

Benckendorf n'est pas n'importe qui. Au moment où il rédige ce rapport, il peut être considéré comme le numéro 2 du régime. Ce morceau, il ne l'a pas écrit à la légère. Eylau est perçu de cette façon par l'élite dirigeante russe. N'oublions pas qu'entre les deux événements, il y a eu la levée en masse de 1812. C'est à la lumière de la « guerre patriotique » contre Napoléon qu'il faut lire la communication du collaborateur le plus proche de Nicolas Ier.

On sait qu'après la bataille, Alexandre complimenta Bennigsen « d'avoir eu la glorieuse fortune de vaincre celui qui n'avait jamais été vaincu ». Cependant il lui fit part de son « seul regret » : s'être replié sur Königsberg.

La charge

Que s'est-il passé réellement le 8 février 1807 entre midi et une heure ? Longtemps le fait a appartenu à la légende. Puis il a cessé d'être transmis, son éclat s'est éteint peu à peu. Désormais la charge de Murat est liée à l'histoire-bataille, genre honni entre tous. L'exploit a cessé d'être présent à la conscience de nos contemporains acquis à « la pédagogie de la paix » et à la haine de la guerre. Il ne peut plus rien révéler. Il symbolise l'aveuglement d'un homme, sa mégalomanie.

À l'exclusion de tout jugement moral, la charge de Murat est un événement hors du commun. Près d'un étang glacé, en arrière de l'église d'Eylau, par une température de moins quinze degrés, dix mille cavaliers* souffrant pour la plupart de la faim s'ap-

* Un escadron comprend 140 hommes. À Eylau, beaucoup d'escadrons affectés notamment par les combats de Pultusk et de Hof ne comptent plus que 80 à 100 cavaliers. Pour la charge, Thiers dénombre 80 escadrons. Le chef d'escadron Bastard, auteur de *La Manœuvre d'Eylau*, donne le chiffre de 52. Plus récemment, Alain Pigeard a comptabilisé 74 escadrons auxquels il convient d'en ajouter 6, des dragons

prêtent à fondre sur le centre russe. Ils viennent d'être rassemblés à la hâte et doivent attaquer sans délai. Le ciel s'est éclairci. Les chevaux piaffent sur le sol gelé, naseaux fumants, les cavaliers rangés en ordre de bataille caressent l'encolure de leurs montures pour les rassurer.

Les dragons de Grouchy vont charger en premier pour déblayer. Ils seront suivis par la 2e division de cuirassiers d'Hautpoul et les dragons de Milhaud. À cet instant, Napoléon ne sait pas si la cavalerie de la Garde sous les ordres de Bessières va intervenir.

La situation s'est beaucoup dégradée depuis la déroute d'Augereau, tout à l'heure. Sa défaite a laissé un vide immense dans le dispositif français. Il faut le combler très vite. L'infanterie russe se rapproche dangereusement d'Eylau et du cimetière.

L'apparition de l'ennemi dévorant peu à peu l'espace et s'avançant en ordre vers le cimetière provoque une stupeur proche de l'affolement au sein de l'état-major de Napoléon. Celui-ci ne cesse de braquer sa lunette sur la forêt de baïonnettes qui se dirige dans sa direction.

« Quelle audace ! Quelle audace !

— Oui, répond Berthier ; mais Votre Majesté ne s'aperçoit pas qu'avec cette audace-là, elle est à cent pas des balles.

---

commandés par Klein. On en arrive finalement aux 80 escadrons avancés par Thiers. Le chiffre total de la charge est estimé entre 9 000 et 12 000 hommes.

— Murat, prenez tout ce que vous avez sous la main de cavalerie, et écrasez cette colonne. »

Dans le dialogue que rapporte Parquin, le « écrasez-moi cette colonne » peut apparaître comme une phrase décevante mais, dans ces moments-là, même les grands capitaines n'ont guère le temps de faire des mots pour la postérité. Une autre version, rapportée par Thiers, veut que Napoléon se soit tourné vers Murat en lui disant : « Nous laisseras-tu dévorer par ces gens ? » C'est beaucoup mieux. Cette idée de dévoration comme un danger qui se rapproche, avalant tout sur son passage, est bien vue, avec cette interrogation, ce côté lancé, fusant, comme si chez Napoléon, artilleur de formation, la parole était une arme de jet. Murat n'a pas besoin de donner la réplique à son beau-frère. Une telle question – probablement apocryphe – n'exige que d'être exécutée.

De toute façon, l'épisode des grenadiers russes n'est pas très clair dans la chronologie de la journée – le chiffre de 15 000 grenadiers russes que donne Parquin est très exagéré. Certains historiens le situent avant la charge, certains pendant, d'autres après. Dans la relation d'« un témoin oculaire », qu'en fera plus tard Napoléon, cet épisode semble intervenir après l'action de Murat. Il est d'ailleurs minimisé. La colonne russe s'est « égarée ». Toujours ce problème des séquences qui ne parviennent pas à s'enchaîner.

Jomini, qui fut le premier à mettre en lumière l'aspect particulièrement décousu du 8 février, a vécu aux premières loges ce moment dramatique.

Napoléon l'a dépêché pour voir de plus près ce qui s'y passe. Jomini revient en déclarant que ce sont les Russes : « Il me répondit avec humeur : "Vous vous trompez, vous voyez des Russes partout." » Et Jomini d'ajouter : « L'apostrophe était blessante, car c'était dire que la peur me faisait voir de travers. Je lui répliquai : "Sire, j'en suis sûr, vous ne tarderez pas à le voir." » Une rumeur, les cris se rapprochent : « Un hourra très distinct annonça que c'était bien une colonne ennemie. »

Deux faits frappent dans ce récit de Jomini : la peur et la progression soudaine des Russes qui visiblement prend de court Napoléon. Au milieu du feu roulant de l'artillerie, les hourras des grenadiers résonnent déjà comme une certitude sinon comme un triomphe. Ils avancent, sûrs d'eux. Napoléon est en danger. C'est l'histoire de Bouvines qui se répète, le moment où Philippe Auguste désarçonné est sur le point d'être fait prisonnier. Le Grand Prestidigitateur va se trouver, lui aussi, à deux doigts d'être capturé.

Napoléon ordonne à un bataillon de sa Garde de se porter en avant. Faire intervenir les grenadiers à pied de cette unité d'élite est une décision extrêmement rare. Un tel recours est à la mesure du péril que court Bonaparte. Les soldats s'avancent l'arme au bras. Ils vont se payer le luxe de charger à la baïonnette, ce qui ne sera pas du goût de Napoléon, le moment étant trop grave pour se livrer à de telles fantaisies. « La colonne s'arrêta : ce fut l'effet de la tête de Méduse. »

Cette image de la tête de Méduse, on la doit à

Napoléon en personne. L'état de sidération. Cette tête de Méduse monstrueuse, dont le regard tue, scintille au milieu de la *Relation de la bataille d'Eylau par un témoin oculaire*.

Grouchy, qui va charger en premier, est bien le Grouchy qui fera défaut à Waterloo. Il mérite mieux que la réputation qu'on lui a faite. D'origine noble, ce cavalier hors pair, rallié à la Révolution, est un homme courageux. Il va conduire la première vague, la plus meurtrière. Elle doit recevoir et absorber le feu. Grouchy sait qu'avant d'arriver sur l'adversaire, il va avancer à découvert et subir un pilonnage sévère de l'artillerie.

Autre personnage qui s'élancera à la suite de Grouchy, d'Hautpoul, à la tête de la 2e division de cuirassiers. En passant devant l'Empereur qui voit s'ébranler les seize escadrons sur deux lignes, le général lance : « Sire, vous allez voir mes gros talons. Ça entre dans les carrés ennemis comme dans du beurre ! »

Un autre meneur d'hommes, Milhaud, attend à la tête de la 3e division de dragons. Il attaquera à la suite d'Hautpoul. Républicain intransigeant, conventionnel, il a voté la mort du roi et a participé activement au coup d'État du 18 Brumaire. Il conduira l'ultime charge à Waterloo derrière Ney.

Bessières, qui commande la cavalerie de la Garde, va mener la dernière vague. Mais il ne le sait pas. La Garde n'est employée qu'en dernière extrémité. Parmi les officiers généraux de Napoléon, il fait figure d'anomalie. C'est un noble cœur, un homme doux et intrépide, un peu ennuyeux, très pieux à la différence des autres maréchaux, fieffés mécréants. Pendant les événements d'août 1792, il protégea la reine à la tête de la garde constitutionnelle. Il sera emporté par un boulet en 1813. « Il vécut comme Bayard et mourut comme Turenne », dira Napoléon.

Pour l'anecdote, on peut signaler aussi la présence de Daoud Habibi, né en Syrie, capitaine des mamelouks de la Garde. À la tête de son escadron, il va conduire l'un des derniers assauts.

La masse lourde des cuirassiers est une force de choc qui doit renverser et enfoncer l'adversaire. Comme leur nom l'indique, les cuirassiers sont protégés par une carapace de tôle en deux parties matelassées de l'intérieur, l'une protégeant la poitrine, l'autre le dos. Le tout pèse 7,5 kilos. Sans doute, comme l'a bien observé Frédéric Masson, le but de cette enveloppe métallique est bien de protéger le buste du cavalier « mais surtout d'inspirer à son imagination une confiance telle en l'armure dont il était couvert qu'il se crût invulnérable ». Les cuirassiers portent un sabre droit de 4 kilos et frappent de pointe alors que les dragons frappent de taille.

On peut imaginer que tous ces cavaliers qui attendent pour fondre en colonnes sur l'infanterie russe frissonnent. Il fait très froid. Appréhendent-ils dans leur chair le danger ? Aucun témoignage ne fait état de ce sentiment commun à tous les guerriers, la crainte du contact. Après, oui, il sera facile d'évoquer ce qui a eu lieu. J'imagine que ce moment doit ressembler à l'imminence d'un saut dans le vide. Ces hommes peu impressionnables et endurcis ont sans doute l'habitude de vivre une telle attente, mélange de concentration, de trac. D'inanité peut-être aussi. Comment le savoir ? Un sentiment d'euphorie ? Ce n'est pas impossible. Le froid, la faim, l'attente, la hâte d'en découdre, l'énorme responsabilité qu'on leur fait endosser peuvent procurer un émoi. Certains le nomment griserie, d'autres exaltation.

En ce 8 février, la situation est inédite. Désormais tout dépend des troupes montées. Les cavaliers ont appris le désastre survenu aux hommes d'Augereau. À travers les épais nuages de fumée, ils calculent l'espace devant eux, l'urgence qu'il y aura à le remplir avant de piquer sur les lignes adverses. Cette action, ils savent qu'elle n'est pas courante, les chefs n'ignorent pas qu'en temps normal un tel engagement de la cavalerie est contre-indiqué. Mais, depuis le début, tout dans cet affrontement est démesuré, inhabituel.

« Manœuvre audacieuse, s'il en fut jamais. » Qui dit cela ? L'intéressé en personne. Les termes du 58e *Bulletin de la Grande Armée* ont été pesés par Napoléon lui-même. Il peut bien le reconnaître une fois la bataille terminée : ce qu'il a fait était culotté. Que pouvait-il tenter d'autre ? Mais il fallait prendre très vite la décision. Sa force a toujours résidé dans sa capacité à saisir le vif d'un moment, à décider aussitôt et à voir comment le choix s'ajustera exactement à l'action d'après.

Le général Grouchy s'ébranle avec ses dragons. Le signal est un allégement, un lâcher-prise, une tension qui se libère brusquement. L'escadron doit être serré, compact.

Le bruit. La basse continue de l'artillerie, le vent et le froid qui sifflent aux oreilles, la sonnerie éclatante des trompettes mais surtout un battement sourd, celui de la chevauchée, pareil à un tremblement de terre. Une onde explosive qui grandit. Terre et neige fusent sous le sabot des chevaux tandis que la grande batterie russe assène ses coups sourds en direction de la masse mouvante. Les boulets planent et voltigent sur les colonnes qui ondulent, disparaissent et jaillissent dans la fumée.

Malgré la fougue des dragons français, la première ligne russe tient bon, les cavaliers s'éparpillent et reviennent sur les côtés pour se reformer derrière ceux qui les suivent. Ils chargent à nouveau. Dans le choc, Grouchy est renversé sous son cheval tué net par une balle. Sévèrement commotionné, il est écrasé sous le poids de sa monture. Il va être fait prisonnier lorsqu'il est sauvé *in extremis* par la présence d'esprit de son aide de camp (le fils de La Fayette !). Ce dernier saute de cheval et réussit à arracher son chef de dessous la bête inanimée et à le placer sur sa propre monture. « Je me suis trouvé cruellement froissé », racontera Grouchy plus tard dans son rapport à Murat. Malgré ses blessures, il revient sur les côtés et se replace avec un nouveau cheval pour charger une seconde fois sur l'infanterie russe rangée sur trois lignes.

Dans tous ces assauts poussés à fond, chaque échelon vient se reformer à la gauche de la colonne pour repartir par vagues. La première et la deuxième ligne russe fléchissent mais pas suffisamment pour être démembrées.

Murat décide alors de faire donner la 2e division de cuirassiers commandée par d'Hautpoul. Elle va piquer sur la droite tandis que, sur la gauche, Grouchy attaquera une fois encore avec ses dragons. Tous sont déployés en colonnes pour la grande charge. Cette fois il faut frapper fort, enfoncer l'adversaire par l'effet de choc. Le centre russe a beau être démantelé, il n'est pas détruit. Les hommes se cramponnent, répliquent. Ils ne cèdent pas. Vivante, unie, cette force ne se laisse pas intimider. Il faut à tout prix désarticuler cette mécanique dont l'énergie s'obstine.

Paulin va assister à ce moment incroyable où Murat en personne emmène cuirassiers et dragons, « une simple cravache à la main, en criant à tue-tête, de sa voix gasconne : Chargez, chargez, tout cela est à moi ». Son cheval est « harnaché comme un jour de grande revue du Carrousel ». Lui-même est, selon Saint-Chamans, « vêtu en héros de mélodrame » : bottes brodées, brandebourgs d'or, toque ornée de pierreries. Son costume attire évidemment l'attention de tous, surtout des Russes, chaque combattant rêvant de neutraliser un tel adversaire.

C'est un « ouragan de cavalerie » qui déferle sur l'infanterie russe en poussant des hourras. L'artillerie ajuste ses tirs sur ces escadrons qui s'évaporent dans la fumée puis réapparaissent. Le bruit sec des biscaïens retentit sur les cuirasses. Une trépidation sourde pareille à une secousse tellurique traverse la plaine. Un essaim tueur, une nuée exterminatrice, telle est la force qui tombe sur les Russes.

« Cuirassiers ! chargez à fond ! à fond », tonne d'Hautpoul. Genou contre genou, botte à botte, les hommes au gilet de fer se tiennent serrés le plus près possible. Il importe d'atteindre la puissance maximale de choc. Les Russes voient arriver sur eux les colonnes au trot qui sinuent en lignes parallèles et s'apprêtent à transpercer leur ligne de front. Par vagues successives, les cavaliers français sont lancés pour perforer, déchirer, démembrer le dispositif ennemi. Les chevaux des cuirassiers qui sont lourdement chargés fatiguent vite. Aussi importe-t-il que l'assaut soit violent et rapide. Dans un bruit terrifiant, une vibration continue et violente de l'air et de la terre au seuil de la fusion, les boulets rasent le sol, rebondissent, brisent et arrachent les jambes des chevaux, évulsent les bras et les articulations des hommes, écrasent les thorax.

La première ligne russe résiste aux coups de bélier des cuirassiers qui se replient sur les ailes pour se remettre en colonne et attaquer à nouveau. La défense russe ploie et finit par être entamée. Une trouée vient de s'ouvrir dans le dispositif ennemi. La brèche ne va cesser de s'agrandir.

Sous la pression des dragons de Klein et de Milhaud qui ont chargé après les cuirassiers, la deuxième ligne russe lâche à son tour et se replie derrière le bois d'Anklappen.

Dans le corps-à-corps, les cavaliers se dispersent et se mélangent à l'adversaire, la charge perd de son mordant. Accrochées aux Russes, plusieurs unités ont du mal à revenir et subissent une fusillade à bout portant. Le général d'Hautpoul est touché alors, la cuisse droite fracassée par un biscaïen. Ses hommes parviennent à le ramener à l'arrière.

Le centre russe plie peu à peu sous les coups appliqués par les assauts répétés des cuirassiers et des dragons. Mais il résiste. L'heure est venue d'employer les grands moyens. Placée en réserve, la cavalerie de la Garde doit hâter la dislocation. À regret, Napoléon s'est résolu à utiliser ces cavaliers d'élite. À cette heure, il n'a plus d'autre choix.

Emmenés par le colonel Lepic, les chevaux noirs des grenadiers à cheval assaillent les lignes russes, épaulés par les dragons de Grouchy. Lepic tance les soldats qui baissent instinctivement la tête sous la canonnade. « Haut les têtes, Jarnidiou ! La mitraille, ce n'est pas de la merde ! » Lepic va traverser les trois lignes ennemies à la tête de ses hommes. Mais, appuyés par des cavaliers, les fantassins russes ont reformé leurs rangs et emprisonnent Lepic et ses grenadiers qui tentent de revenir : « Rendez-vous, général. Votre courage vous a emporté trop loin, somme un officier russe. Vous êtes dans nos dernières lignes. » Mais Lepic ne se laisse pas intimider : « Regardez un peu ces figures-là si elles veulent se rendre. » Et s'adressant à sa troupe : « Suivez-moi ! » Il éperonne et part au galop, traversant de nouveau l'armée russe.

L'escadron des mamelouks attaché au régiment de chasseurs à cheval va être l'un des derniers à charger. Armés de cimeterres et de poignards, ils vont subir de lourdes pertes dans leurs rangs.

Daoud Habibi va recevoir trois coups de baïonnette. Blessés aussi : un ancien janissaire, Anna Koubroussi et Ayoub Michaoulat, nés tous les deux à Nazareth ; Bouloud Baraka, originaire d'Alexandrie, et Jean Chahine, Géorgien, qui a un cheval tué sur lui[63].

Dans la peinture de Gros, le plus célèbre des mamelouks, Roustam, attaché au service personnel de l'Empereur, figure à l'extrême gauche, coiffé d'un turban blanc.

La charge de Murat a incontestablement stoppé l'offensive russe. Cependant Napoléon ne peut exploiter cet avantage. Il faut coûte que coûte tenir jusqu'à l'arrivée de Ney. Mais Ney viendra-t-il ?

La reconstitution

Nous sommes partis avec beaucoup de retard pour Bagrationovsk, attendant ces deux filles qui ne sont jamais venues. C'est Julia qui a finalement décidé de donner le signal du départ. J'avais compris qu'elle n'était pas enthousiaste à l'idée d'emmener ces deux créatures que mon fils aîné avait rencontrées à la sortie d'un bar de nuit. « Des prostituées, a-t-elle glissé avec mépris. Elles ont trouvé d'autres gogos » – en pincerait-elle pour l'aîné ? Gogo, un de ces mots qu'elle ne connaissait pas. Elle adore l'introduire ensuite dans la conversation – il a fallu lui expliquer que « à gogo » avait un tout autre sens.

Mon dernier voyage à Eylau. Je n'en éprouve aucune nostalgie. Les voyages réussis sont ceux où l'on est autant content d'arriver que de partir. Je me suis tellement accoutumé à ce trajet que j'ai fini par m'attacher à cette ville froide et si peu fonctionnelle. Lugubre à première vue comme le reste de l'Outre-Terre, mais seulement à première vue. Ensemble nous avons retourné cet accablement. Nous l'avons rendu jubilatoire. Elle était si évidente, si attendue, cette désolation. Elle ne réclamait qu'un peu d'efforts pour que nous la comblions à notre guise. Je ne m'en suis pas privé.

Staline a vraiment écrabouillé Kaliningrad, il n'y a pas d'autre mot. Il a voulu l'écraser salement, la concasser, la pulvériser – c'est manifeste quand on visite le musée Blockhaus, le PC souterrain du dernier commandement allemand, Otto Lasch, qui signa la capitulation en 1945. On sent qu'à dessein l'ancienne Königsberg a été aplatie par une forte compression – toujours ce fameux compact qui la constitue – mais, soixante ans plus tard, elle a réussi à se redresser sans se remettre tout à fait d'aplomb. Une forme de relèvement qui ne sera jamais une résurrection et qui la rend si pathétique par ce mélange de souffrance, de tristesse et d'indifférence.

Le ténébreux cuirassier a donné définitivement congé à son chauffeur et s'est joint à nous. Il s'est installé au fond du minibus avec Julia et mes deux fils. Il rit bruyamment. Je crois qu'il est dans une phase d'excitation. Il évoque la campagne présidentielle qui bat son plein en France. Le sujet ravit mon fils aîné, passionné d'histoire politique, aimant à se revendiquer « chevènementiste », ce qui exaspère Cadet. Il paraît que Ségolène Royal connaît un « trou d'air ». Elle a démenti : « Non, c'est un souffle qui va nous porter vers la victoire. »

Le soleil d'hiver éclaire froidement la campagne qui a perdu son gris de Prusse si flottant et mélancolique. S'étend à présent devant nous une masse blanche, dure et aveuglante. Une neige qui n'est plus fraîche s'entasse par reptation dans le moindre endroit abrité pour former des plis, des dépressions, de petites dunes.

Malgré le temps clair, rien ne s'embrase. Une terre qui ne sourit jamais. Nous nous sommes faits spécialité en Occident de paysages *riants*. L'air ici n'est pas conciliant, même aux beaux jours. Il ne s'incline pas docilement devant les humains. L'espace ne cesse d'opposer une résistance. Toujours cette apparence de gravité. Mais ce monde hyperboréen possède d'autres atouts : quelque chose de solide, d'implacable.

Bagrationovsk est désert alors que les trottoirs sont encombrés de véhicules. La presse de Kaliningrad évoque abondamment les cérémonies dans ses colonnes. En France, l'anniversaire passe totalement inaperçu. « Faut-il célébrer Eylau ? », s'est demandé dans un article, il y a trois semaines, l'historien Jean Tulard. Il a répondu par la négative : inutile de fêter un carnage mais « le souvenir des terribles souffrances ne doit pas être perdu[64] », a-t-il souligné.

La commémoration d'Austerlitz organisée de main de maître en décembre 2005 par une société privée a réuni 4 500 figurants et un public de 100 000 spectateurs. Le spectacle était payant. À Bagrationovsk, il est gratuit. « Ça risque d'être amateur et moche », fait quelqu'un de notre groupe que, par charité, je ne nommerai pas.

Le cuirassier dépressif retrouve ses amis du 10e escadron de chasseurs de la Garde qui s'apprêtent à rejoindre le champ de bataille. Ils sont resplendissants dans leurs tenues : dolman de drap vert, pelisse écarlate, culotte de peau de daim, bonnet à poil surmonté d'un plumet. D'habitude ils amènent leur propre monture mais, cette fois, ils ont renoncé à cause de la durée et des difficultés du voyage. Grâce à Sokolov, ils ont pu louer sur place des chevaux qui ont l'habitude du froid et de la neige. Lors des essais d'hier, ils ont constaté qu'ils réagissaient bien aux coups de feu. Le sabre modèle 1803, la coupe et la matière des costumes, tout est conforme aux uniformes du premier Empire. Ce n'est pas la tenue la plus rutilante qu'ils recherchent mais la plus authentique historiquement. Malgré le froid cuisant, pas question de porter polaires ou sous-vêtements de type Damart pour se tenir chaud.

Ce matin ils sont partis à l'aube pour aller chercher leurs chevaux et ont parcouru une quinzaine de kilomètres dans la campagne. Ils grelottaient. Approcher au plus près les sensations d'un cavalier de l'époque, telle est la démarche de cette bande de copains apparemment très complices. Dans leur souci de faire de l'histoire vivante, ils ne trichent pas.

À côté d'eux, je me sens comme un resquilleur. Je ne suis ni reconstitueur ni historien. Je n'ai pas emporté avec moi d'outil conceptuel, j'essaie de me faufiler parmi tous ces experts et ces puristes. Je fais *cavalier seul*. Je n'appartiens pas à leur clan. Néanmoins je me persuade que nous poursuivons le même but. Nous croyons à la réversibilité du temps, nous avons parfois l'illusion de sauter sur la rive interdite du passé, d'« extrapoler le détail », comme eût dit Braudel. Nous savons que nous n'arriverons jamais à destination. L'essence des êtres et des choses révolus nous faussera toujours compagnie. Tant que nous serons vivants, nous serons condamnés à chevaucher le présent et le passé, à errer dans cet éternel entre-deux: J'aime cet état, il donne tant de choix et de disponibilités.

Sur la petite route qui mène au champ de bataille, nous côtoyons des groupes de fantassins. Des cavaliers débordent dans les champs pour nous doubler. Mon compagnon se met à présent à regretter de ne pas être venu avec son uniforme de cuirassier. Une escouade de grands chapeaux emmenés par Sokolov passe devant nous. Sokolov s'arrête pour saluer mon acolyte, lequel veut à tout prix me présenter. Nous cheminons de conserve, Sokolov et moi, pendant deux ou trois minutes. J'ai l'impression de m'entretenir avec un maréchal d'Empire. « Regardez, l'endroit est magnifique. Ça n'a pas bougé. À part l'Espagne, tous les sites napoléoniens sont abîmés. Ici, c'est réel. » Je pourrais lui demander « qu'est-ce que le réel ? », mais ce n'est pas le moment. Son cheval blanc a, comme l'on dit, du chef, une belle tête. Elle me fait une fois de plus penser à celle de la monture de Napoléon peinte par le baron Gros, il est vrai en moins médusée.

Encore un détail scabreux choisi par le peintre ! Du côté français, le regard le plus effaré du tableau ne provient pas d'un humain mais du cheval de l'Empereur – c'est exactement le même globe oculaire que celui du grenadier russe à mitre qui refuse d'être secouru.

L'œil de la jument de Sokolov est pétillant. On la sent heureuse et impatiente. Le cavalier est liant et sait accompagner les mouvements du cheval. Il s'excuse et éperonne brusquement sa monture. « Le combat m'attend. » On ne saurait faire plus sobre et plus napoléonien !

Le champ de bataille, je le connais désormais. Sokolov a raison. Il n'a subi ni altérations ni dommages. Il n'a jamais été abîmé par le tourisme. Il faut en profiter car on envisage de construire une route à quatre voies en direction de la Pologne. Elle enjamberait le site. Une autoroute au beau milieu du paysage peint par Gros. C'est dommage mais au nom de quoi peut-on empêcher une telle construction ? Les vivants veulent circuler, les morts aussi d'ailleurs. Gageons que ces derniers ne manqueront pas de se manifester pendant les travaux.

Nous piétinons un ossuaire. Imaginons une reconstitution sur le site de Verdun. Eylau fut un carnage, mais son aspect tragique est à présent trop éloigné dans le temps. Une bataille ancien modèle. L'ancienneté lui confère un caractère exotique. Le sacré lui a été enlevé. Sa qualité est devenue profane. La seule pensée aimante envers les morts d'Eylau émane de l'homme qui m'a demandé de lui rapporter un peu de terre.

Un homme se détache devant moi qui me fait de grands signes : Pantchenko, le conservateur du musée, sanglé dans son uniforme de mousquetaire russe. Il se déplace à vive allure, emmenant derrière lui une troupe de fantassins frigorifiés, coiffés d'un shako. Ils marchent tous au pas. Je le soupçonne d'imposer une discipline de fer au sein de sa petite troupe.

Il se met à me parler avec effusion mais j'ai perdu Julia et ne saisis pas ce qu'il dit. Des choses amènes, à en juger par son expression bonhomme, exempte d'irritation. On le sent serein et déterminé avant la bataille. Mais il aperçoit ses soldats un peu plus loin mêlés à d'autres combattants. Ils vont dans tous les sens. Il voit rouge et me quitte sans un signe.

Au loin, le clocher se découpe dans l'air avec une netteté surprenante : « Viens me chercher ! » Pourquoi la reconstitution, qui se déroule sur le site même de la bataille, a-t-elle négligé à ce point l'église ? N'était-elle pas le centre névralgique des opérations ?

Nombre de spectateurs sont massés au sommet de moutonnements qui s'inclinent légèrement vers la plaine mais beaucoup se promènent aussi au milieu des soldats qu'ils veulent photographier. Il règne un désordre bon enfant, des gamins font glisser leur luge sur le champ de bataille. Apparemment chaque unité est supposée représenter une division. « Ce n'est pas le nombre qui fait la qualité de la reconstitution », me fait observer mon compagnon. Les figurants rejoignent les positions qu'on leur a assignées la veille. « Regardez, c'est Davout qui attaque ! », assure le cuirassier dépressif en agitant sa houppelande. J'ai du mal à suivre les mouvements de troupes. Certains sont précipités, d'autres traînent comme si soudain les acteurs ne savaient plus qui ils incarnaient. Une colonne s'avance, vers des Russes, il me semble. Elle dévie et se présente de flanc à l'adversaire. Nous assistons en direct à l'anéantissement du corps d'Augereau et à la fin du 14e de ligne. Ensuite, il ne se passe plus rien. Un vide, une pause ? Je sens un flottement dans l'air. Mon compagnon proteste et me fait part de son mécontentement.

— Nous sommes tout à fait dans l'esprit de la journée du 8 février, lui dis-je. Sokolov a voulu respecter le côté incohérent de la bataille.

— Vous plaisantez ! Ce n'est pas incohérent, c'est sans queue ni tête.

Un fort parti de fantassins dont la mitre de cuivre étincelle au soleil se déploie devant nous en poussant des hourras. N'est-ce pas l'attaque du cimetière par les grenadiers russes ? Ils n'ont pas l'air commode et serrent les rangs. La rencontre a lieu avec la Garde impériale qui fait semblant de charger à la baïonnette. Il n'y a pas vraiment de corps-à-corps. Mon compagnon estime que c'est très réussi. À mon tour d'exprimer ma contrariété.

— C'est idiot ! Ils auraient pu faire cette reconstitution *in situ* même si le cimetière a disparu !

Il paraît qu'en plus des chasseurs à cheval de la Garde, une vingtaine de Français ont fait le voyage jusqu'à Bagrationovsk[65]. Hélas, nous ne parvenons pas à les identifier. Ils sont mêlés à des Russes qui incarnent eux aussi des soldats de la Grande Armée.

Nous nous trouvons au milieu d'une masse mouvante modelée par une multitude d'engagements dont nous faisons tous partie, figurants et curieux. Certes nous n'interprétons rien mais nous sommes inclus dans l'espace de l'action : ces rangs de spectateurs disséminés dans la plaine ou groupés sur des talus enneigés sont des formations qui occupent des positions. D'ailleurs, ce n'est pas à une reconstitution que nous assistons mais à une création. Ce tissu plus ou moins serré de mouvements, de péripéties, de rebondissements que fut cette journée nous constitue.

Un hussard, qui traverse le champ de bataille, percute la bonnette fourrure anti-vent d'un perchiste. Le technicien peste et voit comme nous surgir derrière un dénivelé de neige un groupe de cavaliers. J'ai l'impression que nous assistons à la charge de Murat. Les casques des cuirassiers lancent des éclairs. Leur crinière ondoie au vent. Il me semble reconnaître les chasseurs à cheval de la Garde.

La scène est brève mais très enlevée. Puissance du moment, abstrait, irréel en même temps qu'actif. Pendant un court instant, je me sens soulevé dans une sorte de conscience supérieure. Cette énergie intense et fugitive me fait frissonner. La sensation ressemble à une impulsion étrange, vive, presque électrique. Ce saisissement me rappelle l'effet galvanisant que me fit éprouver le vieux fou il y a plus de quinze ans.

Le cuirassier dépressif a raison : une bonne reconstitution ne nécessite pas de gros moyens.

Pour qu'elle soit réussie, elle requiert un mélange d'artifice, d'invention et surtout de fidélité. Pas de véracité, non, mais une forme de loyauté vis-à-vis de l'événement dont on sait qu'il est impossible à rétablir dans sa réalité.

Authenticité, implication du public, sens du risque et de l'imprévisible, Sokolov a inventé à sa façon le happening historique. Concis, réservé. Toujours dans le registre de la simplicité. Il est partout. On ne voit que lui et son beau cheval blanc. Il lui suffit de paraître pour s'imposer. Impérial. Tout se déroule sans anicroches majeures. Cependant, il a eu toutes les peines du monde à acheminer de Moscou sabres, fusils, canons et surtout la poudre. Les autorités ne voulaient pas en entendre parler.

— Je crois que c'est le moment, dis-je au grand échalas. Je vais m'absenter…

— Je vous accompagne. Ça sera mieux, je vous assure. Je connais les lieux, je sais comment entrer.

Il est véhément, beaucoup plus inquiet que moi comme s'il se sentait responsable de ma personne. Avec son long cou et sa pèlerine que le vent glacial fait flotter, il ressemble à un échassier pris dans la neige. Il a l'air sincèrement malheureux et ne veut pas que je file.

— Non, non ! À deux, nous nous ferions remarquer. Vous allez manquer la suite : l'arrivée de Lestocq et celle de Ney. Vous me raconterez.

Sur la petite route, à présent déserte, qui mène à Bagrationovsk, je songe à ces deux coups de théâtre qui ont suivi la charge de Murat.

Incontestablement, après ce haut fait, Napoléon s'est rétabli, il a éloigné pour un temps le danger. Pour autant il n'est pas tiré d'affaire. À part la Garde à pied embusquée derrière l'église, il ne dispose plus de réserves. Pas question pour Napoléon d'employer cette force ultime dont certains éléments sont intervenus lors de l'attaque du cimetière. À contrecœur, il a déjà fait usage de la cavalerie de la Garde. L'infanterie est une unité d'exception, il est indispensable de la mettre de côté en cas d'accident. « La Garde n'a pas donné. » Cette mention figurant dans la plupart des bulletins de la Grande Armée est le signe que Napoléon l'a emporté. À Eylau, finalement, « la Garde n'a pas donné ».

« Les Immortels », comme on les surnomme ironiquement, essuient les tirs fusants de l'artillerie russe, parfois un boulet emporte une file. Malgré les bombardements qui causent d'énormes trouées dans les rangs, ils ont ordre de ne pas bouger. Selon le mot du baron Percy, l'infanterie de la Garde sera sérieusement « abîmée » à l'issue de l'affrontement.

Je m'approche du périmètre de l'église. Au loin, le paysage de la bataille se décompose en une multitude de bâtonnets, de petits rectangles, de hachures. Ces formes ne sont pas sans ressembler aux forces en présence que l'on fait figurer sur les cartes d'état-major. Ce ne sont pourtant pas des figures abstraites. Les lignes, les traits sont mouvants et les humains parfaitement visibles quoiqu'un peu lointains. Je suppose que Napoléon devait être à la même distance des combats. Sans doute jouissait-il de ce spectacle même s'il n'y voyait pas grand-chose à cause du brouillard et des nuages de fumée.

Suivant les conseils du cuirassier, j'aborde l'enceinte de l'usine non par l'entrée principale mais par l'arrière.

Toujours la même vision de désolation, un amas de tuyaux, de colonnes, de turbines, de pompes. Abandonnés ? Je n'en suis pas si sûr.

En contrebas s'étend un paysage hivernal composé de maigres haies et de lignes d'arbres squelettiques. Je devine les contours de l'étang où devait se tenir la Garde. Sokolov a raison : ce site est indemne. À part le périmètre de l'église qui a été sévèrement rectifié.

Et toujours ce son grave, permanent, ce bourdon d'une mélancolie obsédante.

L'homme noir

« Je calcule sur le pire. » Telle est la règle à laquelle a voulu se conformer Napoléon. Envisager le pire ne l'éloigne pas pour autant. Sans doute pénétrer clandestinement dans l'église peut-il tourner à l'aigre, mais ai-je un plan de remplacement ?

En ce milieu d'après-midi du 8 février 1807, les affaires de Napoléon sont autrement plus graves que les miennes. Elles prennent même mauvaise tournure. L'affrontement redouble de violence. Épuisés, les combattants des deux camps s'exaspèrent. Le Grand Prestidigitateur s'est éloigné quelques instants du cimetière pour manger du bout des dents. Il est insatisfait, soucieux, mais n'en laisse rien voir. Ney n'arrive toujours pas. L'heure est venue de considérer les situations les plus extrêmes. « Si l'ennemi ne se retire pas la nuit tombante, nous partirons à dix heures du soir », confie-t-il sous le sceau du secret à Jomini. Battre en retraite, voilà où il en est. On est loin de l'air qu'il chantait lorsque l'adversaire tombait dans le piège. « Il y viendra, larira ! » s'adresse à présent à lui.

Cependant Davout se défend bien et paraît même reprendre l'offensive. Davout, le peu sympathique Davout, est pour Napoléon le bon génie de cette journée. Depuis que le 3e corps a surgi sur le champ de bataille, c'est lui qui supporte la plus forte pression de l'adversaire. En ce 8 février, son esprit déductif, son opiniâtreté, son sens de la manœuvre, sa froideur font merveille. Il n'a jamais eu la flamboyance de Murat, l'âme technicienne d'un Berthier, l'habileté calculatrice de Soult, le bagou d'Augereau. C'est un homme renfermé et glaçant mais, à la différence des autres maréchaux, il réfléchit. C'est un militaire qui possède une intelligence à la fois conceptuelle et pratique – homme intraitable, il sera le seul des maréchaux d'Empire à ne pas prêter serment à Louis XVIII.

Sans pour autant retourner la situation, il va méthodiquement contenir l'adversaire, le coincer puis, grâce à la division Gudin, le déborder si bien sur l'aile gauche que les Russes vont se trouver à leur tour dans une situation périlleuse. Bien que supérieurs en nombre, ils sont incapables de bouger et comme pris dans une nasse. En l'absence de Bennigsen toujours introuvable, le général Sacken s'apprête à ordonner la retraite lorsque, sans crier gare, apparaît le corps prussien de Lestocq fort de six mille hommes. Il réussit à contourner le champ de bataille pour se placer face à Davout.

Après Augereau, c'est un autre coup du sort qui déstabilise le côté français. Napoléon apprend la nouvelle avec consternation mais garde pour lui ce qu'il ressent. Il pense cette fois que la Fortune l'a définitivement abandonné. Vaillamment, Davout subit la nouvelle menace qui ne cesse de croître. Combien de temps ses troupes exténuées vont-elles tenir ?

Je pense à François Blot et à Jean-Louis Jamin, mes compatriotes de Saint-Pierre-la-Cour. Ont-ils vu arriver Lestocq ? En cette fin d'après-midi étaient-ils déjà hors de combat ? Forte de sept mille cinq cents hommes, la division Morand à laquelle ils appartenaient fut l'une des unités les plus exposées. « Jamais troupe n'a déployé plus de courage, de fermeté, de valeur, d'audace », écrira Morand le lendemain dans son rapport à Davout.

Comment la nouvelle du 8 février 1807 est-elle parvenue à Saint-Pierre-la-Cour ? Et la mort de deux de ses fils ? Trente-huit Mayennais furent tués dans cette bataille dont le général Corbineau, né à Laval, aide de camp de l'Empereur, emporté par un boulet. Son nom figure au côté est de l'Arc de triomphe. Il aurait été enterré dans le cimetière d'Eylau.

La nuit est tombée. Bennigsen, qui a été retrouvé, se prend à espérer. C'est alors que du côté de Schloditten retentissent les bruits d'un feu nourri. Un coup de théâtre de plus ! Ney qu'on n'attendait plus vient de déboucher dans les ténèbres à la tête du 6e corps. Sur les traces de Lestocq, il avait laissé échapper son adversaire. C'est par miracle qu'il est tombé sur le champ de bataille. Un de ses flanqueurs – éclaireur chargé de surveiller et de protéger les flancs des colonnes en marche – lui a signalé une rumeur, peut-être une canonnade au loin. Ney a grimpé sur une hauteur, il n'a rien entendu : était-ce le murmure confus du vent ? Il va néanmoins décider de se diriger vers ce bruit incertain et constater qu'il ne cesse d'augmenter. La lueur des tirs est de plus en plus nette. Ney n'aura plus qu'à marcher au canon vers Eylau.

Il est sept heures du soir. Dans la nuit, le futur prince de la Moskova se lance avec sa fougue habituelle sur le village de Schloditten qui est repris mais il est arrivé trop tard pour étendre et asseoir son avantage.

Le champ de bataille verra peu à peu s'éteindre les éclairs de l'artillerie et le roulement obsédant des batteries.

Le baron Percy, chirurgien en chef de la Grande Armée, décrit une scène bouleversante. Avec ses aides, il s'est placé sur la partie la plus élevée du cimetière pour voir la fin de la bataille. C'est la position où s'est établie l'artillerie de la Garde qui a donné toute la journée. « Le revers de cette hauteur était couvert de cadavres », raconte-t-il. Ces corps sont des canonniers tués à leurs pièces. Il domine la plaine où, sur fond de neige, on parvient encore dans la nuit à distinguer les combattants. Il prend alors conscience de la « boucherie affreuse ». Autour de l'église, c'est une vision d'horreur : « On ne voyait que cadavres et chevaux morts ; les voitures passent dessus ; les parcs d'artillerie les hachent et écrasent les crânes et les membres. »

L'écrasement. Certes, le but de la guerre est d'écraser l'adversaire mais les témoins d'Eylau décrivent un tout autre anéantissement, plus concret celui-là, qui est une nouveauté : l'aplatissement des corps. L'image revient avec insistance dans les récits. Les cadavres foulés, comprimés à même la terre, nivelés par le piétinement des chevaux, les roues des affûts et des fardiers. L'indifférence des vivants pour ces morts plaqués sur le sol, triturés, pilés, nivelés qu'ont bien perçue Balzac et le baron Gros. Tout procède de l'écrasement que doit supporter Chabert lors de la charge mais la terre qui doit l'absorber ne veut pas de lui. Regard consolateur de l'Empereur, peut-être, mais un coup d'œil sur la jambe gauche de son cheval nous avertit que le sabot levé s'apprête à passer sur le corps d'un homme gisant pour le broyer – le *saboter*. Une fois de plus, le peintre appuie fortement, à fond, sans se faire remarquer.

À dix heures du soir, le monstrueux et lancinant grondement de la bataille d'Eylau a tout à fait cessé.

Paulin a décrit l'angoisse d'officiers du génie, regroupés avec lui la nuit dans une maison d'Eylau encore debout. Ils prêtent l'oreille au moindre bruit et s'attendent à chaque instant à ce que tout s'embrase de nouveau : « La conviction était que tout allait recommencer. »

Je me trouve face au mur gris qui délimite le secteur de l'église et le franchis sans aucune difficulté.

Personne à l'horizon ! Je suis sur l'autre versant du tertre à l'opposé du côté où s'est déroulée la bataille. J'ai évité l'entrée principale.

La voilà enfin devant moi la créature diabolique qui me narguait. L'antenne dressée au sommet du clocher lui donne une vie étrange, un aspect tourmenté et belliqueux. Greffé à l'édifice, le mât comme une excroissance contre nature semble inviter à la perturbation, à la guerre permanente. La licorne repose assoupie mais il faut se garder, j'imagine, de l'exciter. Sa peau rêche et granuleuse est couverte de contusions, de pustules et de taches lenticulaires. Est-ce bien l'église originelle ? Le bâtiment n'aurait-il pas été reconstruit ? En tout cas, après les combats, il était dévasté mais loin d'être démoli. De nombreux blessés y furent soignés.

Apparemment la façade à redents que Gros a représentée avec exactitude n'existe plus, elle est occultée par une affreuse construction adossée à l'ancien sanctuaire. Cette verrue a empiété sur le périmètre qu'occupait le cimetière. Pauvre cimetière ! Il n'en reste plus rien, qu'une surface inerte, couverte d'une mince couche de neige. Sur le terrain labouré par les engins apparaissent des plaques de goudron décollées et des briques réduites en miettes. Sous ces gravats reposerait parmi d'autres le général Corbineau.

J'ôte mes moufles pour fouiller le sol solidifié par le froid et parviens à prélever une motte de glaise compacte. L'auteur du dictionnaire des morts d'Eylau sera content. Je verse la terre à l'intérieur du sachet que je transporte depuis quatre jours dans mes poches. En le cherchant, je tombe sur la reproduction de Gros, passablement froissée et écornée. Je l'examine. Quel rapport entre ce terrain vague, où je me tiens, et l'église-vigie que le peintre a dessinée au fond du tableau ?

Je devine au loin les dernières péripéties de la reconstitution. Où en sont-ils ? À l'arrivée de Lestocq ? J'entends une sorte de murmure indistinct, peut-être des cris. À moins que ce ne soient les bourrasques du vent. Il fait grincer les conduits rouillés de l'usine et s'agiter la ramure nue d'un chêne immense planté tout près de l'église. Un rescapé du 8 février 1807 ? C'est peu probable, mais, à en juger par la circonférence du tronc, il est d'un âge vénérable.

La limite circulaire de la vue est cachée par des maisons. J'entrevois le champ de bataille.

Voici la vision de Jomini[66], témoin essentiel d'Eylau, le 9 février : « Les manœuvres de la journée étaient tracées en lignes de mort sur le terrain. » Lignes de mort, c'est une image forte. Jomini explique que des bataillons entiers appartenant à l'armée d'Augereau étaient couchés dans l'ordre au moment où ils furent surpris, hachés par l'artillerie et la cavalerie russes.

Des talus de corps entassés, cette vision hante les rescapés du 8 février.

Dans *Le Cimetière d'Eylau*, la compagnie du capitaine Hugo s'élevait à cent vingt hommes. Il n'y aura que trois survivants.

Comment décrire la plaine morte ? Pour Gros, la ligne d'horizon fut un souci. Après plusieurs essais, il finit par la surélever. L'église devait l'obséder. Pourquoi se décida-t-il à l'agrandir, doublant son volume par rapport à la copie que détient le musée de Toledo aux États-Unis ? Sans doute pour équilibrer le tableau et mettre en valeur les personnages du premier plan[67]. Il n'empêche que cette église, il l'a peinte minutieusement, avec un luxe de détails qui peut-être ne se justifiait pas. À moins que… Il faut un œil de lynx pour apercevoir les arbres décapités autour de l'église. Mais surtout une silhouette qui se tient devant la façade. Une forme, un triangle noir, vague entité humaine. La toile du Louvre est suffisamment grande pour se prêter à des motifs cachés, des allusions plus ou moins explicites. Il semble que Gros ne s'en soit pas privé.

Cette figure, c'est Napoléon.

Gros s'est caché pour répéter ce qui est donné une première fois dans le tableau. Deux Napoléon dans la même scène ! Ce redoublement de la représentation, il n'est pas le premier à l'avoir opéré. Mais il l'a fait à sa manière, secrètement, de manière microscopique. Cette discrétion contraste avec les visages du premier plan qui sont deux fois plus grands que la taille normale. Avec cette image furtive, j'ignore ce qu'a voulu signifier le peintre. Quel est l'enjeu de ce fragment isolé ? Un reproche, une façon de marquer sa liberté envers un sujet qui lui a été dicté et des personnages dont l'attitude et la mise ont été fixées par le menu ? « Jamais on n'avait indiqué plus clairement à des artistes ce qu'ils devaient faire », relève le *Journal de l'Empire* du 22 mai 1807.

Le tableau saisit le moment juste avant la revue. Dans quelques instants, des cris, qu'on n'avait pas l'habitude d'entendre, vont fuser dans les rangs. « Vive la paix ! » Saint-Chamans, qui a été témoin de la scène, note : « C'est la première fois que je voyais le moral de l'armée ébranlé. »

Sans doute trop lié dans l'esprit du public à Napoléon, le baron Gros ne se remettra jamais de la chute de l'Empire. Cette nature mélancolique, qui se faisait facilement du souci, était convaincue qu'il était passé de mode. Il se donna la mort en 1835.

Maxime Du Camp[68] a raconté cette fin affligeante : « Gros, après avoir été traité de vert de vessie, de teinte neutre, de vieille momie, ne s'est pas jeté à l'eau comme on l'a imprimé. Il a suivi le bord de la Seine jusqu'en face du Bas-Meudon, il a piqué sa canne dans la berge, y a accroché son chapeau dans lequel il a placé son mouchoir et sa cravate, puis il est entré dans la rivière, s'y est couché sous deux pieds d'eau à peine et a attendu la mort, la face dans le sable, les deux mains croisées sur la tête. »

Une voix m'interpelle :

— Monsieur, ce n'est pas bien.

C'est Julia, que fait-elle là ?

— J'étais sûre que vous alliez venir ici. Vous

partez demain. Ce n'était pas difficile de connaître le moment.

— Maintenant, Julia, il faut m'aider à entrer dans la tour du clocher.

Une femme âgée coiffée d'un fichu s'approche de nous. Notre échange a attiré l'attention.

— Je la connais, c'est elle qui surveille l'entrée de derrière par laquelle vous êtes entré. Elle n'est pas contente.

Les deux femmes discutent. Julia est calme, sa voix semble conciliante alors que l'autre ne cesse d'élever le ton.

— Elle dit que votre comportement est illégal. Elle veut vous emmener voir le responsable.

— C'est parfait, comme cela nous allons voir l'intérieur.

— Je ne vous le conseille pas. Vous ne les connaissez pas. Transigez, dit-elle en souriant. C'est bien le mot ?

— Oui, mais comment ?

Je comprends et m'approche de la vieille femme. Je glisse plusieurs billets dans le creux de sa main. Elle me regarde froidement comme si c'était son dû.

— Croyez-vous qu'elle peut nous faire pénétrer dans le clocher ?

— Je lui ai déjà posé la question. C'est impossible. Elle dit qu'elle n'a pas les clefs. Cette tour serait la propriété de l'Église orthodoxe.

Le ronronnement est de moins en moins sourd. Je l'entends de plus en plus distinctement. Il ressemble à un grondement entrecoupé de bruits stridents. Je ne monterai pas dans le clocher, mais je vais peut-être enfin apprendre ce que produit l'église-usine.

— Ils fabriquent des vitrines frigorifiques. Vous voyez les étalages dans les magasins ? C'est ce qu'elle affirme, murmure Julia. C'est de bonne source. *Istochnik*.

27 octobre 2015.

Villa Jamot, Genthieu, Villestreux,
Hoëdic-Le Vieux-Phare.

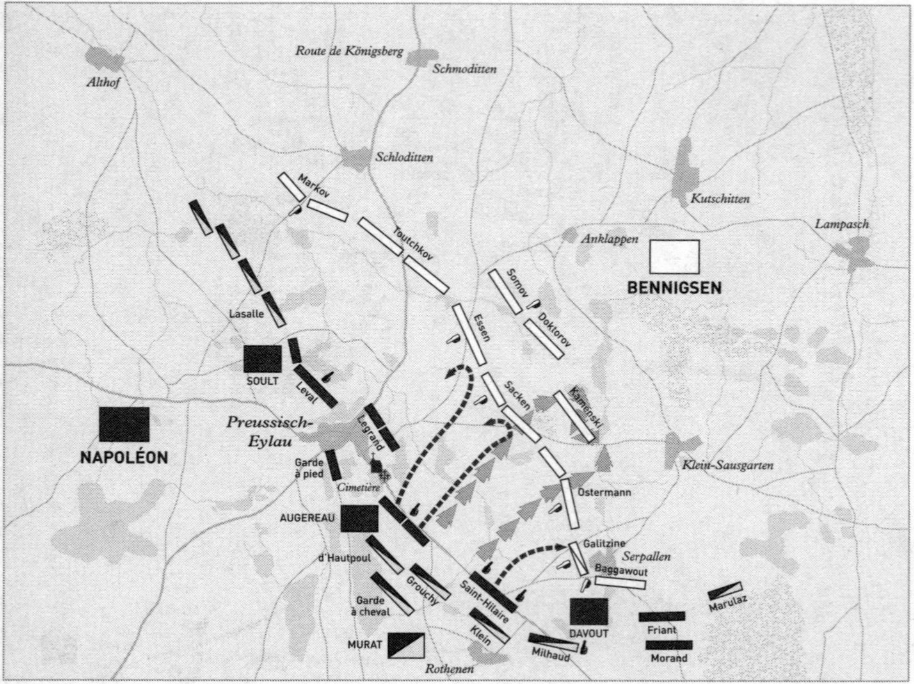

Bataille d'Eylau, matin
et début d'après-midi du 8 février 1807.

Armée russe et prussienne
Armée française
Cavalerie russe et prussienne
Cavalerie française
Mouvement des armées russes et prussiennes
Mouvement des armées françaises
Charge de la cavalerie de Murat

Bataille d'Eylau, fin d'après-midi
et soir du 8 février 1807.

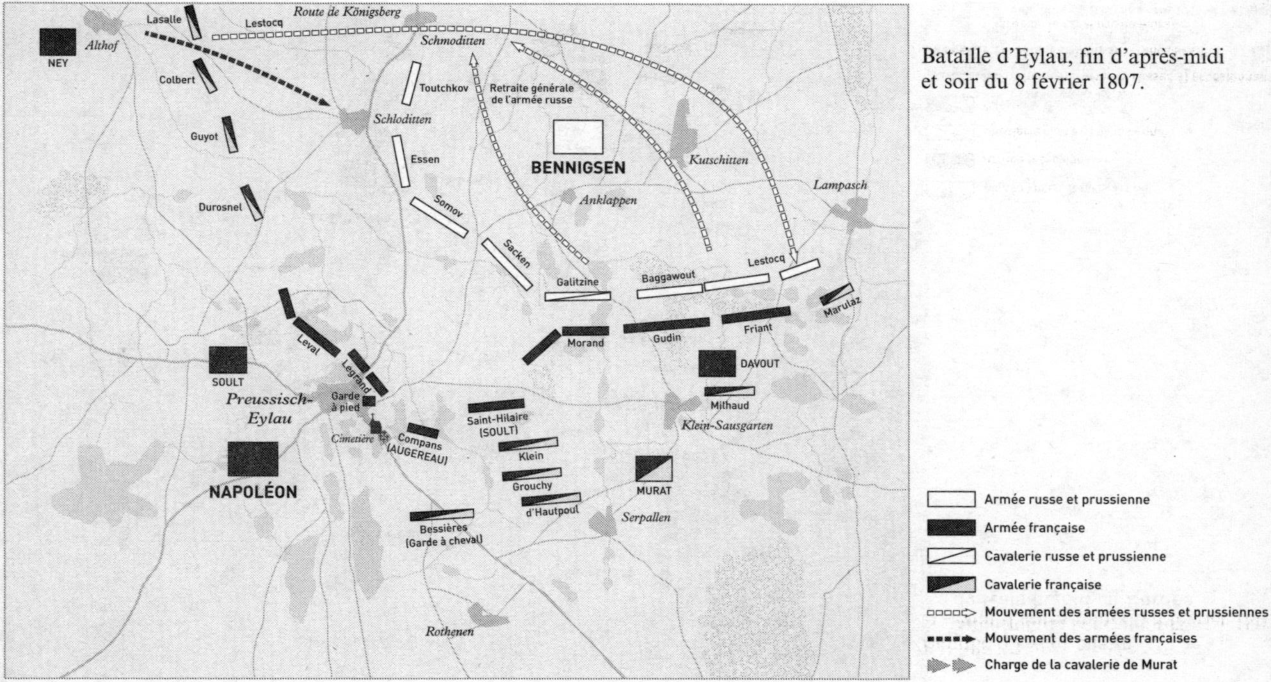

Situation de l'enclave russe de Kaliningrad en Europe.

Frontières en 1919
Enclave russe de Kaliningrad
Ancienne Prusse-Orientale
Ville libre de Dantzig entre 1919 et 1939

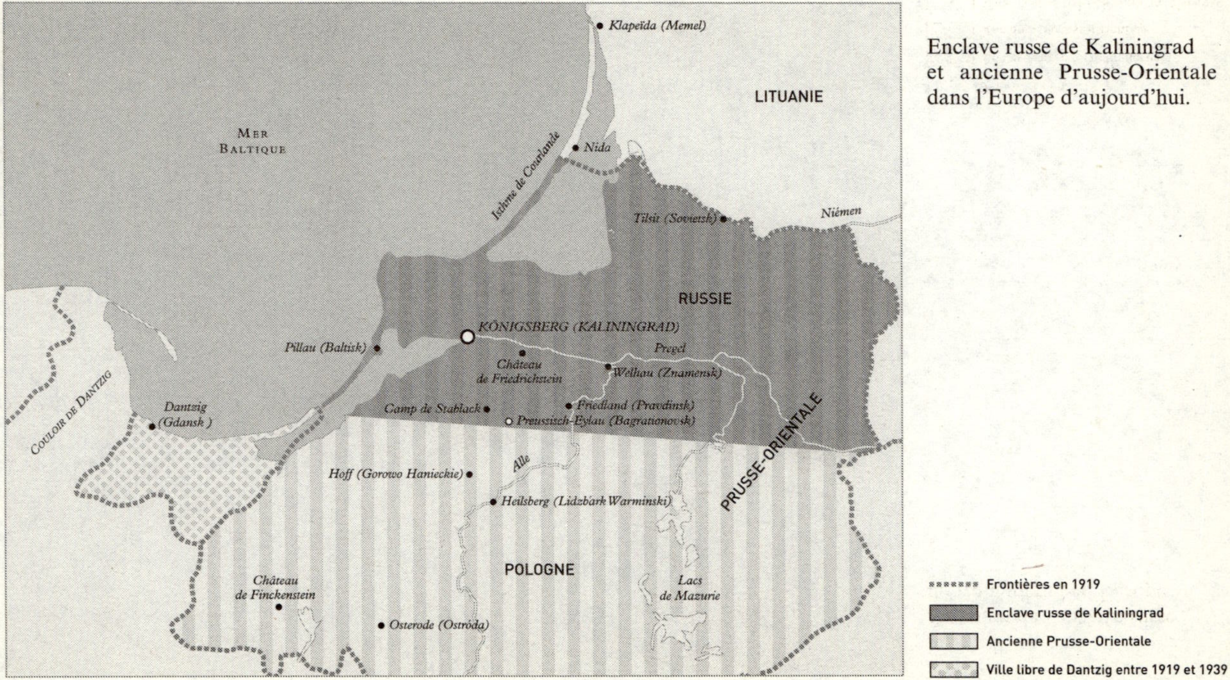

Enclave russe de Kaliningrad et ancienne Prusse-Orientale dans l'Europe d'aujourd'hui.

Notes

1. Eugène Tarlé, *Napoléon*, traduit du russe par Charles Steber, Payot, 1937.

2. Karl Baedeker, *Allemagne du Nord*, Baedeker, 1900.

3. Viviane du Castel, *De Königsberg à Kaliningrad : l'Europe face à un nouveau « Département d'Outre-Terre » russe sur la Baltique*, L'Harmattan, 2007.

4. Viviane du Castel et Thomas Deconstanza, *L'Oblast de Kaliningrad : un nouvel enjeu politique, in* revue *Passages*, décembre 2009 - janvier 2010, n° 161.

5. Frank Tétart, *Géopolitique de Kaliningrad, une « île » russe au sein de l'Union européenne élargie*, Annexe 1, PUPS, 2007.

6. Georges Duby, *Le Dimanche de Bouvines*, Gallimard, 1973.

7. Léon Bloy, *L'Âme de Napoléon*, préface de Laurent Joffrin, Gallimard, 2003.

8. Louis Madelin, *Vers l'Empire d'Occident*, tome VI d'*Histoire du Consulat et de l'Empire*, Hachette, 1940.

9. *Souvenirs du commandant Parquin*, présentés et annotés par Jacques Jourquin, Tallandier, 1979.

10. François Robichon, *Le Colonel Langlois 1789-1870 :*

un peintre de l'épopée napoléonienne, collections du musée Langlois, Caen, Bernard Giovanangeli, 2000.

11. Cité par Victor Davis Hanson, *Le Modèle occidental de la guerre*, traduit par Alain Billault, Les Belles Lettres, 1990.

12. Général Paulin, *Souvenirs*, Librairie des Deux Empires, 2002.

13. Élie Faure, *Napoléon*, tome III, *Œuvres complètes*, J.-J. Pauvert, 1964.

14. *M Le magazine du Monde*, 23 août 2007.

15. Sondage de *Paris Match*, 29 mai 1997.

16. Jules Michelet, *Le Banquet*, tome XVI, *Œuvres complètes*, Flammarion, 1980.

17. Dominic Lieven, *La Russie contre Napoléon*, traduit par Antonina Roubichou-Stretz, Éditions des Syrtes, 2012.

18. Mme de Rémusat, *Mémoires*, Mercure de France, 2013.

19. Général Bennigsen, *Mémoires*, Charles-Lavauzelle, 1907.

20. Jomini, « Napoléon à Eylau », *La Revue critique des idées et des livres*, 1921.

21. Jules Michelet, *Du 18 Brumaire à Waterloo*, Nelson.

22. Carl von Clausewitz, *De la guerre*, traduit par Denise Naville, Les Éditions de Minuit, 1955.

23. Capitaine François-Frédéric Billon, *Souvenirs 1804-1815*, La Boutique de l'Histoire, 2006.

24. Marc Gerstein, « Le regard consolateur du grand homme », *in* Dominique-Vivant Denon, *L'Œil de Napoléon*, RMN, 1999.

25. Raymond de Montesquiou-Fezensac, *Souvenirs militaires, de 1804 à 1841*, Éditions Dumaine, 1863.

26. Général baron de Marbot, *Mémoires*, 3 volumes, Plon et Nourrit, 1891.

27. Vincent Haegele, *Murat, la solitude du cavalier*, Perrin, 2015.

28. Baron Percy, *Journal des campagnes*, Tallandier, 2002.

29. *In* Victor Davis Hanson, *op. cit.*

30. Constant, *Mémoires*, vol. 2, Ladvocat, 1830.

31. Iouri Bouïda, *Le Train zéro*, L'Imaginaire, Gallimard, 2012.

32. Iouri Bouïda, *La Fiancée prussienne*, Gallimard, 2005.

33. *Stanley Kubrick's Napoleon, the Greatest Movie Never Made*, Taschen, 2009.

34. John Baxter, *Stanley Kubrick*, Le Seuil, 1999.

35. Hippolyte Taine, *Les Origines de la France contemporaine*, tome 10, Robert Laffont et Le Club français du livre, 1972.

36. Louis Chardigny, *L'Homme Napoléon*, Perrin, 1987.

37. Général d'Andigné, *Mémoires*, 2 vol., Plon et Nourrit, 1901.

38. Dr P. Hillemand, *Pathologie de Napoléon*, La Palatine, 1970.

39. Michel Tournier, *Le Roi des Aulnes*, Gallimard, 1970.

40. Saint-Chamans, *Mémoires*, Plon et Nourrit, 1896.

41. Charles Blanc, *La Peinture*, Librairie Renouard, 1906.

42. Stendhal, *Mémoires sur Napoléon*, Stock, 1988.

43. *In* Victor Davis Hanson, *op. cit.*

44. Stendhal, *op. cit.*

45. Jean de Sponde, *Essai de quelques poèmes chrétiens*, in *D'amour et de mort*, La Différence, 1989.

46. Denis Davidov, *In the Service of the Tsar Against Napoleon*, Greenhill Books, 1999.

47. Oleg Sokolov, *Le Combat de deux empires*, Fayard, 2012.

48. Danielle et Bernard Quintin, *La Tragédie d'Eylau, 7 et 8 février 1807 : dictionnaire biographique des officiers, sous-officiers et soldats tués ou blessés mortellement au combat*, Archives et Culture, 2006.

49. Bernard Bruel, « Le général d'Hautpoul : un Gaillacois à Eylau », in *Revue du Tarn* n° 177, printemps 2000.

50. *Jean-Joseph Ange d'Hautpoul*, catalogue du musée des Beaux-Arts – Château de Foucaud, Gaillac, exposition 29 septembre 2000 - 30 janvier 2001.

51. Jean-Louis Déga, « Réminiscences tarnaises dans *Le Colonel Chabert* : Balzac et la famille d'Hautpoul », in *Revue du Tarn*, 1994.

52. Jean-Louis Déga, *La Vie prodigieuse de Bernard-François Balssa (père d'Honoré de Balzac)*, Subervie, 1998.

53. Chrétien de Troyes, *Yvain ou le Chevalier au lion* (L'homme sauvage), *Œuvres complètes*, Bibliothèque de la Pléiade, 1994.

54. Interview de Michel Kazanski, *Le Point*, 16 août 2007.

55. Jacques Bainville, *Napoléon*, Fayard, 1931.

56. Olivier Bonard, *La Peinture dans la création balzacienne*, Droz, 1969.

57. Italo Calvino, *Un ermite à Paris*, Gallimard, 2015.

58. Bernard George, *Les Russes arrivent : la plus grande migration des Temps modernes*, La Table Ronde, 1966.

59. Comtesse Marion Dönhoff, *Une enfance en Prusse-Orientale*, traduit par C. Kowalski, Albin Michel, 1990 ; *Ces noms que plus personne ne prononce*, traduit par F. Weinmann, Quai Voltaire, 1994.

60. Adam Biro et Karin Biro-Thierbach, *Toi et moi je t'accompagne, entre Königsberg et Kaliningrad nous cherchons de l'ambre et des racines*, La Chambre d'échos, 2007.

61. Frank Tétart, *op. cit.*

62. Dominic Lieven, *op. cit.*

63. Jérôme Croyet, *Dictionnaire des mamelouks de la Garde impériale*, Société des études révolutionnaires et impériales, juin-novembre 2011.

64. *Valeurs actuelles*, 12 janvier 2007.

65. Henri Caporali, « Voyage au bout de l'Europe, Eylau – 9 au 13 février 2007 » (en ligne), URL : http://inmf.org/fcaporalieylau.htm.

66. Général Antoine-Henri Jomini, *Recueil de souvenirs pour mes enfants*, Société suisse d'études napoléoniennes, 2007.

67. Marc Gerstein, *op. cit.*

68. Maxime Du Camp, *Souvenirs littéraires*, Balland, 1984.

Bibliographie sommaire

Napoléon Bonaparte, *Correspondance générale*, publiée par la Fondation Napoléon, tome septième, *Tilsit, l'apogée de l'Empire, 1807*, Fayard, 2010.

Thierry Lentz, *Nouvelle histoire du premier Empire. I. Napoléon et la conquête de l'Europe (1804-1810)*, Fayard, 2002.

Napoléon, *De la guerre*, présenté et annoté par Bruno Colson, Perrin, 2011.

Général Camon, *La Guerre napoléonienne*, Berger-Levrault, 1938.

Alain Pigeard, *Le Dictionnaire des batailles de Napoléon*, Tallandier, 2004.

Jean Tulard, *Dictionnaire Napoléon*, Fayard, 1989.

J.-C. Quennevat, *Atlas de la Grande Armée*, Sequoia, 1966.

Frédéric Naulet, *Eylau (8 février 1807) : la campagne de Pologne, des boues de Pultusk aux neiges d'Eylau*, Economica, 2007.

Eylau, la bataille racontée par les soldats, textes présentés par Pierre Robin et Christophe Dufourg-Burg, Bernard Giovanangeli, 2005.

Chef d'escadron Bastard, *La Manœuvre d'Eylau, cam-*

pagne de 1807, série d'articles in *Revue d'histoire*, 1914, 1938, 1939.

Michel ESPAGNE, *L'Ambre et le fossile, transferts germano-russes dans les sciences humaines XIX*e*-XX*e* siècle*, Armand Colin, 2014.

Général T. BONIE, *Cavalerie au combat*, Librairie L. Baudoin, 1887.

Commandant L. PICART, *La Cavalerie dans les guerres de la Révolution et de l'Empire*, Milon, 1895.

Lieutenant-colonel A. AUBIER, *La cavalerie napoléonienne peut-elle encore servir de modèle ?*, Berger-Levrault, 1902.

Léon DE JAQUIER, *La Cavalerie française de 1800 à 1815*, Charles Lavauzelle, 1894.

Frédéric CHAUVIRÉ, *Histoire de la cavalerie*, Perrin, 2013.

André JOUINEAU et Olivier LAPRAY, *Officiers et soldats des cuirassiers 1800-1815*, Histoire et Collections, 2011.

Alain PIGEARD, *Eylau 8 février 1807, les neiges sanglantes*, Historic'one, 2007.

Jacques GARNIER et Vincent ROLIN, *Eylau, 8 février 1807, la charge héroïque*, Soteca, Napoléon Ier, 2011.

Revue *Gloire et Empire*, « 1806-1807, la campagne de Pologne » (2), n° 11, mars-avril 2007.

Revue *Napoléon*, « La bataille d'Eylau », n° 29, février 2007.

Tradition Magazine, « La campagne de 1807, Eylau. Pultusk-Golymin-Friedland », hors-série n° 27, 2003.

Revue du Souvenir napoléonien, n° 469, « La campagne de Pologne », numéro spécial, mars-avril 2007.

Études napoléoniennes, Centre d'études napoléoniennes, tome IV, 1994 et tome IV, 1998.

Remerciements

Mes remerciements s'adressent à la bibliothèque de la Fondation Napoléon, particulièrement à Chantal Prévot, qui m'a aidé dans mes recherches ; à Thierry Lentz, pour ses conseils et notamment pour avoir attiré mon attention sur le tableau de Géricault ; à Viviane du Castel, auteur d'une étude sur l'enclave de Kaliningrad, à l'origine du titre de ce livre ; à Jacques Garnier dont le concours fut précieux au commencement de ce projet ; à Valérie Pozner qui m'a accueilli au Centre d'études franco-russe de Moscou en mars 2007 et à la bourse Stendhal qui a permis ce voyage.

Je n'aurai garde d'oublier : Charles-Henri d'Andigné, Yves Angelo, Jérôme Benoit, Vincent Bourgeot, Bertrand Bruel, David Chanteranne, Thierry Choffat, Jean-Louis Déga, Gérard Fénelon, Malika Fléau, Dimitri Gortchov, François Houdecek, Karine Huguenot, Jacques Jourquin, Christiane Lasmaries, Jean-Marie Linsolas, Helena Lubimova, Yves Mabin, Gilles Morel, Mikhaïl et Julia Orekhov, Tatiana Ossetrova, Alain Pigeard, Yann Potin, Bernard Quintin, Jean-François Remy-Neris, Marie-Pierre Rey, Émilie Robbe, Marie-Aude Robin, Vadim Roguinsky, Alexis Salikov, Alain Soriano, Piotr Tcherkassov, Alexis Vassiliev, Bertrand de Viviés et Frédéric Worms.

Ma gratitude va à Olivier Frébourg et à l'équipe des Équateurs.

À Joëlle qui m'a accompagné dans cette aventure, j'exprime toute mon affection.

PREMIÈRE PARTIE

Février 2007 17
Eylau ou la transaction 26
La tête de Bagration 31
Alexandre Pantchenko 34
La première mort du colonel Chabert 47
Julia 51
L'Outre-Terre et les Ultraterriens 62
« Le beau ciel de France » 76
« Qui a gagné la bataille d'Eylau ? » 91
Le monument prussien 99
9 février, le colloque 110
Une étuve dans la neige 121
L'église-sémaphore 132
Les gants de Murat 146
La Licorne d'Eylau 151
L'homme à la chapka 157
Au restaurant 165
La Fiancée prussienne de Iouri Bouïda 181

DEUXIÈME PARTIE

Un ballet mortel 189
Le message du Roi des Aulnes 198
Sokolov 210
Les bottes jaunes d'Augereau 223
La « luisance de la trace » 244
Qui est d'Hautpoul ? 262

TROISIÈME PARTIE

L'homme seul 281
Porter le chapeau 295
« *Es ist gut* » 302
Une découverte 317
La charge 325
La reconstitution 337
L'homme noir 349

Cartes 360
Notes 365
Bibliographie sommaire 371
Remerciements 373

DU MÊME AUTEUR

Aux Éditions de La Table Ronde

LA CHAMBRE NOIRE DE LONGWOOD. Le voyage à Sainte-Hélène, 1997 (Folio n° 3083)

LA LUTTE AVEC L'ANGE, 2001 (Folio n° 3727)

31, ALLÉES DAMOUR. Raymond Guérin (1re éd. Berg International, 2004), coll. « La Petite Vermillon » n° 260, 2007

Aux Éditions Fayard

COURLANDE, 2009 (Livre de Poche)

REMONTER LA MARNE, 2013

Aux Éditions des Équateurs

VOYAGE À BORDEAUX, 2011 (Folio n° 5767, repris avec *Voyage en Champagne*)

VOYAGE EN CHAMPAGNE, 2011 (Folio n° 5767, repris avec *Voyage à Bordeaux*)

OUTRE-TERRE. LE VOYAGE À EYLAU, 2016 (Folio n° 6263)

Chez d'autres éditeurs

LE BORDEAUX RETROUVÉ, *Hors commerce*, 1989

L'ARCHE DES KERGUELEN. Voyage aux îles de la Désolation, *Flammarion*, 1993

LA MORALE D'YQUEM. Entretiens avec Alexandre de Lur Saluces, *coédition Mollat-Grasset*, 1999

LA MAISON DU RETOUR, *Nil Éditions*, 2007 (Folio n° 4733)

COLLECTION FOLIO

Dernières parutions

6086. Karen Blixen	*Histoire du petit mousse*
6087. Truman Capote	*La guitare de diamants*
6088. Collectif	*L'art d'aimer*
6089. Jean-Philippe Jaworski	*Comment Blandin fut perdu*
6090. D.A.F. de Sade	*L'Heureuse Feinte*
6091. Voltaire	*Le taureau blanc*
6092. Charles Baudelaire	*Fusées – Mon cœur mis à nu*
6093. Régis Debray et Didier Lescri	*La laïcité au quotidien. Guide pratique*
6094. Salim Bachi	*Le consul* (à paraître)
6095. Julian Barnes	*Par la fenêtre*
6096. Sophie Chauveau	*Manet, le secret*
6097. Frédéric Ciriez	*Mélo*
6098. Philippe Djian	*Chéri-Chéri*
6099. Marc Dugain	*Quinquennat*
6100. Cédric Gras	*L'hiver aux trousses. Voyage en Russie d'Extrême-Orient*
6101. Célia Houdart	*Gil*
6102. Paulo Lins	*Depuis que la samba est samba*
6103. Francesca Melandri	*Plus haut que la mer*
6104. Claire Messud	*La Femme d'En Haut*
6105. Sylvain Tesson	*Berezina*
6106. Walter Scott	*Ivanhoé*
6107. Épictète	*De l'attitude à prendre envers les tyrans*
6108. Jean de La Bruyère	*De l'homme*
6109. Lie-tseu	*Sur le destin*
6110. Sénèque	*De la constance du sage*

6111. Mary Wollstonecraft — *Défense des droits des femmes*
6112. Chimamanda Ngozi Adichie — *Americanah*
6113. Chimamanda Ngozi Adichie — *L'hibiscus pourpre*
6114. Alessandro Baricco — *Trois fois dès l'aube*
6115. Jérôme Garcin — *Le voyant*
6116. Charles Haquet et Bernard Lalanne — *Procès du grille-pain et autres objets qui nous tapent sur les nerfs*
6117. Marie-Laure Hubert Nasser — *La carapace de la tortue*
6118. Kazuo Ishiguro — *Le géant enfoui*
6119. Jacques Lusseyran — *Et la lumière fut*
6120. Jacques Lusseyran — *Le monde commence aujourd'hui*
6121. Gilles Martin-Chauffier — *La femme qui dit non*
6122. Charles Pépin — *La joie*
6123. Jean Rolin — *Les événements*
6124. Patti Smith — *Glaneurs de rêves*
6125. Jules Michelet — *La Sorcière*
6126. Thérèse d'Avila — *Le Château intérieur*
6127. Nathalie Azoulai — *Les manifestations*
6128. Rick Bass — *Toute la terre qui nous possède*
6129. William Fiennes — *Les oies des neiges*
6130. Dan O'Brien — *Wild Idea*
6131. François Suchel — *Sous les ailes de l'hippocampe. Canton-Paris à vélo*
6132. Christelle Dabos — *Les fiancés de l'hiver. La Passe-miroir, Livre 1*
6133. Annie Ernaux — *Regarde les lumières mon amour*
6134. Isabelle Autissier et Erik Orsenna — *Passer par le Nord. La nouvelle route maritime*

6135.	David Foenkinos	*Charlotte*
6136.	Yasmina Reza	*Une désolation*
6137.	Yasmina Reza	*Le dieu du carnage*
6138.	Yasmina Reza	*Nulle part*
6139.	Larry Tremblay	*L'orangeraie*
6140.	Honoré de Balzac	*Eugénie Grandet*
6141.	Dôgen	*La Voie du zen. Corps et esprit*
6142.	Confucius	*Les Entretiens*
6143.	Omar Khayyâm	*Vivre te soit bonheur ! Cent un quatrains de libre pensée*
6144.	Marc Aurèle	*Pensées. Livres VII-XII*
6145.	Blaise Pascal	*L'homme est un roseau pensant. Pensées (liasses I-XV)*
6146.	Emmanuelle Bayamack-Tam	*Je viens*
6147.	Alma Brami	*J'aurais dû apporter des fleurs*
6148.	William Burroughs	*Junky* (à paraître)
6149.	Marcel Conche	*Épicure en Corrèze*
6150.	Hubert Haddad	*Théorie de la vilaine petite fille*
6151.	Paula Jacques	*Au moins il ne pleut pas*
6152.	László Krasznahorkai	*La mélancolie de la résistance*
6153.	Étienne de Montety	*La route du salut*
6154.	Christopher Moore	*Sacré Bleu*
6155.	Pierre Péju	*Enfance obscure*
6156.	Grégoire Polet	*Barcelona !*
6157.	Herman Raucher	*Un été 42*
6158.	Zeruya Shalev	*Ce qui reste de nos vies*
6159.	Collectif	*Les mots pour le dire. Jeux littéraires*
6160.	Théophile Gautier	*La Mille et Deuxième Nuit*
6161.	Roald Dahl	*À moi la vengeance S.A.R.L.*
6162.	Scholastique Mukasonga	*La vache du roi Musinga*
6163.	Mark Twain	*À quoi rêvent les garçons*
6164.	Anonyme	*Les Quinze Joies du mariage*
6165.	Elena Ferrante	*Les jours de mon abandon*

Composition Nord Compo
Impresion Novoprint
à Barcelone, le 08 janvier 2017
Dépôt légal : janvier 2017

ISBN 978-2-07-270142-9 / Imprimé en Espagne.

309873